Jules FLAMMERMONT

Professeur d'histoire à la Faculté des Lettres de Lille

LILLE

ET

LE NORD

AU

MOYEN AGE

LEÇONS RÉDIGÉES PAR C. BUELLET

Rédacteur à l'Écho du Nord

LILLE

LIBRAIRIE CENTRALE

8, Grande-Place, 8

—

1888

LILLE

ET

LE NORD

AU

MOYEN AGE

Jules **FLAMMERMONT**

Professeur d'histoire à la Faculté des Lettres de Lille

LILLE

ET

LE NORD

AU

MOYEN AGE

LEÇONS RÉDIGÉES PAR C. BUELLET

Rédacteur à l'Écho du Nord

LILLE

LIBRAIRIE CENTRALE

8, Grande-Place, 8

—

1888

PRÉFACE

Ce petit volume est la reproduction d'un cours public que j'ai fait au commencement de cette année sur l'histoire de Lille. Rédigées par M. C. Buellet avec une conscience et un talent dont je ne saurais trop le remercier et revues par moi sur les épreuves, ces leçons ont d'abord paru dans l'Écho du Nord. Quelques amis ont bien voulu trouver ces articles plus exacts et plus complets que les histoires de Lille publiées jusqu'à ce jour et m'ont engagé à les réunir en volume. J'ai suivi leur conseil, bien que je sois le premier à reconnaître tout ce qui manque à ce livre pour être définitif ; mais il n'en a pas la prétention, ce n'est qu'un ouvrage de vulgarisation et le cours public ne comporte pas autre chose.

Je puis toutefois affirmer qu'il a été composé directement d'après les meilleures sources de notre histoire et je crois qu'on n'y trouvera pas trop d'erreurs graves ou d lacunes importantes.

Jules FLAMMERMONT.

PREFACE

LILLE

AU

MOYEN AGE

PREMIÈRE PARTIE

CHAPITRE PREMIER

LES ORIGINES DE LILLE

Obscurité des origines de Lille.—Fouilles à Lille et dans les environs. - Ages de la pierre polie et du bronze. Conquête romaine. — La Belgique. — Soumission du nord de la Gaule Belgique.—Etablissement des Romains. - Introduction du christianisme en Gaule. — Incursions des Germains. — Etablissement des Germains en Gaule. — Les Francs Saliens à Tournai. Etablissement du christianisme. — Fondation des grandes abbayes. - Lille pendant la periode gallo franque. -- Légende de Lidéric et Finard.—Naissance de Lidéric. — Education de Lidéric. — Combat de Lidéric et de Finard.—Succès de cette légende. —Discussion de la légende de Lidéric. Premiers comtes de Flandre. — Invasions des Normands en Flandre. - Premier château de Lille. — Baudouin de Lille. — Fondation de Lille. — Fondation de Saint-Pierre. — L'anarchie au XIe siècle. — Les ghildes marchandes - Amitié de Lille. — Les premières lois communales de Flandre. — Transformation des ghildes en communes.

Obscurité des origines de Lille. — Les origines de l'histoire de Lille sont des plus obscures ; car on ne sait rien de certain sur cette ville avant le milieu du onzième siècle. A cette époque seulement, on rencontre pour la première fois son nom dans les historiens.

Ce n'est pas que jusqu'à ce moment le territoire sur lequel est bâtie la ville de Lille ait été inhabité. Au contraire : on a la preuve que l'homme y a séjourné dès les temps les plus reculés. Mais on n'a jusqu'ici rien trouvé qui autorise à croire qu'il y ait eu sur ce territoire une agglomération de quelque importance, une ville ou une bourgade, — non seulement à l'époque gauloise, mais encore dans les temps qui suivirent, pendant les périodes gallo-romaine et gallo-franque.

Fouilles à Lille et dans les environs. — Les archéologues lillois ont surveillé avec un soin jaloux toutes les fouilles, tous les travaux qui, depuis trente ans, ont bouleversé et transformé Lille et les communes voisines ; leur zèle a été souvent récompensé ; mais encore convient-il de ne pas s'exagérer l'importance des découvertes qui y ont été faites, et surtout de ne pas en tirer des conséquences qu'elles ne comportent pas.

On a trouvé dans les environs d'Houplin des vestiges d'habitations lacustres ; à Esquermes, à Wazemmes et dans divers quartiers de Lille, des armes de pierre polie et des armes de bronze. Mais les objets trouvés ne sont pas assez nombreux pour en conclure qu'il y avait en cet endroit un groupe considérable d'habitations. Tout ce qu'il est permis d'affirmer, c'est que notre région était déjà occupée par

l'homme à l'époque où l'on se servait encore
d'objets de pierre polie et d'armes de bronze.

Ages de la pierre polie et du bronze.
— Mais ces termes : « âges de la pierre polie,
âge du bronze», sont bien vagues; et ils ne
sauraient suffire à l'historien soucieux de fixer
des dates précises. L'usage de la pierre polie,
en effet, s'est maintenu plus ou moins longtemps dans les diverses parties de la Gaule, suivant que leurs relations avec l'Orient et la
Méditerranée, — par où nous est venue la civilisation, — étaient plus ou moins aisées.

Dans la vallée du Rhône, par exemple, on
employait sans doute le fer depuis longtemps
quand les Belges renoncèrent à l'usage de la
pierre polie pour le bronze ; et quand les Romains s'emparèrent de notre pays, les habitants
avaient encore des armes de qualité inférieure.

Conquête romaine. — Aussi bien, la
région du nord fut conquise assez tard. Dès le
cinquième siècle avant notre ère, Marseille
était une colonie grecque florissante, dont les
marchands introduisaient, en même temps que
la civilisation, les produits de l'orient jusqu'au
centre de la Gaule, mais non jusque dans le
nord. Appelés par les Marseillais, alors en
guerre avec des tribus voisines, les Romains
s'établirent solidement en Provence et en Lan-
guedoc avant la fin du second siècle avant
Jésus-Christ. Dès lors, ils ne cessèrent de faire
des progrès ; mais le centre et le nord de la
Gaule ne furent soumis par César que cinquante
ou soixante ans plus tard (58 à 51 avant notre ère).

La Belgique. — Le pays situé au nord de la Seine et de la Marne jusqu'à la Manche et à la mer du Nord, était habité depuis plusieurs siècles par des peuplades plus ou moins puissantes,connues sous le nom générique de Belges, — d'où le nom de Belgique donné par César à cette vaste région, beaucoup plus étendue que n'est la Belgique actuelle, qui n'en occupe qu'une partie.

Soumission du nord de la Gaule Belgique. — César eut mille peines à conquérir définitivement le nord de la Gaule-Belgique. On y trouvait alors la tribu des Atrébates, très puissante, qui avait Arras pour capitale ; la tribu des Morins, plus à l'ouest, qui occupait le littoral du Pas-de-Calais et de la mer du Nord, contrée marécageuse et couverte de forêts basses et touffues;la tribu des Ménapiens, qui habitaient la région arrosée par la Lys, la Deûle et l'Escaut ; et enfin, la tribu des Nerviens, qui étaient établis à l'est de l'Escaut jusqu'à la Sambre.

Ces peuplades vivaient au milieu des grandes et belles forêts qui occupaient alors la plus grande partie de leur territoire. Afin de mieux conserver leurs vieilles mœurs, elles repoussaient indistinctement tous les marchands qui apportaient du sud les produits exotiques recherchés par les autres peuplades gauloises. Du reste, le nord de la Belgique était encore à peu près sauvage ; on n'y rencontrait ni routes, ni villes, et même fort peu de champs cultivés. En temps de guerre, les habitants se réfu_ giaient dans des *oppida* ou camps retranchés. L'état de la région leur fournissait de grandes facilités pour résister aux troupes romaines ; aussi César ne put-il les soumettre qu'après deux campagnes laborieuses, dans lesquelles il dévasta le pays et détruisit ou incendia les forêts, derniers refuges de nos ancêtres.

Etablissement des Romains. — Auguste et Drusus achevèrent la soumission des peuples gaulois du nord, entre autres des Ménapiens, qui, après le retour de César en Italie, étaient redevenus à peu près indépendants. Pour consolider leur domination dans le nord de la Gaule, les Romains sillonnèrent la région de routes et y fondèrent des villes. Le résultat de ces efforts ne tarda pas à se faire sentir ; en moins d'un siècle, les Belges s'assimilèrent complètement la civilisation romaine ; bientôt, Arras jouit d'une grande prospérité et exporta, jusqu'en Italie, des manteaux de laine grossière, tissés par les habitants de la ville et de la région avec les toisons des nombreux moutons du pays. Dans les forêts reconstituées des Nerviens et des Ménapiens, paissaient d'innombrables troupeaux de porcs qui fournissaient des jambons renommés que recherchaient les gourmets romains.

Tournai, Cambrai, Valenciennes, Bavai, Arras, Thérouanne, Cassel, etc., devinrent des villes opulentes où les Romains ne tardèrent pas à élever de beaux monuments et des établissements considérables. Mais sur le territoire de Lille et dans les environs, on n'a retrouvé jusqu'ici aucun vestige de monuments importants; on n'a pas rencontré une seule inscription donnant le nom d'un habitant de ce pays ou d'une agglomération d'habitants; on n'a mis au jour que des ruines informes d'une ancienne villa ou ferme, et on n'a guère rencontré que des débris de poterie et des menus objets qui prouvent seulement que le pays était habité, sans permettre de supposer qu'il y eût là une ville ou même un gros village.

Introduction du christianisme en Gaule. — Un évènement au moins aussi important que la conquête romaine pour l'histoire de la civilisation dans le nord fut l'introduction du christianisme en Gaule. Il y est apparu dès le second siècle de notre ère. C'est à Lyon que paraît avoir été constituée la première église chrétienne, dont les Grecs Pothin et Irénée furent les premiers évêques. De Lyon, le christianisme se répandit peu à peu dans toute la Gaule romaine ; mais c'est seulement à la fin du troisième siècle que les missionnaires arrivèrent dans nos pays. A cette époque, saint Fuscien et saint Victoric vinrent prêcher l'Evangile aux Morins, et saint Piat aux Nerviens ; on dit que celui-ci, à Tournai et dans le pays environnant, convertit plus de 30,000 païens : ce qui est certain, c'est qu'il subit le martyre vers l'an 300. Au VIIe siècle, saint Eloi retrouva ses restes à Seclin, où ils sont encore vénérés.

Incursions des Germains. — Les progrès du christianisme dans le nord furent entravés par les incursions des Germains, qui commencèrent à ravager le nord de la Gaule dès le milieu du IIIe siècle. L'empereur Probus infligea en 277 une défaite sanglante aux Francs, qui venaient de dévaster toute la Gaule-Belgique ; mais quelques années plus tard, cette malheureuse région fut encore envahie et ravagée par les Alamans et d'autres peuplades germaniques. Dans l'intervalle, le nord de la Gaule avait été cruellement éprouvé par la révolte des *Bagaudes,* — terme sous lequel les Romains désignaient les habitants des campagnes, les esclaves, les colons, qui, réduits à la dernière misère par les incursions des Barbares, saisirent le moment où la Gaule était dégarnie de troupes pour se révolter : ils pillèrent d'abord les maisons de campagne, puis les villes ; mais bientôt l'empereur Maximien leur infligea défaites sur défaites et parvint à les disperser. Victoire précaire, d'ailleurs ; car les insurrections des *Bagaudes* se renouvelèrent fréquemment dans les siècles suivants.

Etablissement des Germains en Gaule. — Les incursions répétées des Germains et les révoltes des *Bagaudes* avaient fait du nord de la Gaule-Belgique un véritable désert. Pour le repeupler, l'empereur Maximien, à la fin du IIIe siècle, y établit des Barbares qui préféraient ce pays à la Germanie et qui, en échange de concessions de terres, s'engageaient à défendre l'Empire. C'est ainsi que se fonda une colonie de Francs-Saliens sur le territoire de Tournai.

Ces colonies se multiplièrent pendant tout le IVe siècle ; mais, en dépit de leur résistance, les Francs et les Alamans firent de désastreuses incursions en Gaule.

Les empereurs Constantin et Julien réussirent toujours à les repousser en leur infligeant de grandes pertes. Mais après eux, la Gaule fut envahie presque chaque année par des bandes qui la ravagèrent d'une façon continue. En même temps, les Francs s'introduisaient dans l'armée romaine en masse et leurs colonies prenaient un grand développement ; de sorte que vers le milieu du IVe siècle, ils occupaient fortement le pays situé aux bouches du Rhin, de la Meuse et de l'Escaut. Peu à peu ces colonies, débordant le territoire qui leur avait été primitivement assigné, s'étendirent en remontant les vallées de ces grands fleuves et de leurs affluents. Alors les Francs, satisfaits, voulurent défendre leurs établissements contre les Barbares qui venaient assaillir la Gaule ; ils y réussirent d'abord, mais bientôt, débordés par les masses profondes du monde barbare tout entier en mouvement, ils durent se résoudre à passer et au commencement du cinquième siècle la Gaule et l'Italie furent ravagées pendant plusieurs années.

Les Francs-Saliens à Tournai. — A la suite de cette grande invasion, divers peuples barbares fondèrent en Gaule des établissements durables. Le nord échut aux Francs ; les Ripuaires occupèrent les vallées du Rhin et de la Meuse, et les Saliens celles de l'Escaut et de l'Aa. En 437 ils s'établirent à Tournai et en 445 à Cambrai ; après le secours décisif que les Francs leur prêtèrent contre Atti!a, les Romains ratifièrent cette occupation et Tournai devint la capitale d'un royaume dont furent chefs Mérovée et ses descendants. C'est à Tournai que mourut en 481 le roi Chilpéric, qui y fut enterré, et c'est de cette ville que son fils, Clovis, partit pour conquérir la Gaule.

Etablissement du christianisme. — Quand Clovis eut reçu le baptême des mains de saint Remy, ce pieux apôtre conçut le dessein de convertir les Barbares établis dans le nord-ouest du territoire dont il avait la charge ; car la province ecclésiastique de Reims avait les mêmes limites que l'ancienne province romaine la Belgique seconde, qui s'étendait jusqu'à la Manche et à la mer du Nord et avait Reims pour capitale. Saint Remy envoya saint Vaast prêcher l'Evangile dans ce pays, et c'est à cette époque que furent fondés les diocèses d'Arras, de Cambrai et de Tournai ; mais cette région avait été si ravagée depuis plus de deux siècles qu'elle était sans doute très peu peuplée ; car les diocèses y eurent une étendue démesurée. Saint Vaast et ses successeurs administrèrent jusqu'à la fin du onzième siècle les vastes diocèses d'Arras et de Cambrai ; de même en 532, saint Médard, déjà en possession de l'évêché de Noyon, y réunit celui de Tournai, créé vers 487, et cette union dura jusqu'au milieu du douzième siècle.

Fondation des grandes abbayes. — Les progrès du christianisme paraissent avoir été très lents dans le nord-ouest de la Gaule jusqu'au VIIe siècle. A cette époque, saint Eloi, évêque de Noyon et de Tournai, déploya une grande activité dans ce dernier diocèse dont Lille faisait partie. Il fut grandement secondé par saint Amand, qui fonda les célèbres monastères de Saint-Pierre et de Saint-Bavon à Gand, de Marchiennes et d'Elnone ; ce dernier prit plus tard le nom de son fondateur et la ville qui se forma autour de l'abbaye le porte encore aujourd'hui (Saint-Amand-les-Eaux ou Saint-Amand-en-Pévèle). C'est encore dans ce siècle que furent fondés les grands monastères de Saint-Vaast à Arras, de Sithiu, aujourd'hui Saint-Omer, et de Bergues Saint-Vinoc.

Ces puissantes abbayes eurent une grande influence sur le développement de la civilisation dans ce pays. Elles défrichèrent de grandes étendues de terrain, assainirent les marais, introduisirent de meilleures méthodes de culture et réunirent un grand nombre d'artisans qui produisaient la plupart des objets nécessaires à la vie ; autour d'elles se formèrent bientôt des villes importantes.

Lille pendant la période gallo-franque. — Dans quel état se trouvait à cette époque le territoire où s'élève aujourd'hui la ville de Lille ? On n'en sait rien. On y a trouvé comme à l'époque précédente des poteries, des vases et des armes, mais en petit nombre ; cependant Esquermes était déjà un village ; car on y a mis au jour un cimetière mérovingien assez important ; mais c'est tout ; on n'a pas rencontré le moindre vestige du célèbre château du Buc, qui, si l'on en croyait l'histoire merveilleuse de Lille, aurait été une forteresse très importante.

Légende de Lidéric et Finard. — En 621, dit cette légende, il y avait sur le territoire de Lille un château très fort, où habitait un géant, seigneur du pays, nommé Finard, qui tuait et dépouillait tous ceux qui passaient dans le voisinage.

A cette époque, Salvart, seigneur de Dijon, banni par le roi, se rendit en Angleterre et passa par Lille. Il était accompagné de sa femme Ermengarde, fille du célèbre Girard de Roussillon, de plusieurs serviteurs et de douze chevaux chargés d'objets précieux d'or et d'argent.

Finard n'eut garde de laisser échapper une aussi belle proie. Il se mit en embuscade dans les bois situés près de la fontaine, tua Salvart et s'empara du convoi.

Naissance de Lidéric. — Ermengarde avait pu se cacher avec une suivante et échapper aux soldats de Finard. Par malheur, elle était grosse et l'émotion que lui causèrent ce combat et la mort de son mari fut telle, que bientôt elle fut prise des douleurs de l'enfantement.

Elle mit au monde, près de la fontaine, un fils, Lidéric, le héros lillois. Mais, peu de temps après, la suivante l'avertit que les brigands de Finard fouillaient le bois sans doute à sa recherche.

La malheureuse tremble d'être prise ; elle a peur que le terrible Finard ne fasse mourir son fils. Elle cache l'enfant dans une haie, et, quand elle le croit en sûreté, se laisse prendre.

Education de Lidéric. — Un ermite, habitant le voisinage, vient chercher de l'eau à la fontaine et trouve l'enfant. Il le recueille et le fait allaiter par une biche.

Devenu grand et fort, Lidéric passe en Angleterre à la cour du roi, dont il est bientôt l'un des pages favoris. Il s'y distingue par sa grâce, par sa force et par son habileté dans tous les exercices du corps chers aux chevaliers.

Il se fait même aimer de la fille du roi. Tout lui réussit ; mais le souvenir de sa mère, prisonnière de Finard, hante son esprit. Il veut la délivrer. Il renonce aux douceurs d'un amour partagé ; il obtient même le consentement de sa maîtresse à son départ ; elle pleure et le voit partir à regret ; mais en bonne et vaillante dame, elle l'aide de tout son pouvoir à accomplir son noble projet.

Combat de Lidéric et de Finard. — Lidéric vient en France à la cour de Dagobert, qui lui fait le meilleur accueil. Il accuse Finard, demande justice et réclame le duel judiciaire.

Le roi le lui accorde à regret, car Finard passe pour le chevalier le plus redoutable du royaume. Mais Lidéric ne craint rien. Dans un brillant combat, il tue le tyran et délivre sa mère.

Le roi lui donne les biens de Finard et lui

confie l'administration de la Flandre, sous le titre de forestier, qui indique, disent nos historiens, que le pays était couvert de forêts.

Lidéric serait le fondateur de la puissante dynastie des comtes de Flandre, dont Lille serait comme le berceau.

Succès de cette légende. — Sur ce thème, la verve des chroniqueurs s'exerça à l'envi. Il faut lire cette légende dans Pierre d'Oudegherst, l'Hérodote lillois. Il amplifie à plaisir tous ces évènements merveilleux et il mêle à ces récits fabuleux de beaux discours et de longues réflexions morales à la façon des historiens antiques.

C'est un beau roman, ou mieux un charmant conte de fées: mais cette belle légende ne soutient pas l'examen; on ne peut que le regretter; car elle est bien jolie.

Discussion de la légende de Lidéric. — La plus ancienne chronique de Flandre, rédigée au onzième siècle sous forme de généalogie des comtes, ne mentionne même pas ce Lidéric. Elle fait commencer la dynastie des seigneurs de la Flandre à un certain Lidéric d'Harlebecque, qui aurait vécu à la fin du huitième siècle, sous le règne de Charlemagne. Une autre chronique, postérieure au moins d'un siècle à la première, parle bien d'un certain Lidéric, dit de Lisle-lez-Buc, mais elle ne lui consacre que quelques lignes sans dire mot des aventures de Lidéric et de Finard. Cette légende se trouve pour la première fois dans un remaniement de cette dernière chronique, remaniement opéré au plus tôt au commencement du XIIIe siècle, c'est-à-dire au moment où s'était produit le plus grand développement des chansons de gestes et des romans de chevalerie, dont l'auteur de cette chronique fabuleuse s'est visiblement inspiré.

Ce fait, que les aventures de Lidéric ne se rencontrent pas dans les plus anciennes histoires des comtes de Flandre, suffirait à les rendre à bon droit suspectes. Mais leur caractère légendaire est encore bien mieux mis en évidence par une rapide critique de ce texte, dont l'auteur fait preuve de l'ignorance la plus grossière. Il met en scène au début du VIIe siècle des seigneurs qui se comportent comme ceux qui vivent au XIIIe siècle, au moment où il écrit. Il confond Clotaire Ier, fils de Clovis, avec Clotaire II, fils de Chilpéric et de Frédégonde, et il semble croire que la Normandie, à cette époque, appartenait déjà aux rois d'Angleterre.

Un archéologue, qui a déjà rendu à l'histoire de Lille d'éminents services, ayant mis au jour dans les environs de la Fontaine del Saulx des vestiges d'une villa gallo-romaine ou gallo-franque assez considérable, on a voulu tirer de cette découverte un argument en faveur de l'histoire merveilleuse des aventures de Lidéric et de Finard, dont un des épisodes les plus curieux se passe sur le bord de cette fontaine. Mais ce raisonnement paraît illégitime, puisque la légende place cette source au milieu d'un bois marécageux très touffu, où il n'y aurait certai-

nement pas eu place pour une habitation aussi
importante que celle dont on a trouvé les restes.

Premiers comtes de Flandre. — Il est
certain qu'au moment où se serait passée l'histoire de Lidéric, il y avait dans ce pays, comme
dans tout le reste de la Gaule Franque, des
officiers royaux, appelés comtes et chargés
d'administrer un territoire plus ou moins
étendu, d'y percevoir les revenus du fisc, d'y
rendre la justice et de conduire les hommes libres
à l'armée. Mais avant le IXe siècle nous ne
savons rien sur les comtes de ce pays ni sur
les comtés qui leur étaient confiés. Le premier
comte dont on rencontre le nom dans un acte
authentique est un certain Ingilramus, qui est
désigné dans un capitulaire de 844, comme étant
chargé de l'administration de plusieurs comtés,
entre autres de celui de Courtrai. Mais le premier comte de Flandre, à titre héréditaire, est
Baudouin Bras de Fer, que certains disent fils
de cet Ingilramus. Baudouin était un brillant
soldat, qui conquit son glorieux surnom par la
valeur qu'il déploya dans de nombreux combats
en repoussant les Normands. Il réussit à se
faire aimer de Judith, fille de Charles le Chauve,
et à la décider à un mariage clandestin, célébré
en 863. Peu après, il obtint son pardon de
Charles le Chauve, qui lui donna en fief, pour
lui et les siens, le vaste territoire connu plus
tard sous le nom de comté de Flandre.

Invasions des Normands en Flandre.
— C'est à cette époque que commencèrent dans

notre pays les invasions des Normands, qui se poursuivirent pendant plus d'un siècle, la première s'étant produite vers 845 et la dernière ayant eu lieu sous Arnoul le Jeune, en 966. La fréquence même de ces invasions nous autorise à croire que la Flandre était alors une région prospère, dont la richesse tentait les Normands.Quoi qu'il en soit, les incursions de ces pillards entraînèrent la désorganisation et la ruine de notre pays et contraignirent les habitants des campagnes à venir chercher un refuge dans les villes et dans les châteaux que l'on construisait alors un peu partout. D'ordinaire, ces châteaux étaient édifiés sur un promontoire élevé ou sur les bords des rivières, que les Normands avaient l'habitude de remonter pour envahir la Flandre, — souvent aussi dans les îlots formés par ces rivières. Le château, placé dans cette dernière position, commandait les rives du fleuve et était de la sorte un obstacle sérieux à la marche en avant des envahisseurs.

Premier château de Lille. — Il y a tout lieu de croire que le premier château de Lille fut construit dans des conditions analogues, en vue d'arrêter les progrès des Normands. Jusqu'en 1848, une motte de 12 à 15 mètres de hauteur, entourée d'eau de toutes parts, se dressait au milieu de la ville, à l'endroit où se bâtit aujourd'hui la basilique de Notre-Dame de la Treille ; c'est probablement là que dut s'élever le premier château du châtelain de Lille. Toutefois, il est impossible de rien affirmer, car le plus ancien châtelain de Lille dont le nom nous soit parvenu est Roger l'Ancien : or, c'est seulement dans un titre de 1087 qu'il est cité. Jusqu'au XIe siècle, toute l'histoire de Lille repose sur des conjectures plus ou moins fondées.

Baudouin de Lille. — D'anciennes traditions remontant au douzième siècle attribuent à l'un des descendants de Baudouin Bras de Fer, au comte Baudouin V, la fondation de Lille ; et elles paraissent assez bien justifiées par le peu que nous savons sur les origines de cette ville. Néanmoins, il serait téméraire d'affirmer que c'est à ce comte que Lille dut la naissance ; mais il est certain qu'elle lui doit sa fortune, et que depuis son règne (1036-1067) Lille n'a jamais cessé de croître. C'est sans doute pour perpétuer le souvenir des progrès que Baudouin V lit faire à cette ville, que le nom de Baudouin de Lille lui est resté dans l'histoire, par opposition au nom de Baudouin de Mons, donné à son fils, qui avait épousé l'héritière du comté de Hainaut, dont Mons était la capitale. Ce surnom pourrait aussi faire croire que Lille fut le séjour habituel de Baudouin V et comme sa capitale.

Fondation de Lille (avant 1054). — Une très ancienne chronique rapporte que Baudouin de Lille fonda cette ville et qu'il l'entoura de murailles. Mais elle néglige de nous dire à quelle époque remonte cette fondation. Ce fut certainement avant 1054 ; car à cette époque Lille faillit être assiégé par l'empereur d'Allemagne, Henri III. Dans les dernières histoires de Lille on trouve que l'empereur s'empara de la ville et qu'il en fit tomber les murailles ; mais les plus anciens historiens ne font aucune mention de cette prise de Lille. Les deux excellentes chroniques de Cambrai, presque contemporaines de ces évènements, rapportent que l'empereur vint jusque sous les murs du château de Lille ; elles ajoutent aussi que le comte Lambert de Lens, qui s'y était enfermé, fut pris d'une belle ardeur guerrière, qu'il sortit à la rencontre de l'armée impériale et qu'il essuya une défaite complète ; mais, malgré sa victoire, l'empereur, au lieu d'attaquer la ville, marcha sur Tournai, dont il s'empara en 1054.

Ainsi, à cette époque, Lille devait être une ville déjà assez forte, puisque l'empereur n'osa pas en entreprendre le siège, bien que la garnison eût été décimée. Il ne faudrait pourtant point croire qu'à ce moment, les murailles des villes fortes fussent d'une solidité à toute épreuve. L'art des fortifications était alors dans son enfance ; on ne construisait pas encore de ces imposants ouvrages de défense qui ont été établis plus tard et qui se sont conservés jusqu'à nous. Pour fortifier une ville, on l'entourait d'un fossé large et profond. La terre du fossé, rejetée à l'intérieur, formait un rempart sur lequel on plantait des palissades, garnies d'archières et de créneaux. Dans un coin de l'enceinte, on contruisait un château ou citadelle, avec une haute tour en charpente, d'où l'on pouvait dominer et surveiller la compagne.

Fondation de Saint-Pierre.—C'est apparemment en reconnaissance d'avoir échappé au danger d'un siège et peut-être d'une prise de la ville que Baudouin de Lille posa, en 1055, la première pierre de la collégiale de Saint-Pierre, dont l'acte de fondation s'est transmis jusqu'à nous. Dix années plus tard, la basilique était achevée, et on pouvait l'inaugurer en 1066.

A cette occasion, Baudouin donna à Saint-Pierre des biens considérables, affranchis de toute domination, qui formèrent une puissante seigneurie ecclésiastique. Cette donation comprenait à l'intérieur du château de Lille le terrain touchant à l'église, pour la construction des demeures des chanoines et de leurs dépendances. Il assigna aux chanoines et à leurs auxiliaires, qui devaient dire des messes quotidiennes pour le repos des membres de la famille du fondateur, une certaine somme de deniers à prendre à la Monnaie de Lille. Mais il ne faudrait pas attacher trop d'importance à ce fait qu'il y avait à Lille une monnaie comtale ; car, à cette époque, les ateliers monétaires étaient nombreux, mais peu considérables, et ils ne ressemblaient en rien à l'ancien hôtel des monnaies de Lille, qui a été supprimé il n'y a pas encore bien longtemps.

Baudouin donna encore à Saint-Pierre l'église de Saint-Etienne, située sur le marché de Lille, et celle de Saint-Maurice, dans les faubourgs. Il y avait donc, en 1066, trois églises à Lille, Saint-Pierre, Saint-Etienne et Saint-Maurice, ce qui est le fait d'une ville assez importante.

On a dit que Baudouin avait bâti un palais à Lille, palais dans lequel se trouvait, comme dans tous les châteaux de cette époque, une vaste salle, où le seigneur tenait sa cour, d'où le nom de *Palais de la Salle*, sous lequel cette demeure fut plus tard désignée.

Rien ne prouve que ce château ait été construit par Baudouin ; mais cela est très probable car Baudouin habitait ordinairement Lille, où il mourut en 1067. Il fut enterré dans l'église de St-Pierre.

La fondation de cette collégiale exerça sur le développement de la ville une grande influence, dont dès cette époque on sut se rendre compte. Une des plus anciennes chroniques de Flandre nous dit que la fondation de la basilique a été l'origine de la prospérité de la ville de Lille. Saint-Pierre était, en effet, une église importante : elle était desservie par 40 chanoines, dont 10 prêtres, 10 diacres, 10 sous-diacres et 10 acolytes. Dès la fin du XIe siècle, elle eut des écoles très prospères sous la direction de maîtres célèbres.

Lille était aussi à cette époque le siège d'un grand marché et sans doute de foires, qui imprimaient un vif élan à son commerce. Quoi qu'il en soit, la ville reçut un accroissement si rapide que, dès le commencement du XIIe siècle, on dut construire une quatrième église, — l'église de Saint-Sauveur.

L'anarchie au XIe siècle. — Ces progrès furent cependant entravés par les ravages d'une grande guerre survenue entre l'empereur et le comte et qui ne dura pas moins de sept années, de 1103 à 1110. Lille ne fut pas attaquée ; mais tout le pays fut dévasté. Les guerres privées étaient encore plus funestes. A cette époque, la société était dans l'anarchie la plus complète et la guerre était l'état normal. Pour le plus futile motif, les seigneurs mettaient à feu et à sang les terres de leur ennemi. En tous temps, d'ailleurs, soldats et seigneurs se livraient au brigandage, arrêtaient les marchands sur les routes, les volaient et les mettaient à rançon. L'Eglise interposait son autorité pour mettre un terme à cet état de choses déplorable ; mais l'apaisement qu'elle parvenait parfois à obtenir était bien précaire, et le moindre incident suffisait pour rallumer les dissensions Le comte lui-même était impuissant à maintenir la paix et le désordre était général.

Les ghildes marchandes. — Les marchands éprouvaient plus que toutes les autres classes de la société un besoin de sécurité : aussi entreprirent-ils de se protéger eux-mêmes, puisque l'autorité établie était impuissante à les défendre. C'est dans cette pensée qu'ils établirent des ghildes, qui, se transformant et se développant sous diverses influences, devinrent plus tard les communes. Les renseignements font absolument défaut sur l'origine des ghildes. Tout ce que l'on sait, c'est que les habitudes d'association, d'où elles sortirent, existaient déjà chez les peuples germaniques, lorsqu'ils étaient encore établis de l'autre côté du Rhin. Des capitulaires de 779 et de 821 contiennent des clauses interdisant les ghildes : mais, en dépit de cette interdiction, elles persistèrent et même ne tardèrent point à se multiplier.

L'opinion la plus répandue veut que la ghilde soit une transformation de la famille. Quand le chef de la famille fut incapable d'assurer à ses membres une protection efficace, on comprit la nécessité de former des associations composées d'hommes ayant les mêmes besoins et se livrant à des occupations identiques. Ces associations étaient de véritables sociétés de secours mutuels, d'assurance contre l'incendie, les sinistres maritimes, etc. Et comme, à cette époque, on ne comprenait pas les associations sans banquets, un des principaux articles des statuts était celui qui réglait l'ordonnance des festins, qui se renouvelaient plusieurs fois par an : d'où les noms de *convivium* et d'*amicitia* donnés aux ghildes.

Amitié de Lille.— Nous ne possédons plus les statuts de l'*Amitié de Lille*; mais on en retrouve des traces dans les plus anciennes coutumes de Lille, qui ont été rédigées à la fin du XIIIe siècle par un clerc de la ville, nommé Jean Roisin : d'où le nom sous lequel est ordinairement désigné cet ouvrage si précieux. Jean Roisin y fait mention du *rewart de l'Amitié*; il nous apprend que les bourgeois prêtaient serment sur le *forfait de l'Amitié*. Ce ne sont là que des indices; mais ils établissent qu'il y a eu à Lille une ghilde marchande dont les membres juraient de s'assister les uns les autres, sous peine d'être exclus de l'association.

Les premières lois communales de Flandre. — Les premières chartes de privilèges municipaux ne remontent pas en Flandre plus haut qu'au commencement du XIIe siècle. *Le premier droit municipal de Furnes* date de 1109 ; celui d'Aire est antérieur à 1111 ; si l'on en croit Jacques de Guyse, Valenciennes eut une charte de privilèges avant 1114 ; mais cela est très douteux ; avant 1116, Ypres obtenait la suppression du duel judiciaire ; en 1113, Arras avait un échevinage ; mais, sauf pour Ypres, aucun document relatif à ces faits ne nous est parvenu. Des lois ultérieures confirmèrent la loi de Valenciennes et la loi d'Aire. On sait qu'Augustin Thierry a publié la charte d'Aire ; mais ce n'est qu'une confirmation de 1188, qui établit que les privilèges de la ville ont été souvent modifiés : car les bourgeois avaient le droit d'amender leurs coutumes. On peut cependant retrouver dans cette confirmation de 1188 des souvenirs des statuts primitifs. On y reconnaît des clauses qui datent d'une époque plus reculée, comme par exemple les mesures prises pour empêcher l'exercice de la vengeance et pour assurer le maintien de la paix entre les coassociés, qui devaient faire partie de la charte primitive; mais ce ne sont là que des conjectures. La charte de Valenciennes n'est pas moins contestée : il ne nous en reste qu'une mauvaise traduction, relativement moderne, qui est sujette à caution. La charte d'Arras est fort corrompue : elle nous apprend seulement qu'il existait dans cette ville une ghilde de marchands, connue sous le nom de *Charité*, et que cette ghilde se confondit avec la municipalité. Or, il en fut de même dans toutes les villes du nord.

Ainsi, à Saint-Omer, l'association se confondit si bien avec la commune que l'assemblée des magistrats se tint dans la *Ghildhalla*, ou halle de la ghilde.

Transformation des ghildes en communes. — Toutes ces associations étaient encore fort imparfaites. Elles n'étaient ni assez nombreuses, ni assez puissantes pour assurer à leurs membres une protection efficace. Cependant, dans l'état troublé de la société, à cette époque de violence, le besoin de protection était général, car les marchands qui hasardaient des marchandises hors de leur ville risquaient fort de les perdre. Ceux qui s'aventuraient sur les routes s'exposaient à la mort, ou tout au moins à une captivité qui ne cessait que par le paiement d'une forte rançon. En dépit de tous ces obstacles, le commerce se développait et les villes prospéraient. Warnkœnig en compte en Flandre trente-cinq, dont quelques-unes se livraient à un commerce étendu. On conçoit dès lors que les villes aient cherché à accroître leurs privilèges, afin d'assurer à leurs bourgeois la sécurité qui leur était nécessaire pour leur industrie et leur commerce. L'occasion s'en offrit en 1127, quand le comte Charles, qui n'avait pas d'héritier, fut assassiné. Les villes profitèrent de cet évènement pour arracher aux divers compétiteurs au comté des concessions importantes : Saint-Omer obtint alors sa première charte de commune, qui nous a été conservée, et tout porte à croire que Lille eut la même bonne fortune.

CHAPITRE DEUXIÈME

ÉTABLISSEMENT DES COMMUNES

La succession de Charles-le-Bon, comte de Flandre. — Intervention du roi de France. — Cour plénière d'Arras. — Guillaume Cliton à Lille. — Soumission des villes de Flandre à Guillaume Cliton. — La commune au moyen âge. — La commune, société de protection. — La commune seigneurie. — Devoirs des communes envers le suzerain. — Droits du souverain sur les communes. — La commune en 1127. — La première charte de Saint-Omer. — Première charte de Lille. — Révolte des villes contre Guillaume Cliton. — Soulèvement de Lille (1ᵉʳ août 1127). — Révolte des villes et des seigneurs de Flandre. — Entrée en scène de Thierry d'Alsace. — Intervention du roi de France. — Siège de Lille (mai 1128). — Etablissement de la dynastie d'Alsace.

La succession de Charles-le-Bon, comte de Flandre. — La mort du comte de Flandre, Charles le-Bon, assassiné le 2 août 1127, ouvrit une crise redoutable. Car le comte ne laissait pas d'héritiers directs, et sa succession fut fort disputée par de nombreux compétiteurs. Ils n'étaient pas moins de sept, qui tous descendaient de Baudouin Bras de-Fer, deux par les hommes et cinq par les femmes. Tous pouvaient également prétendre au comté : car si les femmes n'avaient pas droit au trône de France, la succession féminine était admise pour les grands fiefs, Flandre, Champagne, Aquitaine, Bretagne, etc. Les droits des deux membres de la ligne masculine n'étaient pas parfaitement en règle. L'un d'eux, Guillaume d'Ypres, était bâtard d'un fils puîné de Robert-le-Frison, aïeul maternel du dernier comte. Sa naissance naturelle était, en droit, un motif de lui préférer les héritiers légitimes de la ligne féminine. L'autre était Baudouin IV, comte de Mons et de Hainaut, arrière-petit-fils du comte de Flandre, Baudouin VI, neveu et prédécesseur médiat de Robert-le-Frison. Il aurait eu des titres sérieux au comté de Flandre, si son bisaïeul n'y avait pas renoncé au profit de son frère aîné, le comte Arnoul. Baudouin IV de Mons prit les armes pour appuyer ses prétentions ; mais il combattit mollement ; et ce fut, en somme, un compétiteur peu redoutable. Guillaume d'Ypres était un candidat plus dangereux : c'était un soldat vaillant et entreprenant, et, en outre, il avait d'assez nombreux partisans. Mais on trouva la preuve qu'il avait été l'un des instigateurs du meurtre de Charles-le-Bon, et il dut bientôt quitter le pays.

Parmi les prétendants de la ligne féminine, deux se contentèrent de poser leur candidature sans la soutenir vigoureusement. L'un était le roi d'Angleterre, Henri Beauclerc, dont la mère, femme de Guillaume-le-Conquérant, était fille de Baudouin de Lille ; l'autre était le comte de Hollande, fils d'une sœur de Thierry d'Alsace, petite-fille de Robert-le-Frison.

Restaient trois concurrents sérieux qui luttèrent énergiquement pour faire triompher leurs droits. Le premier était Arnoul-le-Danois, fils d'une fille de Robert-le-Frison et frère du dernier comte, Charles-le-Bon. Régulièrement, il aurait dû succéder à son frère ; mais il semble qu'il s'était aliéné les sympathies des grands du pays ; aussi n'eut-il jamais de chances sérieuses de l'emporter sur les deux derniers prétendants : Guillaume-le-Normand et Thierry d'Alsace.

Guillaume-le-Normand, plus connu de nos jours sous le nom de Guillaume Cliton, était fils de Robert, duc de Normandie, frère du roi d'Angleterre, Henri Beauclerc. Guillaume Cliton, arrière-petit-fils de Baudouin de Lille, n'était donc que cousin très éloigné du dernier comte. Charles-le-Bon, au contraire, et Thierry d'Alsace étaient enfants de deux sœurs, et, si Arnoul-le-Danois était écarté, Thierry devait succéder à son cousin germain.

Intervention du roi de France. — En sa qualité de suzerain, le roi de France voulut intervenir dans cette question et la juger dans sa cour. Toutes ses sympathies étaient pour Guillaume Cliton. Afin de faire rendre à ce jeune homme son héritage paternel, la Normandie, Louis-le-Gros avait fait la guerre au roi d'Angleterre, qui avait dépouillé son neveu. Mais Henri Beauclerc, vainqueur dans plusieurs rencontres, avait forcé Louis-le-Gros à lui reconnaître la légitime possession de la Normandie. C'est pour donner une compensation à Guillaume Cliton que Louis-le-Gros résolut de soutenir ses prétentions à la succession de Charles-le-Bon.

Cour plénière d'Arras. — Dès le 20 mars 1127, c'est-à-dire moins de trois semaines après la mort du comte, le roi de France et son protégé étaient à Arras, où la cour du royaume avait été convoquée. Elle se composait des barons du royaume de France, qui avaient accompagné Louis-le-Gros, et des principaux seigneurs du comté de Flandre. Seul, entre tous les prétendants, Guillaume Cliton était présent. Thierry d'Alsace s'était borné à écrire pour faire valoir ses droits. Il ne paraît pas que la discussion ait été bien longue. Guillaume Cliton fit aux seigneurs flamands les plus belles promesses, et tout d'une voix il fut proclamé comte de Flandre.

Il faut croire que cette unanimité n'avait pas grande importance, même aux yeux de Louis-le-Gros; car il n'osa pas laisser seul son protégé. Il l'accompagna dans une tournée à travers le comté et il le présenta lui-même aux principales villes.

Guillaume Cliton à Lille. — D'Arras, le roi de France, le comte de Flandre et leur suite vinrent à Lille, où ils reçurent les hommages des seigneurs du pays, et sans doute aussi le serment des bourgeois de Lille. Nous savons qu'au XIIIe siècle, quand le comte faisait sa première entrée à Lille, il recevait le serment des bourgeois; mais auparavant il devait lui-même jurer de respecter les privilèges de la ville. Il est très vraisemblable que cet usage était déjà en vigueur quand Guillaume Cliton entra à Lille. Celui-ci sentait en effet la nécessité d'attacher les villes à sa cause, et il est certain qu'à son arrivée au pouvoir il prodigua les concessions aux villes comme aux seigneurs. Il est donc permis de croire que, dans cette occasion, il dut prononcer un serment, sinon tout à fait semblable, du moins analogue à celui usité un peu plus tard, et ainsi conçu :

« Sire, chi jures-vous que vous, le ville de
» Lille, le loi et le franchise de le ville, les
» usages et les coustumes, les corps et les
» cateux des bourgeois de le ville, warderes
» (garderez) et menres par loi et esquevinage :
» et ensi le jures sour les sains évangiles et
» sour les saintes paroles, qui chi sunt escriptes,
» que vous le tenres bien et loialement. »

De son côté, la ville, par l'organe de ses magistrats, prêtait au comte ce serment :

« Sire, nous fianchons vo corps et vo yretage
» de le comté de Flandre à warder et ensi nous
» le jurons bien et loialment à tenir à nos
» sens et à nos pooirs. »

C'est un engagement de cette sorte que pouvait désirer et réclamer un comte dont les droits étaient sérieusement contestés.

Soumission des villes de Flandre à Guillaume Cliton. — Les villes n'avaient pas été représentées à la cour d'Arras ; mais elles étaient déjà assez puissantes pour sentir que le roi et le nouveau comte avaient besoin de leur concours, et leurs habitants étaient trop avisés pour ne pas en profiter.

Les bourgeois de Bruges s'entendirent avec les Gantois et ils ne reconnurent Guillaume-le-Normand qu'après de longues négociations régulièrement conduites. Avant de lui prêter serment, ils exigèrent du comte qu'il jurât de conserver leurs privilèges, leurs coutumes et leurs franchises,et leur concédât, sous serment, l'exemption de certaines redevances. Les bourgeois de Gand se comportèrent de même : mais les détails font défaut sur cette prestation de serment.

De Gand, le roi et le comte revinrent à Lille, et de là à Béthune, Thérouanne et Saint-Omer, où ils arrivèrent le 14 avril. A toutes ces villes, Guillaume Cliton dut accorder des franchises ; mais seul le texte des privilèges de Saint-Omer nous est parvenu ; comme c'est la plus ancienne charte de commune donnée à une ville du nord, qui nous ait été conservée, elle mérite qu'on s'y arrête.

La commune au moyen âge. — Mais avant de l'étudier, il convient de déterminer le sens exact du mot commune au moyen âge : car la commune du XIIᵉ siècle ne ressemble en rien à la commune actuelle.

Les écrivains contemporains n'ont donné de la commune que des définitions insuffisantes, et ils ne semblent pas avoir compris la portée de la révolution qui s'opéra sous leurs yeux.

Guibert, abbé de Nogent,près de Laon,écrit : « La commune, mot nouveau et abominable, se comporte de telle façon que les serfs paient à leur seigneur une seule fois par an les redevances qu'ils lui doivent.S'ils commettent quelque délit, l'amende à laquelle ils peuvent être condamnés est fixée par la loi. Les autres exactions qu'on a coutume de prendre sur les serfs sont complètement supprimées. »

Ailleurs, ce bon abbé rapporte qu'à la messe

il a prêché contre ces exécrables communes, qui osent, contre tout droit, arracher par la force les serfs à la domination arbitraire de leurs seigneurs.

Dans la constitution des communes, Guibert de Nogent ne voit que les pertes subies par les seigneurs. Ceux-ci ne pouvant plus lever sur leurs serfs des amendes énormes et des tailles arbitraires, ce seigneur ecclésiastique s'en indigne ; il ne peut souffrir cette nouveauté et il s'écrie que c'est une chose abominable. Mais ce n'est là qu'un côté de la question, et comme il est nécessaire de la connaître tout entière, il importe de marquer les caractères essentiels de la commune jurée.

La commune société de protection.— Comme la ghilde, d'où elle est sortie, la commune jurée du nord est avant tout une société de protection mutuelle. Le premier devoir du bourgeois est de donner à tout bourgeois qui le réclame, conseil, aide et secours : c'est par là que débutent les chartes de commune. A Lille, notamment, le bourgeois qui manquait à ce devoir s'exposait à des peines assez graves ; dans certains cas même, il pouvait être privé du droit de bourgeoisie.

L'association en corps était, en outre, tenue de protéger les personnes et les biens de ses membres, et, pour accomplir cette obligation, elle disposait d'un tribunal et d'une force armée. Non seulement les membres de la commune ne pouvaient être poursuivis au civil et au criminel que devant le tribunal de la commune, mais ils pouvaient y citer eux-mêmes les personnes étrangères à l'association dont ils avaient à se plaindre. Parfois l'étranger refusait de reconnaître l'autorité de ce tribunal ; il était alors banni de la ville, et, dans certains cas, la commune avait le droit de détruire ou de brûler sa maison, si elle était située dans un certain rayon, déterminé par la coutume.

La commune seigneurie. — En raison de ce droit de justice, qui assurait à ses membres une protection efficace, la commune peut être définie une seigneurie laïque en nom collectif ; car la justice est l'attribut essentiel de la seigneurie. La commune rend la justice par ses magistrats comme le seigneur par ses officiers. Dans les villes de communes, le véritable seigneur, c'est l'association elle-même, qui est gouvernée par des magistrats. Ceux-ci sont choisis de façons très différentes : tantôt ils sont désignés par le souverain, tantôt ils sont nommés par les membres d'une petite aristocratie bourgeoise ; tantôt ils sont élus par tous les membres de l'association, suivant des modes plus ou moins compliqués, mais rarement par le suffrage universel direct, du moins en Flandre. En général, les villes du nord ont usé successivement de tous ces systèmes : mais dans beaucoup d'endroits, ces changements, qui se sont opérés plus ou moins rapidement, ne se sont pas faits sans violences.

Les chefs de la commune ne rendent pas seulement des arrêtés, des ordonnances de police ; mais, tout comme les seigneurs haut-justiciers, ils ont le droit de ban, et ils font de véritables lois sur des matières civiles ou criminelles importantes.

De même que les seigneurs, la commune possède un sceau sur lequel on voit souvent représenté le maire à cheval et en costume de chevalier. Quant à la maison commune, elle est munie d'une forte tour, parfois isolée, qui rappelle le donjon des châteaux seigneuriaux. C'est le beffroi, où sont suspendues les cloches qui appellent les bourgeois aux armes. Les membres des communes sont exempts des tailles seigneuriales arbitraires qui les ruinaient; mais ils doivent supporter les tailles nécessaires pour les besoins de l'association. La commune a donc des organes et des ressources; elle peut vivre, agir et se défendre.

Devoirs des communes envers le suzerain. — La commune a envers son suzerain les mêmes droits et les mêmes devoirs que les autres seigneurs laïques et ecclésiastiques. Elle est tenue au devoir de cour, c'est-à-dire que ses magistrats sont obligés de donner conseil au souverain quand celui-ci le réclame; et c'est à ce titre que les députés des communes figuraient aux Etats généraux ou Provinciaux quand le roi ne les convoquait pas pour leur demander des subsides. De même que les seigneurs, la commune devait le service militaire au souverain, et elle était obligée d'entretenir en bon état ses fortifications comme le seigneur son château. Enfin, dans certains cas déterminés, elle devait, à l'exemple du seigneur, payer

au souverain des aides ou subsides, son droit
étant borné à discuter la quotité de ces subsides
et le mode de perception. Ce débat avait lieu le
plus souvent dans les assemblées des Etats, qui
étaient composés de seigneurs des trois ordres :
les seigneurs laïques nobles, les seigneurs ecclésiastiques et les communes. Mais il y avait entre
ces trois ordres une différence essentielle :
c'est que les seigneurs laïques nobles et les
seigneurs ecclésiastiques ne payaient pas eux-
mêmes l'impôt qu'ils consentaient à leur souverain ; ils le levaient sur les habitants de
leurs seigneuries, qui, bien entendu, n'étaient
pas consultés : car ils étaient censés repré-
sentés par leurs seigneurs. Mais les communes
devaient lever l'impôt sur leurs bourgeois. Ainsi
la maxime : « Nul ne doit payer l'impôt s'il ne
l'a consenti directement ou par ses représentants », ne doit s'appliquer qu'aux membres
des communes.

**Droits du souverain sur les com-
munes.** — Le souverain devait respecter les
privilèges des communes ; mais comme il était
d'ordinaire assez porté à les violer, les grandes
villes n'hésitaient pas, avant de prêter le serment de fidélité qu'elles lui devaient, — comme
les seigneurs l'hommage, — à exiger du suzerain qu'il confirmât leurs privilèges et qu'il
jurât dé les maintenir. Mais le souverain, du
moins en France et en Flandre, exerçait des
droits plus étendus sur les communes que sur
les autres seigneuries. Non content de prononcer
en appel par lui-même ou par les membres de

sa cour sur les jugements des magistrats municipaux, il imposait, lorsque ces jugements étaient
réformés, des amendes énormes aux communes
en manière de punition. Et même les tribunaux
du souverain n'hésitaient point parfois à prononcer la suppression d'une commune, sous
prétexte qu'elle était mal administrée. Si donc
la commune formait un état dans l'Etat, ce
n'était pas un état indépendant ; car elle était
soumise à la tutelle étroite du souverain. Au
XIVᵉ siècle, les grandes villes de Flandre
tenteront de s'émanciper ; mais ce mouvement
ne s'étendra pas à la Flandre wallonne, alors
gouvernée directement par les rois de France.
Dès qu'ils seront maîtres du comté, les ducs de
Bourgogne réprimeront toutes ces tentatives :
aussi les communes de ce pays ne pourront-
elles pas se transformer en républiques comme
firent les grandes villes d'Allemagne et d'Italie.

La commune en 1127. — Les communes
n'obtinrent pas tout d'abord l'importance et la
puissance qu'elles eurent à un haut degré au
XIIIᵉ et au XIVᵉ siècle, même dans notre pays.
Elles commencèrent modestement et ce n'est
que par une série de progrès lents, répartis sur
une assez longue période, qu'elles acquirent
leur plein développement. Cependant, dès l'année 1127, la commune, à Saint Omer et en
Flandre, présente les caractères essentiels de
l'organisation qu'on vient d'indiquer. Déjà elle
est une seigneurie, car déjà elle a une justice ;
mais, semblable en cela aux autres seigneurs,
elle a des droits plus ou moins étendus ; car

entre les seigneuries d'un royaume, comme celui de France, ou même seulement d'un comté, comme celui de Flandre, on rencontre des différences souvent très considérables.

La première charte de Saint-Omer. — En 1127, Saint-Omer paraît avoir été l'une des villes les plus privilégiées de la Flandre ; encore ne fut-elle pas seule à bénéficier d'une situation exceptionnelle ; car, à diverses reprises, le comte répète que les privilèges qu'il accorde à Saint-Omer sont ceux dont jouissent les villes les mieux traitées de son comté. Ainsi il déclare qu'il entend que désormais les bourgeois de Saint-Omer soient affranchis de toute coutume, de toute exaction, qu'ils reçoivent le même traitement que les bourgeois les plus libres de la Flandre ; il s'engage à ne lever sur eux aucune contribution extraordinaire.

De même il les affranchit de la capitation, c'est-à-dire de l'impôt personnel que les serfs devaient à leurs seigneurs et qui était, avec le droit de suite et celui de formariage, une des marques caractéristiques du servage. Il accorde encore aux membres de la ghilde de Saint-Omer qui habitent dans l'enceinte de la ville des exemptions de droits de tonlieu à Gravelines, à Dixmude, à Bapaume, etc. De plus, il leur abandonne les produits de la monnaie de Saint-Omer, afin de les indemniser des dommages qu'ils avaient subis et de les aider à subvenir aux dépenses de leur ghilde.

Il reconnaît en outre leur commune, telle qu'ils l'ont constituée, et ordonne que l'ordre établi soit maintenu sans qu'elle puisse être dissoute par qui que ce soit. De même encore, il leur accorde le droit, c'est-à-dire les lois et la justice dans les conditions les plus favorables qui soient en vigueur dans toute l'étendue du comté de Flandre.

Autre privilège : il établit que les jugements des échevins seront exécutoires contre tout le monde indistinctement, même contre lui; et quant aux échevins de Saint-Omer, il les dote des droits les plus étendus dont jouissent des échevins dans aucune ville du comté.

Un des articles les plus importants de cette charte est celui qui consacre la juridiction des échevins de Saint-Omer sur tout étranger qui commettrait une agression contre un bourgeois de la ville, qui le blesserait, l'outragerait ou le volerait. Que si le coupable, cité à comparaître par le châtelain, ne déférait pas à cette sommation, il était loisible à la commune de venger l'injure faite à l'un de ses membres en détruisant ou en brûlant la maison du prévenu. C'est ce qu'on appelle le droit *d'arsin* ou d'abatis de maisons que les bourgeois de Lille ont toujours considéré comme un de leurs privilèges les plus précieux.

Première charte de Lille. — Seule entre toutes les chartes de commune concédées aux grandes villes de Flandre à cette époque, la charte de Saint-Omer nous est parvenue. Mais on aurait tort d'inférer de ce fait que cet octroi fût un cas isolé. Cette interprétation serait contraire aux termes de la charte elle-même, qui accorde

à Saint-Omer les droits les plus étendus dont
jouissent les autres villes de Flandre. On sait d'ailleurs par les deux excellents historiens contemporains de cette révolution, que les grandes villes obtinrent alors des privilèges considérables ;
mais sur la nature exacte de ces privilèges, on
n'a aucun renseignement précis. Tout porte cependant à croire qu'ils étaient semblables à ceux
qui furent octroyés à Saint-Omer. Pour Lille
notamment, on possède des documents qui ne
laissent aucun doute sur ce point important.

Ainsi, l'on sait que Guillaume Cliton dispensa
Lille comme Saint-Omer des tailles, connues plus
tard sous le nom d'aides aux quatre cas. Non
seulement il renonça pour lui et ses successeurs
au droit de lever dans certains cas déterminés
des contributions extraordinaires sur la ville de
Lille, mais encore il priva de ce droit les autres
seigneurs, le chapitre de Saint-Pierre notamment, dont la seigneurie était enclavée dans
la ville. Les chanoines protestèrent et rédi-
gèrent un exposé de leurs griefs sur cette
question, qui est consigné dans une charte de
1128. Dans ce document, il est déclaré que, pressés
par les besoins de leur église, ils ont demandé
une aide aux hôtes, c'est-à-dire aux sujets de
Saint-Pierre, suivant la coutume des autres
seigneurs. Il est probable que ces hôtes s'adressèrent à leur tour au comte Guillaume, afin qu'il
fit observer les privilèges qu'il avait concédés
à la ville lors de son entrée; car on sait que le
comte défendit aux chanoines de rien exiger
de leurs hôtes et à ceux-ci de rien payer.
Or, pareille défense de la part du comte

était illégitime; il ne pouvait pas, en effet, restreindre les droits d'un seigneur sans son assentiment ; les rois de France, par exemple, eurent toujours soin d'insérer dans les chartes de communes qu'ils concédèrent, une clause réservant les droits des autres seigneurs, *salvo jure alieno*. Aussi, les chanoines de Saint-Pierre, armés des bulles des papes et des chartes des comtes confirmant leurs privilèges, s'adressèrent à leur métropolitain, l'archevêque de Reims, pour le prier de les faire respecter. Celui-ci transmit l'affaire à l'évêque de Tournai, qui, assisté des principaux barons du comté, prononça un jugement reconnaissant le bien-fondé des réclamations des chanoines. Le comte s'inclina devant cette décision, et même il demanda et obtint l'absolution. Mais les bourgeois de Lille ne lui pardonnèrent pas de les avoir ainsi abandonnés, et à leur tour ils résolurent de l'abandonner à la première occasion. La seigneurie de Saint-Pierre n'en resta pas moins comme une enclave privilégiée au milieu de la ville, ce qui fut la source de nombreux procès entre les échevins de Lille et les chanoines.

Comme ceux de Saint-Omer, les échevins de Lille reçurent aussi en 1127 une juridiction étendue ; et les franchises et les coutumes de la ville furent confirmées. C'est parce qu'il viola leurs privilèges en matière de justice que les bourgeois de Lille, dans cette même année 1127, se révoltèrent contre Guillaume Cliton. On peut donc affirmer qu'à l'occasion de l'avènement de Guillaume au comté de Flandre Lille reçut une charte de commune, dont les clauses principales étaient semblables à celles de la charte de Saint-Omer.

Révolte des villes contre Guillaume Cliton. — Pour se faire reconnaître comme successeur de Charles-le-Bon, Guillaume Cliton avait accordé tout ce qu'on lui avait demandé : mais une fois en possession du comté, il viola toutes ses promesses. Il est vrai qu'il avait fait, tant à ses vassaux qu'aux villes, trop de concessions pour n'être pas obligé d'en retirer ; mais encore ne sut-il pas éluder adroitement ses engagements. Il voulut tout faire à la fois et il eut même recours à la violence pour rentrer dans les droits qu'il avait aliénés. Mais, dans ces troubles, les bourgeois avaient mesuré quelle était la puissance des villes ; sollicités de tous côtés, ils avaient compris qu'ils étaient une force considérable, et ayant conçu cette opinion d'eux-mêmes, ils avaient pris la résolution de ne plus se laisser molester.

Soulèvement de Lille (1ᵉʳ août 1127). — Ce fut Lille qui donna le signal de la révolte des villes de Flandre contre leur comte ; voici à quelle occasion. C'était pendant la grande foire celle-ci se tenait alors au commencement d'août, lors de la fête de Saint-Pierre, qui paraît avoir été à cette époque le patron de la ville et de la collégiale. Afin d'attirer en grand nombre les marchands et les acheteurs à cette foire, qui avait pour la prospérité de la ville une très grande importance, il était interdit d'arrêter qui que ce fût parmi tous ceux qui venaient à Lille ou y séjournaient ; et cette interdiction était valable non seulement pendant toute la durée de la foire, mais quelques jours avant et après.

On s'expliquera que des privilèges aussi importants aient alors été accordés aux foires quand on saura que c'était dans ces assemblées que s'accomplissaientla majeure partie des opérations commerciales ; les marchands y affluaient de tous côtés et on y trouvait tous les produits alors en usage. Seules les foires actuelles de Leipzig et de Nijni-Novogorod peuvent donner une idée, — encore que très affaiblie, — de l'importance qu'avaient, au moyen âge, les foires des grandes villes de Flandre ou celles de Champagne. Les Lillois n'étaient pas sans comprendre quelle était l'influence des garanties accordées aux marchands sur la prospérité de la foire et partant de la ville ; aussi n'étaient-ils pas moins jaloux des franchises de la foire que de leur juridiction échevinale. Mais Guillaume Cliton, violent et maladroit, voulant en finir avec l'opposition sourde qu'il rencontrait chaque fois qu'il faisait acte d'autorité, résolut de frapper un grand coup. En pleine foire, sur la Grande-Place, il donna l'ordre d'arrêter un de ses serfs. Le résultat de cet acte arbitraire ne se fit pas attendre : les bourgeois de Lille coururent aux armes pour défendre leurs privilèges ; ils chassèrent hors des faubourgs le comte et les siens ; ils s'attaquèrent surtout aux compatriotes du comte, aux Normands, dont ils précipitèrent un grand nombre dans les marais qui entouraient la ville; quant aux autres, ils leur firent subir les plus mauvais traitements.

Quelques jours après, le comte revint assiéger Lille à la tête d'une puissante armée ; et, ayant obligé les bourgeois à se rendre, il les condamna à payer une amende de 1,400 marcs d'argent (plus de 300 kilos), ce qui était une somme énorme pour l'époque. Le fait que Lille put payer cette rançon exorbitante est la meilleure preuve que c'était alors l'une des villes les plus riches et les plus considérables de la Flandre : car peu de temps après, lorsque Saint-Omer, révoltée à son tour, dut se soumettre, le comte n'exigea d'elle que 600 marcs.

Révolte des villes et des seigneurs de Flandre. — Un vent de révolte soufflait alors sur toute la Flandre. Peu de temps après la soumission des Lillois, des troubles éclatèrent à Bruges. A Bruges comme à Lille, le comte avait prétendu retirer les concessions qu'il avait accordées à son arrivée. Il tenta de faire percevoir les droits de tonlieu, qui avaient été supprimés dans cette ville, comme à Saint-Omer et sans doute aussi à Lille ; mais les habitants de Bruges protestèrent violemment : à ce propos, l'historien Galbert accuse nettement le comte d'avoir violé la foi jurée. Au mois de février, les Gantois se révoltèrent pour les mêmes raisons. Mais les Gantois n'étaient pas seuls ; ils avaient l'appui actif de plusieurs seigneurs du voisinage. Tout d'abord ils s'attaquèrent au châtelain. Mais quand le comte voulut intervenir, ils se retournèrent contre lui. Ivan d'Alost se chargea d'exposer au comte les doléances des habitants dans une allocution qui était un violent réquisitoire contre son administration. Il l'accusa d'avoir accablé d'exactions les bourgeois et les seigneurs, d'avoir violé toutes les promesses qu'il avait faites, d'avoir, malgré son serment, tenté de percevoir le tonlieu, enfreint les franchises des villes et leurs droits de justice. Il lui reprocha encore ses violences et ses rapines à Lille et ses rigueurs contre les bourgeois de Saint-Omer. Il termina en lui demandant de réunir sa cour à Ypres, ville située au milieu du comté, de convoquer à cette cour les principaux seigneurs et les hommes les mieux avisés du clergé et du peuple, afin qu'ils jugent s'il avait bien ou mal gouverné et s'il devait être maintenu en possession du comté. Guillaume Cliton, comme son père Robert, duc de Normandie, et son aïeul Guillaume-le-Conquérant, était d'une violence extraordinaire : aussi il ne put se contenir en entendant le réquisitoire d'Ivan ; il le provoqua et lui offrit de se battre sur l'heure avec lui, en dépit de la différence de leur rang ; mais Ivan, plus maître de lui, refusa et rendez-vous fut pris à Ypres pour le 8 mars 1128.

Entrée en scène de Thierry d'Alsace. — Se défiant de leur souverain, les seigneurs confédérés avaient eu soin de choisir pour cette rencontre un jour de jeûne, afin que personne ne pût y venir en armes et qu'ainsi tout danger de lutte fût évité. Mais Guillaume n'observait pas plus les lois de l'Eglise que ses serments, aussi se rendit-il à Ypres avec un grand nombre d'hommes d'armes. Les conjurés, avertis, se gardèrent bien de tomber dans le piège. Ils s'abstinrent de venir à Ypres au jour fixé, dénoncèrent à tous la nouvelle trahison du comte, retirèrent l'hommage qu'ils lui avaient prêté et lui déclarèrent la guerre. Bientôt ils s'allièrent avec un des plus sérieux compétiteurs au comté, Thierry d'Alsace, cousin germain de Charles-le-Bon. Le 11 mars 1128, ce prétendant entra à Gand. Pour décider les villes de Flandre à prendre son parti, il promit de confirmer toutes les concessions qu'elles avaient obtenues des anciens comtes et de Guillaume le Normand lui-même. Il s'engagea à assurer la sécurité des marchands et la liberté des communications.

Les conjurés, de leur côté, disaient que tous les marchands de la Flandre souffraient depuis un an de la cessation du commerce, qu'ils avaient perdu toutes leurs épargnes, et qu'il était urgent de se débarrasser de ce comte, qui était le fléau du pays. Bientôt Bruges suivit l'exemple de Gand ; et le 1er avril, Thierry d'Alsace y fit son entrée solennelle après avoir confirmé la charte donnée par Guillaume Cliton. Le 22 avril, il fit son entrée à Lille, où il reçut un accueil empressé. Bien qu'on n'en ait plus la preuve, il est très probable que Lille obtint de Thierry d'Alsace la confirmation de ces privilèges comme Gand et Bruges l'avaient déjà obtenue et comme Saint-Omer ne tarda pas à l'obtenir.

Intervention du roi de France. — A ce moment, Louis-le-Gros jugea la situation de son protégé Guillaume Cliton si gravement compromise qu'il se décida à intervenir. Il réunit à Arras la cour du royaume afin qu'elle décidât quel était celui des deux compétiteurs que le roi devait soutenir. A cette cour plénière furent convoqués les archevêques, les évêques, les abbés, les hommes les plus éclairés, tant du clergé que de la bourgeoisie, les comtes et les barons.

Siège de Lille (mai 1128). — Il ne faisait doute pour personne que la cour avait son opinion faite d'avance : aussi Thierry d'Alsace se garda-t-il bien de se rendre à Arras, d'où il ne serait sans doute sorti que pour être enfermé dans une forteresse du roi de France. Alors, on le condamna par contumace ; on le somma de quitter la Flandre et de retourner en Alsace. L'archevêque de Reims l'excommunia ainsi que tous ses partisans, et il mit même en interdit la ville de Lille, où habitait Thierry. Mais les Lillois restèrent fidèles à l'excommunié, bien résolus à supporter toutes les rigueurs de l'interdit plutôt que de rentrer sous le joug du Normand détesté. Devant cette attitude, le roi de France prit le parti de venir assiéger Lille à la tête d'une puissante armée. Pendant six jours consécutifs, il donna chaque jour trois assauts à la ville sur trois points différents ; il tenta de forcer les portes, d'escalader les remparts, mais ce fut toujours en vain. Le sixième jour, convaincu que ses efforts seraient inutiles contre une ville si bien défendue, Louis-le-Gros, qui était pourtant l'un des plus vaillants soldats de son temps, se décida à lever le siège. Il rentra en France, abandonnant à son sort Guillaume Cliton. Celui-ci avait bien des défauts ; mais il était un brave chevalier : aussi voulut-il lutter jusqu'au bout. Pendant près de trois mois, il soutint une rude campagne contre Thierry d'Alsace, qui avait l'appui de la plupart des villes et des seigneurs du pays. Ce fut une guerre atroce, pendant laquelle tout le pays fut ravagé, notamment le nord de la Flandre. Enfin, un brusque accident y mit fin ; le 27 juillet 1128, Guillaume le Normand fut tué en donnant l'assaut à Alost, où Thierry d'Alsace s'était réfugié.

Etablissement de la dynastie d'Alsace. — Guillaume mort, Thierry soumit rapidement le pays. Toutes les villes lui ouvrirent leurs portes : il paraît d'ailleurs avoir tenu sa parole et confirmé tous leurs privilèges. Etabli à Lille comme au centre de son comté, il parcourut les villes voisines, Arras, Thérouanne, Aire, etc. C'est dans cette tournée que, le 22 août 1128, il vint à Saint-Omer et y confirma la charte que Guillaume Cliton avait donnée à cette ville. Il est certain que Lille fut au moins aussi bien traitée que les autres villes du comté; car c'est à l'échec subi par le roi de France sous ses murs que le nouveau comte devait sa fortune. Il semble que ni lui, ni ses successeurs, ne l'oublièrent jamais : car durant tout le temps que cette dynastie régna sur le comté, la prospérité de Lille ne cessa de s'accroître, si bien qu'elle devint promptement l'une des villes les plus riches et les plus puissantes de la Flandre.

---

qu'elle devint promptement l'une des villes les plus riches et les plus puissantes de la Flandre.

CHAPITRE TROISIÈME

LILLE ET LA FLANDRE

aux XIIe et XIIIe siècles.

Gouvernement de Thierry d'Alsace (1128-1168). — Philippe d'Alsace et les communes. — Politique extérieure de Philippe d'Alsace ; cession de l'Artois. — Draps de Lille. — Guerre entre la France et la Flandre. — Baudouin de Constantinople. — Mariage de Jeanne avec Ferrand de Portugal. — Premiers démêlés du comte Ferrand avec le roi de France. — Invasion de la Flandre par Philippe-Auguste Philippe-Auguste s'empare de Lille (juin 1213). — Ferrand recouvre la Flandre. Ferrand reprend Lille. — Destruction de Lille (1213). — Bataille de Bouvines (27 juillet 1214). — Gouvernement de la comtesse Jeanne. — Le faux Baudouin — Délivrance de Ferrand : traité de Melun. — L'échevinage annuel (1235). — Fondation de l'hôpital Comtesse (1237). — Le commerce de Lille au XIIIe siècle. — Prospérité de Lille vers l'an 1280. — Amendes énormes infligées à la ville de Lille.

Gouvernement de Thierry d'Alsace (1128-1168). — Quand il prit possession du comté de Flandre, après la mort de Guillaume Cliton, Thierry d'Alsace trouva le pays dévasté et ruiné par la guerre civile, dont les habitants avaient enduré les horreurs pendant plus d'une année. Pendant les quarante ans que dura son gouvernement, il s'efforça de relever la Flandre de ses ruines, et il y réussit à force de bon vouloir et d'activité. Son premier soin fut de réprimer le brigandage, qui enlevait toute sécurité au pays ; à cette fin, il enjoignit aux seigneurs de faire observer et d'observer eux-mêmes strictement ce qu'on appelait alors *la paix du pays*, c'est-à-dire les lois contre les meurtriers, les pillards et les voleurs. L'effet de ces mesures ne tarda pas à se faire sentir : une tranquillité féconde succéda au désordre et à l'anarchie, et bientôt les villes, dont les chartes de communes et les franchises avaient été confirmées et étendues, purent développer leur commerce et accroître leurs richesses. Lille ne fut pas la dernière à s'engager dans cette voie ; ses foires attirèrent des marchands de plus en plus nombreux, et en 1157, Thierry d'Alsace accorda aux habitants de Saint-Omer les privilèges dont jouissaient dans ces foires si importantes les bourgeois d'Ypres, de Bruges et de Gand.

D'un tempérament très religieux, Thierry d'Alsace fit quatre croisades ou mieux quatre expéditions en Terre-Sainte pour combattre les infidèles et surtout pour soutenir le roi de Jérusalem, dont il était le gendre. Il fut accompagné chaque fois par de nombreux seigneurs, si bien qu'à la suite de ces expéditions, il s'établit entre la Flandre et l'Orient, à la fois par terre et par mer, de fréquentes relations, qui eurent une influence décisive sur le développement du commerce, de l'industrie et des arts dans ce pays. D'autre part, la piété de Thierry s'exerça par des donations aux anciennes abbayes et par l'établissement de nouveaux monastères. Ce fut lui qui fonda près de Lille la célèbre abbaye de Loos, où il appela des religieux de l'ordre de Citeaux, réorganisé par saint Bernard, dont il s'honorait d'être l'ami. Cette abbaye, qui devint bientôt très riche, accomplit des travaux considérables pour l'assainissement du pays : c'est à elle, notamment, qu'on doit en grande partie le dessèchement de la vallée de la Deûle.

Cependant, sous ce règne réparateur, la Flandre fut à diverses reprises désolée par la guerre. Le comte de Hainaut n'avait pas abdiqué toute prétention à la succession de Charles-le-Bon et, à la première occasion qui lui parut favorable, il rouvrit les hostilités. Vaincu, il dut une première fois demander la paix. Mais pendant que Thierry d'Alsace était en Palestine, Baudouin de Hainaut recommença la guerre ; il ravagea et dévasta la Flandre jusqu'aux portes de Lille ; à son retour, Thierry lui infligea une défaite si sérieuse qu'il abandonna toute idée de rouvrir la lutte. Baudouin se soumit et demanda la paix, qu'il obtint. Pour mieux sceller leur réconciliation, les deux rivaux s'allièrent par un mariage : le fils aîné du comte de Hainaut épousa une fille de Thierry d'Alsace. On verra quelles graves conséquences cette union entraîna plus tard pour la Flandre.

Philippe d'Alsace et les communes. — Thierry eut pour successeur son fils Philippe, qui, associé depuis 1157 au gouvernement du comté, l'avait administré seul et avec succès pendant les dernières expéditions de son père en Palestine. Il n'y eut donc pas de changement brusque dans l'administration de la Flandre lorsque Thierry mourut en 1168. A l'exemple de son père, Philippe d'Alsace s'efforça de rétablir l'ordre dans le comté, de développer le commerce et d'augmenter la richesse des villes. Il confirma, renouvela et étendit les chartes des communes, et en même temps, il donna à de nombreux bourgs et villages des privilèges qui amélioraient la condition matérielle des habitants, fixaient les principaux points de leurs coutumes, adoucissaient la rigueur des lois pénales et supprimaient l'arbitraire des amendes. C'est à Philippe d'Alsace que Dunkerque et Orchies doivent leurs premières franchises communales.

Les villes plus anciennes, Aire, Ypres, Gand, Bruges, Audenarde, etc., reçurent de ce comte un droit municipal plus étendu et mieux défini. A Lille, il supprima la mairie : cette fonction était tenue, sans doute à vie, par un officier qui était désigné par le comte et qui était chargé d'administrer la ville et d'y rendre la justice avec les échevins et les autres officiers de la ghilde et de la commune. Il s'efforça aussi d'améliorer les relations de la Flandre avec l'Allemagne et surtout avec les villes du Rhin ; il obtint même pour les Gantois, et par leur intermédiaire pour les bourgeois des autres villes riveraines de l'Escaut et de ses principaux affluents, des privilèges de navigation sur ce grand fleuve, déjà très fréquenté par le commerce.

Politique extérieure de Philippe d'Alsace ; cession de l'Artois. — Mais, sur la fin de sa vie, la politique extérieure de Philippe d'Alsace fit perdre en grande partie à la Flandre les avantages que lui avait procurés sa bonne administration intérieure. Tout avait d'abord paru lui réussir. Au début de son règne, il avait réuni à la Flandre, par suite de la mort du frère de sa femme, le Valois, l'Amiénois et le Vermandois, et, de ce chef, il était devenu l'un des plus puissants vassaux du roi. Très lié avec Louis-le-Jeune, il fut le parrain de son fils Philippe-Auguste et ensuite son tuteur. Pour mieux assurer son influence sur son filleul et pupille, il le maria avec sa jeune nièce, Isabelle de Hainaut, à qui il donna en dot toute la partie de la Flandre située au sud du fossé neuf (le canal de Neuffossé) ; c'est-à-dire la province qui fut appelée un peu plus tard l'Artois. C'est à cette cession qu'il faut faire remonter la cause des guerres qui désolèrent plus tard la Flandre et qui amenèrent la ruine complète de Lille.

Philippe-Auguste se lassa d'autant plus vite de la tutelle de son oncle et parrain qu'il ne fut jamais vivement épris de sa femme, Isabelle de Hainaut. A la suite de quelques froissements, l'oncle et le neveu se firent la guerre. Le comte de Hainaut ne tarda pas à prendre part à la lutte, embrassant d'abord la cause de son beau-frère, puis se retournant bientôt contre lui pour combattre aux côtés de son gendre. La Flandre ne fut pas, il est vrai, le théâtre de cette lutte pendant laquelle le Hainaut fut mis à feu et à sang ; néanmoins, elle eut fort à souffrir de la guerre : car celle-ci interrompit tout commerce avec l'Artois et la France. Après plusieurs années de guerre, mêlées de succès et de revers, Philippe d'Alsace dut conclure la paix et renoncer au Vermandois. Il partit peu après pour la Terre-Sainte, où il mourut le 1er juin 1191.

Il ne laissait pas d'enfants et sa succession échut à sa sœur, la comtesse de Hainaut. En même temps, l'Artois, dont Philippe d'Alsace avait conservé la possession pendant sa vie, passait au jeune Louis, fils de Philippe-Auguste et d'Isabelle de Hainaut, qui dès lors prit le titre de comte d'Artois. Les habitants de cette province regrettaient vivement d'être détachés de la Flandre, à laquelle les unissaient toutes leurs affections, tous leurs intérêts ; mais le comte Baudouin et sa femme restèrent sourds à leurs prières et ils exécutèrent strictement les clauses du contrat de mariage de leur fille.

Draps de Lille. — Le règne de Baudouin de Hainaut et de sa femme Marguerite d'Alsace, en qualité de comtes de Flandre, fut très court. La comtesse mourut la première en 1194 et son mari la suivit dans la tombe peu de mois après. Leur fils aîné, Baudouin, leur succéda. Ce comte, dans la querelle qui s'éleva bientôt entre Philippe-Auguste et Richard Cœur-de-Lion, prit parti pour le roi d'Angleterre ; il ne pouvait pas, en effet, se résigner à la perte de l'Artois ; d'un autre côté, les villes flamandes n'auraient pas pu se passer des laines anglaises pour la confection de ces draps si beaux et si fins dont ce pays approvisionnait alors toute l'Europe. S'il faut en croire le chroniqueur-poète historien de Philippe-Auguste, Lille excellait dans cette fabrication, et les draps de cette ville étaient si renommés que leur vente y attirait les richesses des royaumes étrangers.

Insula, villa placens, gens callida lucra sequendo ;
Insula, quœ, nitidis se mercatoribus ornans,
Regna coloratis illuminat extera pannis,
Unde reportantur solidi quibus illa superbit.

Guerre entre la France et la Flandre. — Le comte de Flandre réunit ses principaux vassaux et rétracta dans cette assemblée la cession de l'Artois. Bientôt il assiégea Douai, qui appartenait alors, à titre de douaire, à la comtesse Mathilde, veuve de Philippe d'Alsace et alliée du roi de France, et il s'en empara. Puis il envahit le Vermandois, qu'il voulait recouvrer, et prit Péronne. Philippe-Auguste arriva assez tôt pour faire lever le siège d'Arras; mais il commit l'imprudence de suivre Baudoin dans les marais de Bailleul; les Flamands ouvrirent les écluses et Philippe-Auguste dut passer par les conditions que lui imposa son vassal. Mais à peine délivré, il recommença la guerre. Baudouin la fit vigoureusement; il s'empara des villes d'Aire et de Saint-Omer, dont le traité de paix signé à Péronne en 1199 lui assura la possession. Ce traité fut confirmé par les principales villes de Flandre, Lille entre autres ; et, — fait à noter, — l'exemplaire de cette confirmation, qui est conservé aux Archives nationales, est la plus ancienne charte des échevins de Lille qui nous soit restée.

Baudouin de Constantinople. — Quelques années après la conclusion de cette paix, qui permettait au pays de reprendre avec la France les relations commerciales interrompues pendant toute la durée de la guerre, le comte de Flandre prit part à la croisade que le pape Innocent III avait fait prêcher pour la conquête de l'Egypte. Avant de partir, Baudouin dut rassembler de grosses sommes d'argent ; car, outre que les dépenses générales qu'entraînait une croisade étaient très lourdes, les Vénitiens avaient exigé une forte somme pour transporter l'armée en Egypte. La croisade était l'un des cas qui permettaient au seigneur de lever une aide extraordinaire. Il n'est pas douteux que Baudouin recourut à cet expédient ; et c'est sans doute à cette occasion, afin de se rendre les villes favorables et de les décider à lui accorder des subsides considérables, qu'il abolit l'usage qui fixait le prix du vin acheté pour le comte. Quelle que fût la qualité du vin, le comte avait en effet le droit de le payer un prix déterminé, très inférieur à la valeur réelle. Baudouin y renonça et décida que désormais il achèterait son vin au prix coûtant. La charte qui contient la renonciation à ce privilège en faveur de Lille est le plus ancien document qui soit aujourd'hui conservé dans les archives de cette ville.

Pour des raisons qui seront sans doute toujours ignorées, la direction de la croisade fut changée, et au lieu de se rendre en Egypte, les croisés, marchant sur Constantinople, s'en emparèrent. Le comte de Flandre fut élu empereur (1204), d'où son nom de Baudouin de Constantinople. Mais bientôt les peuples conquis se révoltèrent et appelèrent les Bulgares à leur aide. Baudouin se mit en devoir de repousser cette invasion ; mais il succomba dans la première rencontre.

Mariage de Jeanne avec Ferrand de Portugal. — Baudouin n'avait que deux filles, dont l'aînée, Jeanne, hérita du comté. Leur oncle et tuteur Philippe, comte de Namur, s'entendit aisément avec le roi de France, Philippe-Auguste, qui désirait élever à sa cour cette jeune et puissante héritière pour la marier à son gré. Jeanne et sa sœur furent conduites à Paris, où elles restèrent plusieurs années. Enfin, sur les réclamations des Flamands, il leur rendit la comtesse ; mais auparavant, il lui fit épouser un neveu de la comtesse douairière Mathilde, Ferrand de Portugal, qui dut promettre de rendre au fils du roi les villes de Saint-Omer et d'Aire, que le traité de Péronne lui avait enlevées.

Premiers démêlés du comte Ferrand avec le roi de France. — Après avoir prêté l'hommage au roi de France, Ferrand, accompagné de sa nouvelle épouse, se rendit en Flandre. Mais à Péronne, ils furent arrêtés par ordre du fils du roi, Louis, qui les fit retenir jusqu'à ce qu'il se fût emparé d'Aire et de St-Omer. A peine eut-il reçu le serment des villes et des seigneurs de Flandre, le nouveau comte n'eut d'autre pensée que de se venger du guet-apens dont il venait d'être victime. Il se prépara à la guerre et restaura les fortifications de Lille et de Douai, où il concentra de grandes quantités d'armes et de provisions de toutes sortes. Mais ses vassaux lui firent entendre raison et parvinrent à l'empêcher de commencer seul et sans alliés une guerre contre le roi de France, qui était beaucoup plus puissant que lui. Ferrand dut prendre patience ; et en juillet 1211, il signa près du Pont-à-Vendin un traité qui consacrait la cession de tout l'Artois ; mais cette résignation n'était qu'apparente et Ferrand n'attendait que le moment favorable pour se venger de Philippe-Auguste et de son fils.

Invasion de la Flandre par Philippe-Auguste. — Cette occasion ne tarda pas à se présenter. Le roi d'Angleterre avait commis la faute de s'aliéner les principaux barons de son royaume et en même temps d'entrer en lutte avec le pape. Celui-ci mit son royaume en interdit et délia ses sujets du serment de fidélité, Philippe-Auguste résolut de tirer parti de cette situation pour détruire cette orgueilleuse dynastie des Plantagenets, dont la puissance, malgré la perte récente de la Normandie, était encore si redoutable pour les rois de France, plus faibles que les rois d'Angleterre et ducs d'Aquitaine, leurs vassaux. Il réunit à Boulogne une puissante armée et une flotte considérable, et il se prépara à passer en Angleterre, afin de conquérir ce royaume pour son fils Louis (mai 1213).

Dans la cour tenue par le roi à Soissons, le

mois précédent, pour s'entendre avec ses grands vassaux sur cette expédition, Ferrand, qui s'était lié par un traité secret avec le roi d'Angleterre, avait formellement refusé de prendre part à cette campagne, tant que le roi ne lui aurait pas restitué Aire et Saint-Omer. En vain Philippe-Auguste lui offrit de lui donner en échange de ces deux places une juste compensation; Ferrand ne voulut rien entendre et il ne se rendit pas à Boulogne avec le contingent que le comté aurait dû fournir à l'armée royale. Par malheur pour le comte de Flandre, le roi d'Angleterre se soumit au pape, qui leva l'excommunication, et dans ces conditions, Philippe-Auguste ne jugea pas prudent de passer le détroit. Alors, pour tirer parti de son armée et de sa flotte, il résolut de l'employer à se venger du comte de Flandre. Il le convoqua à Gravelines à certain jour, l'invitant à venir se disculper de tous les griefs que son suzerain avait contre lui. Mais le comte, qui se sentait coupable, n'osa pas affronter le jugement de ses pairs : il ne se rendit pas à la convocation. Au jour fixé, la cour, après l'avoir vainement attendu, le déclara félon à son suzerain, et le roi, d'accord avec ses vassaux, envahit la Flandre.

Philippe-Auguste ne rencontra qu'une faible résistance. Bien que par sa position ce fût alors une des places les plus fortes de l'occident, Cassel se rendit sans coup férir, et les villes d'Ypres, de Bruges et de Gand ne tardèrent pas à suivre cet exemple. Ferrand, qui s'était réfugié dans les îles de Zélande, reçut des secours de Jean-sans-Terre, détruisit une partie de la flotte française et assiégea la ville de Damme, qui était alors l'avant-port de Bruges et l'un des plus riches entrepôts du monde. A cette nouvelle, Philippe-Auguste courut au secours des siens, fit lever le siège de Damme et détruisit une grande partie de l'armée anglo-flamande. Cependant cet évènement paraît l'avoir décidé à la retraite. Presque aussitôt il donna l'ordre d'incendier le reste de sa flotte, Damme et ses environs, et, après s'être fait livrer des otages par Bruges, Ypres et Gand, il rentra en France.

Philippe-Auguste s'empare de Lille (juin 1213). — Le roi de France revint vers Paris par une autre route, et chemin faisant, il prit les places qui se trouvaient sur son passage. Courtrai se rendit tout de suite ; mais Lille soutint un siège de trois jours avant de se soumettre à Philippe-Auguste. Comme c'était une place d'une grande importance, ce roi prit de sérieuses précautions pour s'en assurer la possession. Entre l'église Saint-Maurice et la place des Reignaux, il éleva une citadelle ou peutêtre se borna-t-il à transformer une ancienne maison forte qui se trouvait déjà en ce point Ce fort de Dergnau ou Deregnau (d'où, par une déformation qui s'explique aisément, le nom actuel de place des Reignaux) fut construit de telle sorte que la garnison pouvait communiquer avec la ville et avec la campagne. Cette disposition semble indiquer que le roi craignait que les Lillois ne fussent loyalement attachés à leur comte. Par surcroît de prudence, Philippe-Auguste laissa à Lille son fils Louis avec le comte de Saint Pol, le maréchal Henri Clément et une nombreuse armée, afin de garder la ville et la citadelle : de même Douai reçut une forte garnison.

Ferrand recouvre la Flandre. — Dès qu'il apprit que le roi était rentré en France, le comte reprit la campagne. Bruges et Gand lui firent un accueil empressé. Craignant alors une révolte générale du pays, Louis de France prit une résolution extrême : il décida de détruire lui-même toutes les places qu'il n'était pas certain de pouvoir défendre. Il commença par Courtrai, qu'il incendia après y avoir fait un grand nombre de prisonniers : cela fait, il rentra à Lille avec toutes ses troupes. Ferrand, prévenu des projets de Louis, avait voulu en arrêter l'exécution ; mais il arriva trop tard. A peine avait-il atteint Deynze avec les siens qu'il vit la fumée de l'incendie de Courtrai. Il s'en alla alors à Ypres, où il fut accueilli avec enthousiasme.

Le premier soin de Ferrand fut de s'établir solidement à Ypres ; il entoura la ville d'un vaste fossé, éleva une palissade hérissée de pointes de fer sur le rempart formé des terres du fossé qu'on avait rejetées à l'intérieur ; puis, avec de solides charpentes, il établit des portes et des tours de distance en distance ainsi que des ponts protégés par des barbacanes également en charpente. Cette œuvre achevée, Ferrand alla faire le siège du château d'Erquinghem-sur-la-Lys, dont le châtelain de Lille avait considérablement augmenté les moyens de défense. Ferrand resta plus de quinze jours devant ce château, sans pouvoir s'en emparer. Désespérant d'arriver à ses fins, il se retira.

Peu de temps après, il vint mettre le siège devant Lille. L'entreprise était encore plus téméraire. Les bourgeois, auxquels la présence d'une forte garnison, qui ne comprenait pas moins de deux cents chevaliers, ôtait toute la liberté de leurs mouvements, firent violence à leurs sentiments de loyauté et défendirent vaillamment leur ville contre leur propre seigneur. Après quatorze jours de siège, Ferrand, s'étant rendu compte de l'impuissance de ses efforts, leva son camp. Mais les Français inquiétèrent sa retraite ; dans une sortie qu'ils opérèrent, ils firent de nombreux prisonniers, entre autres le célèbre Alard de Bourghieles.

De Lille, Ferrand alla assiéger Tournai, qui était une ville française de cœur ; il y fut plus heureux. Tournai, d'ailleurs, n'était pas organisée pour la résistance ; aussi se rendit-elle sans défense ; afin d'éviter le pillage et l'incendie, elle paya même une rançon énorme de 22,000 livres, deux millions environ d'aujourd'hui. En dépit de leur soumission, les habitants de Tournai furent inquiétés ; et tous, riches et pauvres, eurent à souffrir mille maux des vainqueurs.

Après avoir démantelé la ville, rasé les fortifications, les tours et les portes, les Flamands s'empressèrent d'abandonner Tournai, où ils ne se souciaient pas d'attendre l'armée que le roi de France y envoyait. Les Français, eux aussi, renoncèrent à s'y établir ; malgré les supplications des habitants, le maréchal de France refusa de relever les fortifications de Tournai et même d'y laisser une garnison. Il leur conseilla seulement d'aller se réfugier à Lille et d'y emporter tout ce qu'ils avaient de plus précieux. Un grand nombre de Tournaisiens suivirent cet avis, et le maréchal les escorta jusque dans cette ville.

Ferrand reprend Lille. — A ce moment, Philippe-Auguste commit une imprudence qui compromit ses premiers succès et qui fut le point de départ de tous les malheurs de Lille. Rassuré par la belle défense des bourgeois de la ville, il s'avisa de rappeler à l'approche de l'hiver la plus grande partie des troupes qui y tenaient garnison. Il laissa seulement un petit nombre de chevaliers et d'hommes d'armes dans le château de Deregnau. Dès qu'il fut informé de ce fait, Ferrand reparut sous les murs de la ville, dont les habitants, livrés à eux-mêmes, lui ouvrirent les portes après un semblant de résistance, bien que le roi, qui s'était fié à leur serment, leur eût rendu leurs otages sans exiger de rançon.

Destruction de Lille (1213). — Le chef de la garnison française, le vaillant Brice des Barres, se retira avec les siens dans la citadelle de Deregnau, où il put tenir jusqu'à l'arrivée de Philippe-Auguste. Dès qu'il eut appris ce qu'il appela la *trahison des Lillois*, le roi de France se mit en mouvement avec une puissante armée. A cette nouvelle, le comte Ferrand s'empressa d'évacuer la ville, dont la défense devenait impossible, puisque le fort de Deregnau permettait aux troupes du roi d'y pénétrer. Tous ceux des habitants qui étaient en état de le faire suivirent l'armée flamande ; ils chargèrent sur des voitures leurs objets les plus précieux ; puis ils se retirèrent vers Courtrai avec leurs femmes et leurs enfants ; quant aux autres, ils se réfugièrent dans les églises.

Le roi de France pénétra dans Lille sans rencontrer la moindre résistance ; mais cette soumission n'apaisa pas la grande colère que lui avait fait concevoir la défection des Lillois ; il entendit faire un exemple et il traita Lille avec la dernière rigueur. La ville entière fut incendiée ; le feu détruisait rapidement les maisons de ce temps, car le bois dominait dans leur construction ; les murs eux-mêmes consistaient en charpentes dont les intervalles étaient bouchés par un léger remplissage de plâtre ou d'argile. S'il faut en croire les chroniqueurs contemporains, les monuments, construits solidement en pierre ou en briques, auraient subi le même sort que les maisons; aucun édifice ne serait resté debout ; ce que le feu aurait épargné, le fer l'aurait détruit. Les fortifications furent rasées et les fossés comblés ; mais le fort de Deregnau avait été si solidement construit que pour le démolir on fut obligé d'employer la sape et la mine. Comme on ne connaissait pas encore l'usage de la poudre, on creusait de vastes galeries sous l'édifice qu'on voulait abattre et on les soutenait par de nombreux boisages auxquels on mettait le feu ; alors le ciel de la galerie s'écroulait entraînant dans sa chute les constructions élevées à la surface. C'est ainsi que fut détruite la citadelle élevée à Lille par ce même Philippe-Auguste qui la fit disparaître.

La ruine de Lille paraît avoir été complète ; tous les chroniqueurs contemporains sont d'accord sur ce point ; l'auteur de l'*Histoire des Ducs de Normandie*, — un chevalier attaché au comte de Béthune, — et Philippe Mouskes, qui était de Tournai, confirment sur ce point la chronique en prose de Guillaume-le-Breton. Mais celui-ci, dans le poème qu'il écrivit en l'honneur de Philippe-Auguste, a développé ce thème à plaisir. A l'en croire, l'incendie fut tellement violent que le sol tourbeux de la ville s'enflamma ; bien mieux, les habitants qui seraient restés à Lille auraient été réduits à la servitude et vendus comme esclaves. Ce sont là des exagérations comme on en rencontre souvent chez les poètes ; qu'un sort lamentable ait été fait aux habitants, que ceux-ci aient été inquiétés et molestés, cela n'est pas douteux ; mais la meilleure preuve qu'ils n'ont pas été réduits à la servitude, c'est que l'esclavage antique n'était plus en usage au XIIIe siècle.

De quelque cruauté qu'il ait fait preuve, personne ne songea à cette époque à blâmer Philippe-Auguste. N'était-ce pas la loi inflexible de la guerre ?

Bataille de Bouvines (27 juillet 1214). — Après avoir détruit Lille, Philippe-Auguste alla raser le château d'Erquinghem-sur-la-Lys et démanteler Cassel; puis revenant à Douai, il y installa une forte garnison et enfin rentra en France. Ferrand profita de son départ pour dévaster les belles campagnes de ce comté d'Artois qu'il souffrait de voir en la possession de son rival détesté, Louis, fils du roi de France ; les faubourgs de Guînes furent brûlés ainsi que les gros villages de Souchez, près de Vimy, et de Houdain, près de Lens. Il alla même assiéger Aire pendant trois semaines ; mais un retour offensif de Philippe-Auguste le força à se retirer.

Ferrand, profondément irrité des échecs successifs qu'il venait d'essuyer, se jura de prendre sa revanche. Durant l'hiver, il se rendit en Angleterre pour s'entendre avec le roi, qui était lui-même très lié avec son neveu l'empereur d'Allemagne. L'accord s'établit aisément entre eux: aussi, au commencement de l'été de l'année 1214, Flamands, Anglais et Allemands se réunirent dans les plaines du Hainaut, sous le commandement de l'empereur et du comte de Flandre, pendant que dans le sud le roi d'Angleterre attaquait la France pour faire une puissante diversion. Philippe-Auguste se mit en mesure de repousser l'attaque : il confia à son fils Louis le soin de combattre l'armée anglaise et lui-même se rendit en Flandre afin de s'opposer à l'invasion des coalisés.

L'empereur et le comte de Flandre menaient joyeuse vie à Valenciennes pendant que Philippe-Auguste, après avoir réuni son armée à Péronne, s'installait à Tournai. Pour s'opposer aux progrès des Français, les coalisés allèrent s'établir dans une situation très forte, à Mortagne, au confluent de l'Escaut et de la Scarpe ; mais le roi de France, désespérant de forcer ce camp, battit en retraite de Tournai vers Lille, dans l'espoir d'attirer l'ennemi hors de la position qu'il occupait. Les coalisés donnèrent dans le piège, et confiants dans leur force numérique, qui était deux ou trois fois supérieure à celle des Français, ils attaquèrent l'armée de Philippe-Auguste au moment où elle passait la Marcq, à Bouvines. Philippe-Auguste, qui se tenait prêt, fit faire volte-face à ses troupes, et la bataille s'engagea ; elle fut longue et chaude; enfin, après des prodiges d'efforts dans les deux camps, elle se termina par une victoire complète des Français; les alliés subirent des pertes immenses, et Philippe-Auguste, au nombre de ses captifs, eut la satisfaction de compter le comte de Flandre. Le roi de France se montra impitoyable pour son prisonnier; il l'envoya à Paris, le fit enfermer dans une tour du Louvre, où le malheureux Ferrand resta plus de douze longues années.

Gouvernement de la comtesse Jeanne. — Pendant toute la durée de la captivité de son mari, la comtesse Jeanne gouverna seule le comté, qui lui appartenait en propre. Si Ferrand avait possédé la Flandre de son chef, il est très probable que Philippe-Auguste n'eût pas manqué de réunir le comté à la couronne. Mais, rassuré sans doute sur la fidélité de la comtesse,

le roi de France se contenta de retenir le comte
en prison et d'imposer de très dures conditions à sa femme. Dès le mois d'octobre 1214,
Jeanne était allée à Paris se jeter aux genoux
de Philippe-Auguste pour lui demander la
liberté de son mari. Le roi voulut bien lui
accorder la paix, mais à la condition qu'elle
démolirait les fortifications de Valenciennes,
d'Ypres, d'Audenarde et d'un certain nombre
d'autres villes parmi les plus fortes de la Flandre, qu'elle laisserait en l'état les fortifications
des autres villes du comté, et qu'elle n'en
établirait pas de nouvelles sans sa permission.
En outre, il exigea qu'elle lui donnât comme
otage le fils du duc de Louvain. Après cela, le
roi se réservait de mettre à la rançon de Ferrand
les conditions qu'il lui plairait de fixer. Philippe-
Auguste était d'ailleurs bien résolu à ne jamais
rendre la liberté au comte de Flandre. Toutefois,
la comtesse Jeanne ne renonça jamais à toute
espérance ; aucun sacrifice ne lui parut trop
lourd pour obtenir la liberté du comte, et elle
mit tous ses soins à réunir de grosses sommes
pour racheter son mari ; c'est ainsi qu'en 1221,
elle empruntait 29,000 livres aux conditions les
plus onéreuses pour elle et pour les habitants
du comté; mais, à aucun prix, Philippe-Auguste
ne voulut relâcher Ferrand.

Le faux Baudouin. — Bien qu'elle fût
l'héritière légitime du comté, la comtesse avait
une situation très précaire, si précaire que des
imposteurs essayèrent de tirer parti de sa fai-
blesse. Voici le plan qu'ils imaginèrent : des

chevaliers, mécontents du gouvernement de Jeanne, résolurent de faire passer un vieil ermite pour le comte Baudouin de Constantinople, qui, disait-on dans le peuple, n'était pas mort de ses blessures lors de la célèbre bataille livrée dans les plaines d'Andrinople. On racontait, — et les personnages ne manquaient pas qui accréditaient ce bruit si favorable à leurs desseins, — que, fait prisonnier par les Bulgares, il avait pu s'échapper et qu'il vivait caché dans les forêts de la Flandre. Les affidés résolurent d'exploiter cette légende et l'ermite, qui, dans sa jeunesse, avait parcouru les villes et les châteaux en chantant des chansons de gestes, accepta un rôle que son ancien métier lui permettait de jouer avec aisance. Les conjurés le revêtirent d'habits splendides ; et, lui faisant un cortège digne de sa naissance et de son rang, ils vinrent le présenter solennellement à la ville de Valenciennes comme l'empereur de Constantinople, le comte Baudouin, revenu dans son bon pays de Flandre et de Hainaut pour l'arracher à la mauvaise administration d'une femme faible et impuissante à gouverner le comté. Partout où il passa, le faux Baudouin reçut l'accueil le plus enthousiaste ; les principales villes lui ouvrirent leurs portes et lui firent fête. A l'exemple des autres villes voisines, Lille accueillit l'ermite avec le plus grand empressement. Jeanne, complètement délaissée, fut obligée de s'enfuir ; et ce n'est qu'à grand'peine qu'elle trouva un asile à Mons, qui lui resta fidèle. Désespérée, n'ayant personne sur qui elle pût compter, elle se résigna à recourir à son suzerain, à ce roi Louis VIII qui lui avait enlevé les villes d'Artois et qui était la cause première de tous ses malheurs. Le roi de France ne resta pas insensible à cet appel : ayant appris que le prétendu Baudouin avait conclu une entente avec le roi d'Angleterre, il résolut de prendre en mains la défense de la comtesse. Il réunit sa cour à Péronne et y convoqua le pseudo-empereur, qui ne put se dispenser d'obéir à l'ordre de son souverain. Il fut aisément démasqué; mais, avant qu'on ait eu le temps de le punir de son imposture, il s'enfuit, non sans emporter autant d'argent et de bijoux qu'il en avait trouvé sous la main. Il s'était réfugié dans un petit village de Bourgogne, où il aurait pu vivre et mourir ignoré, s'il ne s'était signalé à l'attention de ses voisins par des dépenses exagérées ; il n'avait pu, en effet, renoncer aux habitudes de luxe et de bonne chère qu'il avait contractées pendant le court espace de temps où il avait joué le rôle d'empereur de Constantinople, comte de Flandre et de Hainaut. Pressé de questions indiscrètes par le seigneur de l'endroit, il fut forcé de faire connaître la source de ses richesses. Dès qu'il eut avoué qu'il était le faux Baudouin, on l'arrêta et il fut conduit en Flandre sous bonne garde. Jeanne le fit solennellement juger à Lille, où il subit avec courage le dernier supplice (1225).

Délivrance de Ferrand : traité de Melun. — Jeanne ne tint pas rigueur aux villes et aux seigneurs qui l'avaient ainsi trahie ; outre qu'elle n'avait aucun goût pour les mesures violentes, elle se sentait trop faible pour se venger sans imprudence,et elle préféra pardonner ; elle donna à toutes les villes qui s'étaient compromises des lettres de rémission et Lille conserva précieusement la sienne, que les archives municipales contiennent encore aujourd'hui. Mais Jeanne profita de cet évènement et des embarras qu'il avait créés au roi de France pour lui faire comprendre les dangers que pourrait entraîner pour lui et pour la Flandre la prolongation de la captivité du comte Ferrand : après de longs pourparlers, elle réussit à conclure un traité qui stipulait la mise en liberté de son mari, mais au prix de quels sacrifices ! Ferrand devait sortir de prison le jour de Noël de l'année 1226, plus de douze ans après y être entré, mais à la condition que la comtesse aurait auparavant payé au roi 25,000 livres et qu'elle lui aurait remis en garantie du paiement de pareille somme les villes fortes de Lille, Douai et Lécluse ; le comte et la comtesse ne pouvaient pas élever de nouvelles forteresses, ni réparer ou augmenter les anciennes sans le consentement exprès du roi. Les seigneurs et les villes de Flandre devaient donner au roi, en bonne et due forme, l'assurance que leur comte lui serait fidèle, et le pape autorisa l'archevêque de Reims à excommunier le comte et la comtesse de Flandre ainsi que leurs successeurs et à mettre leur terre en interdit, si jamais ils se révoltaient contre le roi de France. Louis VIII mourut avant le jour fixé pour la mise en liberté de Ferrand ; pour éviter de nouveaux embarras, sa veuve, Blanche de Castille, dont la régence était contestée, fit à la comtesse Jeanne de grandes concessions ; elle renonça à exiger le second paiement de 25,000 livres qui complétait le prix de la rançon de Ferrand, et elle abandonna les garanties qui avaient été stipulées pour sûreté de ce payement.

Ferrand, sorti de prison le 6 janvier 1227, observa fidèlement le traité que les seigneurs et les villes, Lille entre autres, avaient juré de maintenir. Sa fidélité parut si certaine que, dès le mois d'août 1229, le roi de France lui permit de rétablir autour de ses villes des fossés d'une largeur suffisante et de reconstruire les portes avec des fondations en pierre et une superstructure en bois. Lille, s'autorisant sans doute du silence gardé dans cet acte de concession sur les remparts et sur les murs, s'entoura de murailles en pierre d'une grande solidité. On a conservé le texte d'un accord conclu entre la ville et le chapitre de Saint-Pierre, qui s'engagea à construire à ses frais la partie des murailles attenant au cloître ; la ville se chargea d'établir la voûte sous laquelle coulait la Deûle, — la Porte d'Eau, comme on dit aujourd'hui ; — on verra que plus tard Lille paya cher cette infraction au traité.

L'échevinage annuel (1235). — Ferrand mourut en 1233 et sa femme, la comtesse Jeanne, gouverna seule le comté pendant trois ans, jusqu'en 1236, date à laquelle elle se remaria avec Thomas de Savoie. L'administration de la comtesse fut toujours favorable aux villes, aux intérêts de Lille notamment. En 1235, elle rendit annuel le choix des échevins de cette ville, qui, auparavant étaient nommés à vie par le comte. Dès l'année 1194, le renouvellement périodique de l'échevinage avait été organisé à Arras. Cette réforme avait été successivement étendue aux principales villes du comté dans des conditions qui variaient pour chacune d'elles ; ce n'est qu'en 1235 qu'elle fut appliquée à Lille, et encore, dans cette ville comme à Bruges, la comtesse se réserva-t-elle pour elle et pour ses successeurs le droit de choisir les nouveaux échevins. Toutefois, il faut croire que, même avant cette réforme, les franchises municipales de Lille étaient un objet d'envie pour les petites villes du voisinage : car en 1218, Seclin sollicita et obtint de semblables privilèges.

Fondation de l'hôpital Comtesse (1237). — Jeanne aimait beaucoup le séjour de sa bonne ville de Lille, et elle a laissé de cette affection des preuves nombreuses et durables. Dès l'année 1216, elle fit construire l'hôpital Saint-Sauveur pour remplacer l'hôpital Saint-Jean qui avait été complètement détruit dans l'incendie de 1213. En 1237, en mémoire du comte Ferrand, son premier mari, elle fonda un hôpital sur un terrain attenant à son palais et à la Deûle, et elle le consacra à la Vierge, d'où le nom d'hôpital Notre-Dame ; mais, plus tard, il fut appelé l'hôpital Comtesse, nom sous lequel il est encore désigné aujourd'hui, en souvenir de la fondatrice. D'autre part, elle donna une rente assez importante à la maladrerie des bourgeois de Lille, dont quelques historiens lui ont attribué, — à tort selon toute apparence, — l'établissement. Comme elle était très pieuse, elle favorisa le développement des ordres religieux, et c'est sous son règne et grâce à son concours que s'établirent à Lille les Dominicains, les Cordeliers et les Béguines. Enfin, elle fonda dans les environs l'abbaye de Marquette, où elle mourut en 1244.

Sa sœur Marguerite, qui lui succéda, vécut jusqu'en 1280. Ainsi, pendant plus de soixante ans, la Flandre fut gouvernée par deux femmes, et, bien que leurs règnes eussent été troublés par des guerres extérieures malheureuses et de longues luttes intestines, leur administration sage et prudente contribua pour une part importante au développement de la prospérité des villes et aux progrès de la richesse publique, qui, dans cette période, furent très considérables.

Le commerce de Lille au XIIIe siècle. — C'est vers cette même époque que furent entrepris les premiers travaux d'amélioration des voies navigables, qui, en facilitant la circulation des marchandises, donnèrent au commerce de Lille une grande extension. En 1236, la comtesse Jeanne fit établir deux écluses sur la Lys, à Menin et à Harlebeke. En 1242, les échevins de Lille firent de leur côté construire trois rabats ou écluses sur la Deûle, entre

Lille et Deûlémont. Ces travaux avaient occasionné des dépenses considérables ; pour les couvrir, on dut se résoudre à établir sur la navigation des droits très élevés, si élevés même qu'il fallut les réduire vingt ans après. Un peu plus tard, en 1271, la ville de Lille donna au châtelain une somme de 1,500 livres, — ce qui était un beau denier à cette époque, — à la condition qu'il creuserait à ses frais un canal de La Bassée à Lille, et qu'on n'y percevrait pas de droits de navigation.

La Halle de Lille avait, selon toute apparence, été brûlée dans l'incendie de 1213 ; car en 1235 la comtesse Jeanne, en même temps qu'elle établit l'échevinage annuel, accorda à la ville l'autorisation de construire une Halle à l'endroit que les magistrats municipaux jugeraient le mieux approprié à sa destination. L'église de Saint-Pierre, comme tous les monuments et établissements publics et privés, avait sans doute fort souffert de l'incendie de 1213 ; quand les chanoines entreprirent de la rebâtir, la comtesse Marguerite leur vint en aide ; elle les autorisa à faire chaque année une procession solennelle dont les fêtes commenceraient le jour anniversaire du premier miracle accompli devant la statue de Notre-Dame-de-la-Treille ; ces fêtes devaient durer neuf jours, et, afin d'y attirer une foule plus nombreuse, la comtesse accorda un sauf-conduit général à tous les pèlerins qui viendraient à Lille à cette occasion. L'année suivante, en 1271, la comtesse Marguerite, qui entendait que la ville tirât le meilleur parti possible de ces cérémonies religieuses, accorda aux échevins la permission d'ouvrir le lendemain de la procession une foire franche aux bestiaux et aux chevaux, et elle donna également de larges sauvegardes à tous ceux qui prendraient prétexte de cette foire pour venir à Lille.

Prospérité de Lille vers l'an 1280. — Ces grands travaux de navigation et toutes ces fondations eurent le résultat que pouvaient souhaiter les bonnes comtesses Jeanne et Marguerite et les bourgeois de Lille. Le commerce et l'industrie de cette ville s'accrurent en peu de temps dans des proportions considérables. Par la Deûle et la Lys, Lille avait dès lors des communications sûres, aisées et peu coûteuses avec l'Escaut et les grands ports de Gand, Damme et Bruges, où affluaient les produits et les marchands de tout le monde connu. Les laines d'Angleterre pouvaient arriver dans de bonnes conditions dans cette ville, où l'on s'en servait pour fabriquer ces beaux draps universellement renommés qui faisaient la fortune des artisans et des négociants lillois au commencement comme à la fin du XIIIe siècle. La foire aux bestiaux et la grande foire d'août appelaient une foule de négociants, de vendeurs et d'acheteurs venus de loin, qui y faisaient des affaires considérables ; en dehors de ces foires, les marchés du mercredi et du samedi étaient aussi très fréquentés. Les grandes fêtes publiques, les célèbres tournois de l'Epinette et la procession de Notre-Dame-de-la-Treille attiraient en foule les habitants des villes et des campagnes voisines, qui faisaient de grandes dépenses dans les hôtelleries et profitaient de l'occasion pour acheter en halle et dans les boutiques des marchands tout ce dont ils pouvaient avoir besoin.

Quelques mois avant la mort de Marguerite de Constantinople, en 1279, ses possessions avaient été définitivement partagées entre les aînés des enfants qu'elle avait eus de ses deux maris. La Flandre fut alors séparée du Hainaut pour une période de plus d'un siècle et demi, et dans cet intervalle, ces deux pays, que tout tendait à réunir, se firent souvent la guerre ; car la haine que se vouaient leurs seigneurs était si violente que rien ne pouvait l'apaiser.

Le petit-fils de Marguerite et du malheureux Bouchard d'Avesnes reçut le Hainaut et Guy de Dampierre succéda à sa mère dans le gouvernement du comté de Flandre. Les premières années de l'administration de Guy de Dampierre furent très heureuses : il mit tous ses soins à favoriser les progrès de l'industrie, du commerce et de la richesse des villes ; et ses efforts ne furent pas infructueux. La prospérité de Lille à cette époque est attestée par de nombreux actes : c'est ainsi qu'en 1279, le comte abandonne aux bourgeois la pleine propriété de la Halle; six ans plus tard, en 1285, il leur donne un beau terrain pour agrandir les boucheries, devenues insuffisantes ; en 1291, il leur vend la propriété des places et de toutes les eaux, canaux et rivières, de la ville. Déjà, quelques années auparavant, en 1285, les bourgeois de Lille avaient acheté l'étang et la rivière de Fives, et ils avaient établi des fontaines publiques qui fournissaient à la ville de bonnes eaux potables ; sous ce rapport, Lille était dans une situation plus favorable que Paris et la plupart des grandes villes de ce temps, où l'on n'avait qu'un médiocre souci de l'hygiène publique.

Amendes énormes infligées à la ville de Lille. — Mais cette prospérité avait l'inconvénient de tenter le comte et le roi de France, toujours à l'affût de prétextes pour mettre la main sur les richesses de leurs sujets. Toutes les fois que l'occasion s'en présenta, ils ne manquèrent jamais d'imposer à Lille des amendes considérables. Ainsi, en 1274, sous prétexte que les échevins avaient outrepassé leurs droits de justice, le comte condamna la ville à lui payer la somme, énorme pour l'époque, de cinq mille francs d'or.

En 1285, il accorda, moyennant un prix qu'on ne connaît pas, mais qu'on a de bonnes raisons de croire très élevé, des lettres de rémission à la ville, qui était poursuivie pour plusieurs motifs. Déjà, à cette époque, il existait entre Lille et Douai une rivalité, une animosité qui entraînaient parfois les habitants de ces deux villes à en venir aux mains : dans les campagnes, on retrouve souvent de ces haines de village à village, dont l'origine se perd dans le passé. Quoi qu'il en soit, le 1er mai 1284, à la fête de Douai, des rixes sanglantes s'engagèrent entre Douaisiens et Lillois : il y eut de nombreux blessés et même des morts. Dans ces temps barbares, la vengeance était le premier devoir : aussi parents et amis prirent fait et cause pour les leurs, et la *vendetta* s'exerça entre Lille et Douai dans de telles proportions que le comte dut intervenir ; il imposa la paix, prononça de nombreuses amendes contre les coupables et rendit la ville de Lille responsable de ces excès.

Dans cette même année, pendant qu'on prêchait la croisade contre le roi d'Aragon dans l'église Saint-Etienne, des désordres se produisirent sans que les échevins et les autres magistrats municipaux songeassent à intervenir ; les bourgeois n'aimaient pas ces expéditions qui avaient toujours pour conséquence immédiate la levée d'impôts ruineux. Le comte s'en prit naturellement à la ville, et son exemple fut suivi par le légat du pape, qui exigea de Lille quatre mille livres à titre d'amende. De son côté, le roi de France, au mois de septembre 1284, obligea la ville de Lille à lui payer la somme énorme de 24,000 livres d'amende, sous prétexte que, contrairement aux stipulations du traité de Melun, elle avait reconstruit et même augmenté et développé ses fortifications rasées en 1213. Lille mit moins de deux ans à payer ces exactions pourtant si considérables, ce qui prouve bien qu'elle était alors très riche ; par malheur, la guerre vint bientôt interrompre et entraver le développement de la prospérité de cette grande ville.

CHAPITRE QUATRIÈME

CONQUÊTE DE LA FLANDRE WALLONNE

PAR LES FRANÇAIS

Guerre avec le Hainaut (1291-1292). — Alliance de la Flandre avec l'Angleterre (1293-94).— Intrigues de Philippe-le-Bel en Flandre. — Guerre entre la France et la Flandre (1296). — Siège de Lille (1297). — Trêves entre la Flandre et la France (1297-1302). — Conquête de la Flandre par les Français (1300). — Voyage du roi de France à Lille et en Flandre. — Révolte de Bruges et de la Flandre (mai-juin 1302). — Bataille de Courtrai (11 juillet 1302). — Les Flamands reprennent Lille (août 1302). — Ravages des Flamands. — Siège de Tournai par les Lillois (1303). — Bataille de Mons-en-Pévèle (18 août 1304). — Siège et prise de Lille (septembre 1304). — Cession de la Flandre wallonne à la France (1305). — Camp de Bondues (1315). — Famine de 1316 : misérable état de Lille et de la région.

Guerre avec le Hainaut (1291-1292). —Guy de Dampierre ne s'était jamais résigné à la perte du Hainaut ; aussi, en 1291, reçut-il avec empressement les demandes de protection que lui adressèrent les bourgeois de Valenciennes révoltés contre leur seigneur. Il s'entendit avec le roi de France pour faire la guerre à son neveu, auquel il ne pouvait pardonner de lui avoir enlevé une si belle part de l'héritage de sa mère. Une fois de plus, les relations commerciales furent interrompues entre la Flandre et le Hainaut, et les deux pays furent ravagés par les incursions des gens de guerre ; les milices flamandes envahirent et dévastèrent le pays au delà de l'Escaut; les bourgeois de Lille s'avancèrent jusqu'au Quesnoy. Cette guerre fut d'ailleurs de courte durée : bientôt les Lillois purent rentrer chez eux et reprendre leur commerce. Mais, peu après, les hostilités s'étant engagées entre la France et l'Angleterre, la Flandre fut entraînée dans une lutte qui devait avoir pour Lille et toute la région les plus déplorables conséquences.

Alliance de la Flandre avec l'Angleterre (1293-94). — Depuis la conquête de l'Angleterre par les Normands, il existait une ardente rivalité entre les rois de France et leurs puissants vassaux, les rois d'Angleterre, et le moindre conflit suffisait pour faire éclater la guerre entre les deux pays. C'est ce qui arriva en 1293 : Philippe-le-Bel et Edouard Ier cherchèrent aussitôt, avec une égale ardeur, à se faire des alliés. Le roi de France parvint à mettre de son côté les comtes d'Artois et de Hainaut, ainsi que le duc de Brabant. Bien que, par le fait de ces alliances, la Flandre se trouvât isolée et presque entièrement séparée du reste du continent, elle n'hésita pas à prendre parti pour les Anglais : car c'est de l'Angleterre que lui venaient directement par mer les belles laines nécessaires à la fabrication des draps fins, qui faisaient la richesse du pays. Afin de mieux s'attacher le comte de Flandre, qui avait de ses deux màriages dix-neuf enfants, le roi d'Angleterre demanda à Guy de Dampierre la main d'une de ses filles pour son fils aîné. L'accord, conclu en principe dès l'année 1293, fut signé le 31 août 1294.

Intrigues de Philippe-le-Bel en Flandre. — Dès que le roi de France eut connaissance de ce traité, il manda à sa cour le comte de Flandre ainsi que la jeune fiancée. Sans défiance, Guy de Dampierre obéit à l'ordre de son suzerain. Mais sous prétexte qu'en traitant avec l'ennemi de son roi, il avait méconnu ses devoirs de vassal de la couronne de France, Philippe-le-Bel le fit incarcérer et retint en France la princesse.

Pour obtenir sa mise en liberté, le comte de Flandre dut passer par les plus dures conditions : c'est ainsi qu'il fut obligé d'abandonner au roi son autorité sur les cinq villes les plus prospères et les plus fortes de son comté, sur les cinq bonnes villes de Flandre, comme on disait alors, Gand, Bruges, Ypres, Lille et Douai, où des officiers royaux ne tardèrent pas à venir s'installer sous le vain prétexte de maintenir les privilèges des bourgeois et les franchises communales.

Afin de rendre les villes flamandes favorables à ses intérêts, Philippe-le-Bel les combla de bienfaits. Déjà, en 1293, il avait donné l'ordre à tous ses agents de respecter les biens appartenant aux bourgeois de Lille, en dépit des actes d'insoumission commis par leur comte. Bien que la guerre eût interrompu toutes les relations commerciales entre l'Angleterre et la France, et partant entre l'Angleterre et la Flandre, il donna parfois des autorisations de laisser pénétrer des laines anglaises dans le comté, afin de ne pas ruiner complètement la draperie ; de même il favorisa l'importation des laines d'Ecosse, dont le roi était son allié : il est vrai que la qualité de ces laines était bien inférieure à celle des laines anglaises. En outre, le roi de France accorda en 1296 des sauf-conduits à tous les marchands qui viendraient à la foire de Lille, et il alla même jusqu'à octroyer aux bourgeois de cette ville des chartes par lesquelles il leur promettait de les protéger contre le comte, dans le cas où celui-ci serait tenté de les punir d'avoir abandonné son service pour celui du roi.

Mais tous ces artifices, si habiles qu'ils fussent, ne parvinrent pas à détacher les villes flamandes de leur souverain immédiat. Au reste, Philippe-le-Bel, qui était fort avide de son naturel, ne poussait pas l'habileté jusqu'à s'abstenir de réclamer des Flamands beaucoup d'argent. C'est ainsi qu'il exigea d'eux de très grosses sommes pour les dispenser du paiement de l'impôt du cinquantième de la valeur des biens meubles et immeubles qu'il leva en 1296 pour subvenir aux dépenses de sa lutte avec le roi d'Angleterre. Bien que le comte de Flandre eût autorisé la perception de cet impôt dans son comté, en se réservant la moitié du produit, les bourgeois de Lille firent entendre des réclamations et prétendirent, non sans raison, que leurs privilèges les exemptaient de toute contribution extraordinaire : ils en appelèrent même au Parlement; mais bientôt, ils se résignèrent à transiger et offrirent au roi, qui l'accepta, une somme de 6,000 livres. De son côté, Douai paya une somme de 7,000 livres.

Il ne serait pas exact de conclure de cette différence de traitement entre les deux villes que Douai était alors plus riche que Lille. Car, dans ces transactions, Philippe-le-Bel n'exigea pas des villes la somme exacte que lui eût rapportée cet impôt exorbitant du *cinquantième*, s'il eût pu le percevoir avec rigueur ; il leur accorda des diminutions plus ou moins fortes, suivant les nécessités de sa politique. Et il est vraisemblable qu'il avait plus d'intérêt à ménager Lille, qui était alors une place très forte et comme la capitale de la province, que Douai, qui était la moins importante des cinq bonnes villes de Flandre.

Guerre entre la France et la Flandre (1296).—Il faut croire que ces exactions et l'interruption du commerce avaient fortement indisposé contre Philippe-le-Bel les villes flamandes : car, à la fin de l'année 1296, le roi d'Angleterre vint en Flandre pour tirer parti contre son ennemi de ces sentiments de haine et de répulsion. Edouard n'eut pas de peine à gagner à ses projets Guy de Dampierre : le 25 décembre 1296, ils formèrent à Grammont contre le roi de France une ligue avec l'empereur d'Allemagne, le duc de Bar, le duc de Brabant, le comte de Hollande et plusieurs autres seigneurs considérables ; si bien qu'à la fin du XIII⁰ siècle, la France se trouva menacée par une coalition aussi formidable que celle qui avait été défaite à Bouvines au commencement du siècle ; mais, plus habile ou plus heureux que Philippe-Auguste, Philippe-le-Bel sut prévenir ce danger. Il suscita au roi d'Angleterre et à l'empereur d'Allemagne des ennemis qui les retinrent chez eux, et il put employer toutes ses forces contre le comte de Flandre.

Siège de Lille (1297). — Dès le commencement de l'année 1297, on fit à Lille des préparatifs de défense ; on nettoya les fossés, on répara à grands frais les tours et les murs de la ville et on abattit dans les faubourgs tous les bâtiments qui, en cas de siège, auraient pu faciliter les travaux d'approche de l'ennemi ; on détruisit les vergers plantés sur les glacis de la forteresse, et l'on n'épargna même pas les arbres fruitiers du clos de Saint-Pierre, situé près des vignes du comte.

Le fils aîné de Guy de Dampierre vint s'enfermer dans Lille avec un grand nombre de chevaliers ; un de ses frères s'établit à Douai ; un autre à Courtrai : pendant ce temps, les principales villes du comté étaient mises en état de défense et les hostilités s'ouvrirent par les incursions des gens du comte de Hainaut, qui ravagèrent et pillèrent les campagnes.

Bientôt, Philippe-le-Bel se prépara à envahir la Flandre. Il réunit dans les environs de Compiègne une puissante armée, et le jour de la Pentecôte, le 2 juin 1297, il donna à ses troupes une grande fête, où son frère, le comte d'Evreux ;

son cousin, le fils du comte de Clermont, et 120 jeunes seigneurs furent armés chevaliers. Peu de jours après, il entrait en campagne, et il résolut d'assiéger tout d'abord la ville de Lille, pensant que s'il pouvait s'en emparer, il ne rencontrerait plus de résistance sérieuse dans toute la Flandre. Après avoir tout dévasté sur leur passage, les troupes françaises vinrent s'établir devant Lille la veille de la Saint-Jean-Baptiste, le 23 juin 1297 ; pendant qu'on montait les machines et les engins de siège, elles incendièrent les faubourgs et détruisirent le magnifique couvent des Dominicaines, qui s'élevait alors hors de l'enceinte, dans la paroisse Saint-André, non loin du Béguinage ; elles ravagèrent la campagne tout autour de la ville, pillant et brûlant les villages jusqu'à la Lys et jusque sous les murs de Douai; elles ne respectèrent même pas les couvents ; elles chassèrent les religieuses de Marquette et mirent le feu à l'abbaye. Les chroniqueurs français eux-mêmes, Guillaume de Nangis et l'un de ses continuateurs, racontent que ces troupes commirent les plus grands excès. L'abbé de Saint-Martin de Tournai, Gilles li Muisis, qui écrivait vers l'année 1350 l'histoire de sa ville et des pays voisins, avait encore à ce moment un souvenir très précis de ces horreurs dont, dans sa jeunesse, il avait pour ainsi dire été le témoin ; il rapporte que rien ne peut donner une idée des calamités que subit alors ce malheureux pays.

Tandis que sa cavalerie désolait la campagne, Philippe-le-Bel poursuivait activement les travaux du siège de Lille. Il installa de nombreuses et puissantes machines qui battaient les murailles et lançaient de grosses pierres dans la ville ; mais celle-ci était bien défendue et le siège paraissait devoir être très long. Pour occuper ses troupes pendant ce temps, le roi de France envoya de forts détachements courir le pays ; c'est dans une de ces expéditions que Béthune fut prise. Bientôt après, le comte d'Artois quitta le camp avec une assez forte armée et se rendit dans la Flandre maritime ; après s'être emparé de Cassel et de Bergues, il remporta sur les Flamands une brillante victoire dont la nouvelle décida les habitants de Lille à se rendre après avoir subi un siège de neuf semaines.

C'est le 29 août que fut signée la capitulation ; et il était grand temps : car les vivres manquaient dans la ville et les assiégés avaient déjà beaucoup souffert de la famine. Le roi de France promit de respecter les franchises et les privilèges de Lille. Il confirma de la façon la plus expresse la juridiction des échevins, et il donna à la ville des lettres de *non-préjudice* constatant qu'elle n'était pas tenue de lui accorder des contributions extraordinaires. En revanche, il autorisa les magistrats municipaux à lever pendant dix ans de très lourdes taxes afin de payer les dettes considérables dont la ville était chargée.

Trêves entre la Flandre et la France (1297-1302). — Après la capitulation de Lille, Philippe-le-Bel soumit rapidement tout le pays voisin. Douai se rendit sans résistance, et en peu de temps, les Français furent maîtres de toute la Flandre wallonne. En quittant Lille, le fils du comte de Flandre avait rejoint son père à Gand, où le roi d'Angleterre venait d'arriver avec une petite armée. Philippe-le-Bel le suivit; il n'eut qu'à se présenter devant Courtrai pour que cette ville lui ouvrît ses portes; et, sans même attendre l'arrivée de l'armée française sous leurs murs, les bourgeois de Bruges envoyèrent des députés traiter de leur soumission. Ils furent accueillis avec un grand empressement par le roi, qui, pour mieux se les attacher, rendit aux Brugeois toutes les franchises dont leur comte avait voulu les priver. Cette bienveillance était conforme à la politique qu'il avait adoptée, au moins provisoirement : car il traita aussi favorablement les autres villes de Flandre et notamment Cassel, Bourbourg, Bergues et Dunkerque, qui, pendant le siège de Lille, s'étaient rendues au comte d'Artois.

Cependant, Charles de Valois, qui était allé assiéger Ypres, y rencontra une telle résistance qu'il dut se retirer après en avoir brûlé les faubourgs et avoir ravagé tout le pays compris entre cette ville et Lille.

L'armée française était trop forte pour que le roi d'Angleterre et le comte de Flandre pussent songer à défendre contre elle Gand et le reste du pays : il fallut donc traiter. Une trève fut conclue d'abord pour six semaines, ensuite pour deux ans. Le roi de France gardait pendant la durée des trèves toutes les villes et toute la partie du comté dont il s'était emparé, et les relations commerciales étaient rétablies entre les pays belligérants; toute la Flandre, aussi bien la partie restée sous l'administration du comte que la partie qui avait été cédée à Philippe-le-Bel, pouvait librement commercer avec l'Angleterre et avec la France ; mais le pays était ruiné par les ravages de cette guerre et par les dépenses considérables qu'elle avait entraînées.

Conquête de la Flandre par les Français (1300). — La seconde trêve conclue entre le comte Guy de Dampierre et le roi Philippe-le-Bel expira au commencement de l'année 1300. Bien qu'il ne pût plus compter sur le roi d'Angleterre, qui avait scellé sa réconciliation avec le roi de France par un mariage, bien qu'il fût abandonné par tous ses autres alliés et dépouillé de la plus grande partie de son comté, le vieux comte de Flandre voulut cependant essayer de se défendre, et il confia son armée à son fils aîné, Robert de Béthune. Mais cette tentative désespérée ne fut pas couronnée de succès. Le frère du roi de France, Charles de Valois, envahit la Flandre avec des forces considérables ; il ravagea tout le pays resté sous la domination du comte, notamment toute la campagne située au delà de Comines et de la Lys, en particulier les environs d'Ypres : pour la seconde fois, il attaqua cette ville même : mais ses efforts pour s'en emparer furent encore impuissants. A la fin de l'hiver (1299-1300), pour se faire bien venir des Brugeois, qui souffraient beaucoup de l'interception des communications directes avec la mer, il alla s'emparer du port de Damme, dont les fortifications avaient été affermies et notablement développées par les fils de Guy de Dampierre.

Vaincu une fois de plus et désespéré, le vieux comte de Flandre se décida à faire sa soumission à la suite de ce fait d'armes. Il remit ce qui lui restait de son comté entre les mains de Charles de Valois, et, accompagné de ses fils et d'un grand nombre des plus puissants seigneurs de Flandre, il alla à Paris se rendre à discrétion au roi de France. Philippe-le-Bel les garda prisonniers et confia le gouvernement de la Flandre au connétable Raoul de Nesle. Pour contenir les villes et pouvoir se défendre plus facilement avec de petites garnisons contre les révoltes qu'il prévoyait, Raoul de Nesle, qui était un soldat expérimenté, fit construire de fortes citadelles. C'est ainsi qu'à Lille il édifia le château qui a été longtemps connu sous le nom de château de Courtrai, parce qu'il était situé sur la route de cette ville, à l'endroit appelé aujourd'hui la place du Château. Pour établir cette très importante forteresse, on dut exproprier et abattre un grand nombre de maisons, et, entre autres, plusieurs moulins appartenant à l'hospice Comtesse. Les expropriés reçurent d'ailleurs des indemnités convenables, et l'hôpital, pendant plusieurs années, toucha de ce chef une rente assez considérable.

Voyage du roi de France à Lille et en Flandre. — Au mois de mai de l'année 1301, Philippe-le-Bel vint visiter solennellement le pays qu'il venait de conquérir. Il parcourut toute la région, accompagné de la reine et d'une suite nombreuse; partout il fut reçu en grande pompe. Il demeura trois jours à Douai et deux à Lille, où il séjourna les 16 et 17 mai. De là, il se rendit à Tournai, puis à Courtrai, ensuite à Bruges ; bref, il visita les principales villes du pays; partout on déploya le plus grand luxe pour lui faire honneur. On dit même que la reine se montra jalouse de la beauté des femmes flamandes et de la richesse de leurs toilettes. A Bruges, dans une fête où se trouvaient un grand nombre de jeunes femmes dans tout l'éclat de leur beauté déjà proverbiale et de leur luxe, Jeanne de Navarre se serait même écriée : «Je croyais être seule reine et j'en vois plus de six cents.» Au roi, ce déploiement de richesses inspira d'autres sentiments, moins frivoles. Il se dit que des gens qui pouvaient montrer un tel luxe ne seraient point gênés de payer une forte somme. Dès lors son parti était pris : il résolut de lever sur les Flamands de grosses contributions. De fait, en rentrant à Paris, après un voyage triomphal de sept semaines à travers la Flandre, il emmena avec lui le connétable qui avait doucement et sagement administré le pays, et il lui donna pour successeur Jacques de Châtillon, personnage dur et violent, qu'il savait homme à ne point être arrêté par des scrupules de délicatesse.

Révolte de Bruges et de la Flandre (mai-juin 1302). — Par ses rigueurs et ses exactions, le nouveau gouverneur du comté de Flandre ne tarda pas à soulever contre lui et contre les Français la haine des Flamands. A la fin, les habitants de Bruges se révoltèrent sous la conduite de Pierre de Konynck, doyen de la puissante corporation des tisserands de drap, et de Jehan Breydel, doyen des bouchers.Néanmoins, Jacques de Châtillon, après avoir rassemblé un fort corps de troupes à Courtrai, parvint à rentrer à Bruges ; mais ses imprudentes menaces excitèrent la colère des bourgeois et du bas peuple; dans la nuit du 17 au 18 mai, les conjurés surprirent les Français et leurs partisans pendant leur sommeil et les massacrèrent sans pitié. Ce ne fut qu'à grand'peine que Jacques de Châtillon put s'échapper sous un déguisement.

A la nouvelle de la révolte de Bruges, ceux des enfants du vieux comte de Flandre qui étaient restés en liberté s'empressèrent d'accourir dans cette ville. Le petit-fils de Guy de Dampierre, Guillaume de Juliers, à la tête d'une troupe de chevaliers flamands et de bourgeois de Bruges, alla soumettre la Flandre maritime. Bien que ce fût alors une place très forte, la garnison française,qui connaissait les sentiments de la population, n'osa pas défendre Bergues; elle se retira à Saint-Omer, d'où elle fit de fréquentes incursions dans les campagnes flamandes, qu'elle mit à feu et à sang. De Bergues, Guillaume de Juliers vint à Cassel, qui ne fit qu'une courte résistance : mais la garnison se retira dans le château, dont les Flamands firent le siège, pendant que de nombreux détachements couraient à travers l'Artois pour le dévaster.

Le 1er juin 1302,un fils du comte de Flandre, nommé Guy de Namur,était arrivé à Bruges avec une troupe nombreuse de chevaliers et de sol-

7

dats allemands : il vint à Courtrai, dont il s'empara aisément ; mais, à l'exemple de celle de Cassel, la garnison se réfugia dans la citadelle que Philippe-le-Bon y avait fait construire ; cette forteresse était très solide, bien pourvue de munitions et en état de résister longtemps aux attaques des Flamands. Pendant qu'une partie de ses troupes faisait le siège de ce château, Guy de Namur alla occuper Ypres, où il fut accueilli avec joie. D'Ypres et de Courtrai, les Flamands firent de fréquentes chevauchées jusque sous les murs de Lille, dont le chancelier de France dirigeait la défense, et bientôt tout le pays situé entre Lille, Ypres, Courtrai et Tournai fut dévasté et ruiné.

Bataille de Courtrai (11 juillet 1302). — Quand il apprit la révolte de Bruges, Philippe-le-Bel confia au comte d'Artois la mission de reconquérir la Flandre. Dans le courant du mois de juin, une armée d'environ 60,000 hommes se réunit à Arras. Elle comprenait les plus puissants seigneurs et les plus brillants chevaliers du royaume, et à côté se trouvaient les nombreux contingents des milices communales. Au commencement de juillet, Robert d'Artois vint à Lille, et de là il se dirigea vers Courtrai pour ravitailler le château et reprendre la ville ; il brûla tous les faubourgs et se prépara à l'attaque. Mais, à la nouvelle que l'armée française approchait, les Flamands étaient accourus en grand nombre à Courtrai ; le 11 juillet, ils sortirent de la ville sous la direction de Guy de Namur pour offrir la bataille au comte d'Artois.

Comme il manquait de cavalerie, Guy de Namur disposa ses troupes dans un terrain marécageux, coupé de ruisseaux. Les Français donnèrent dans le piège. Robert d'Artois ne voulut pas laisser aux archers étrangers et aux milices des communes la gloire de remporter la victoire sur les Flamands, et, quand il vit que son infanterie avait bien engagé la bataille, il fit donner les chevaliers, qui vinrent s'entasser les uns sur les autres, chevaux et cavaliers, dans les fossés qui couvraient le front de l'armée flamande. Ce fut une boucherie abominable : la fleur de la chevalerie française resta sur le champ de bataille de Courtrai. Robert d'Artois, le connétable de France, Jacques de Châtillon et plus de deux mille nobles trouvèrent la mort dans cette journée. S'il faut en croire les chroniqueurs français les moins suspects d'exagération, l'armée française perdit plus de vingt mille hommes, — parmi lesquels sans doute un grand nombre de bourgeois de Lille, dont le comte d'Artois avait dû emmener avec lui les milices communales.

Bien avant la fin de la journée, l'armée française se trouva en pleine déroute. Ceux qui le purent prirent la fuite, qui du côté de Lille, qui vers Tournai. Un chroniqueur contemporain, Gilles li Muisis, raconte que, du haut des tours de l'église Notre-Dame de Tournai, on ne voyait dans la campagne et sur les routes que des fuyards. Mais les magistrats ne sachant à qui ils avaient affaire, et craignant une trahison, firent fermer les portes de la ville. Les malheureux fugitifs durent rester dans les faubourgs et dans les villages voisins, où bientôt les vivres manquèrent à ce point que l'on vit des chevaliers donner leur armure pour un pain. A Lille, les fuyards furent sans doute mieux accueillis ; car le comte d'Artois avait dû laisser dans le château une garnison assez solide pour assurer la retraite de son armée et maintenir les communications que les gens d'Ypres menaçaient.

Les Flamands reprennent Lille (août 1302). — Il semble que les bourgeois de Lille, reconnaissants de toutes les faveurs dont Philippe-le-Bel les avait comblés, lui aient été sincèrement attachés. Car, aussitôt après la défaite de Courtrai, ils envoyèrent près du roi de France deux bourgeois notables, Thomas Gomers et Jehan Vretes, pour l'assurer de leur dévouement, pour lui apprendre les pertes considérables que la ville avait subies et subissait tous les jours et pour lui demander secours. Dès le 16 juillet, Philippe-le-Bel répondit à cette demande par une lettre des plus gracieuses écrite du bois de Vincennes, où les envoyés de Lille étaient allés le trouver en toute hâte. Il remerciait les bourgeois de leur loyauté et de leur fidélité, et il promettait de les indemniser, eux et la ville de tout ce qu'ils avaient souffert, souffraient et pourraient souffrir encore pour lui et le royaume, toutes les fois que l'occasion se présenterait. Il leur annonçait en outre que provisoirement il leur accordait immédiatement tout ce qui dépendait de lui et qu'il avait expédié aux comtes de Saint-Pol et de Boulogne l'ordre de rassembler le plus de monde qu'ils pourraient et d'aller à Lille. Enfin, il ajoutait qu'il se proposait d'y venir bientôt lui-même avec une forte armée pour les protéger et les défendre contre toute attaque.

Si Philippe-le-Bel avait tenu ces belles promesses, il est probable que Lille n'aurait pas eu à subir, à moins de cinq ans d'intervalle, les rigueurs d'un nouveau siège; mais il ne se pressa pas de venir tenter la fortune contre les vainqueurs de Courtrai, et les Flamands le devancèrent sous les murs de Lille, qui fut assiégée avant la fin du mois de juillet de cette année 1302.

La ville ne paraît pas avoir fait une longue résistance; il faut croire que les bourgeois de Lille estimaient à leur juste valeur les éloges intéressés que le roi de France leur décernait dans sa lettre pour leur loyauté, leur dévouement et leur vaillance; aussi, après avoir sauvé les apparences, demandé secours et fait un semblant de défense, ils se trouvèrent sans doute très heureux de rentrer sous la domination de leur comte et d'être réunis à la Flandre, à qui toutes leurs affections, toutes leurs relations de famille, de commerce et d'industrie et tous leurs intérêts les rattachaient. Le 6 août, les assiégés promirent de se rendre, s'ils n'étaient pas secourus avant la fête de l'Assomption, c'est-à-dire le 15 août; de son côté, le comte de Namur, au nom de son père le comte de Flandre, s'engagea à respecter et à maintenir les coutumes, les privilèges et les franchises de Lille et à permettre à tous ceux qui le voudraient de quitter la ville avec leurs biens-meubles.

Le délai fixé passa sans que Lille fût secourue, et le 15 août 1302 elle ouvrit ses portes aux Flamands.

Ravages des Flamands. —Peu de temps après, Guy de Namur s'empara de Douai et de Béthune, et toutes les anciennes possessions de Guy de Dampierre furent enlevées aux Français, qui, en moins de deux mois, perdirent toutes leurs conquêtes.

Alors les Flamands résolurent de se venger ; ils s'établirent à quelques lieues en avant d e Douai et dévastèrent tout le nord de l'Artois ; il s'avancèrent jusque sous les murs d'Arras, pillant et incendiant les villages ; c'est ainsi que Harnes et Hénin-Liétard, entre autres, furent complètement brûlés.

Pour mettre un terme à ces ravages et aux progrès des Flamands, Philippe-le-Bel mit enfin en mouvement l'armée considérable dont il avait promis le secours aux Lillois. Le jour de la Décollation de Saint-Jean-Baptiste, le roi de France était à Arras et de là il vint à Vitry installer ses troupes en face des Flamands ; les deux armées n'étaient séparées que par le célèbre fossé du Boulenrieu, et pendant tout le mois de septembre elles restèrent en présence, vivant sur le pays et le dévastant, mais sans en venir aux mains ; cependant, au dire des chroniqueurs, l'armée française était si puissante qu'elle eût pu facilement détruire toute la Flandre. Mais la journée de Courtrai avait rendu Philippe-le-Bel prudent à l'excès et, pour des causes que l'on ne connaît pas bien, à la fin du mois de septembre il licencia son armée et rentra en France après avoir installé de fortes garnisons dans toutes les places frontières restées en son pouvoir.

Siège de Tournai par les Lillois(1303). — Cette piteuse reculade couvrit de honte le roi de France et exalta l'orgueil des Flamands. Aussi, après avoir ravagé la vallée de la Scarpe supérieure et les plaines de l'Artois, ils allèrent dévaster la vallée de l'Escaut. Le 1er octobre 1302, ils incendièrent la ville de Saint-Amand après avoir pillé la célèbre abbaye qui avait donné son nom à cette ville déjà importante à cette époque. De Saint-Amand, ils se dirigèrent vers Tournai en incendiant tous les villages qui se trouvaient sur leur passage; le 7 octobre, ils arrivèrent en vue de la ville, en bon ordre, prêts à combattre; mais les troupes françaises se gardèrent bien d'engager la bataille. Elles laissèrent brûler les faubourgs et les villages voisins de la ville, et le lendemain, les Flamands, qui manquaient de vivres, durent rentrer en Flandre par Courtrai; les bourgeois de Lille et de Douai, qui, depuis le mois d'août, accompagnaient l'armée flamande, revinrent chez eux chargés de butin ; mais les deux villes payèrent cher ce succès : car la campagne environnante avait été complètement ruinée et bientôt toutes les denrées devinrent hors de prix. Une seule des 22 fermes de l'abbaye de Saint-Martin avait échappé à l'incendie, et les terres restèrent incultes pendant bien longtemps.

Les garnisons françaises s'efforçaient de rendre aux Flamands le mal qu'ils faisaient aux pays de l'obéissance du roi, et dans cette lutte, les Tournaisiens se distinguèrent entre tous. Il arrivait souvent que dans leurs chevauchées, ils se rencontraient avec la garnison flamande de Lille et engageaient le combat. Le 18 avril 1303, dans une de ces rencontres, les Lillois furent battus et perdirent plus de 200 cavaliers et 400 fantassins, tant tués que faits prisonniers.

Enfin, las des plaintes que Lille et les villes voisines de Tournai leur adressaient sur les ravages des Français, les Flamands résolurent de s'emparer de cette ville. Les milices communales de Lille et de Douai s'unirent à l'armée flamande, commandée par Guillaume de Juliers, qui, le 8 août, établit son camp à Helchin, et, le 15 août, vint mettre le siège devant Tournai. La ville, abondamment pourvue de vivres et de machines de guerre, était bien défendue par une nombreuse et vaillante garnison, sous le commandement du célèbre maréchal de France, Foucaud de Melle. Les Flamands eurent bientôt mis en position leurs engins, et, après avoir fortement battu les murailles et lancé un grand nombre de grosses pierres dans la ville, ils tentèrent plusieurs fois l'assaut ; les Lillois étaient chargés de l'attaque du côté de la porte de la Vigne ; mais tous les assauts furent vaillamment repoussés par les défenseurs de Tournai, et comme les Flamands n'étaient pas assez nombreux pour investir la ville, ils furent au bout de dix-neuf jours obligés de renoncer à leur entreprise ; le siège fut levé au commencement de septembre.

A ce moment, Philippe le Bel se préparait à venir au secours de Tournai, et il avait réuni à Péronne et dans les environs une armée considérable ; mais, quand il eut appris l'échec des Flamands, il s'empressa de licencier ses troupes et il conclut avec le vieux comte de Flandre une trêve jusqu'à la Pentecôte de l'année 1304. Il semble qu'alors le roi de France ait été las de cette guerre désastreuse et tout disposé à renoncer à toute prétention sur le comté de Flandre. Car il remit en liberté Guy de Dampierre pour toute la durée de la trêve, et il le chargea d'aller faire des démarches actives près de ses enfants et des chefs des grandes communes flamandes pour les décider à conclure la paix.

Bataille de Mons-en Pévèle (18 août 1304). — Mais le vieux comte ne réussit pas dans cette mission ; les Flamands, grisés par leurs succès, ne voulurent rien entendre, et à la fin du mois d'avril 1304, Guy de Dampierre dut revenir se constituer prisonnier entre les mains du roi de France. En peu de temps, Philippe-le-Bel réunit une armée très considérable, et, au mois de juillet, il vint à Arras. Les Flamands, établis entre Douai et La Bassée, gardaient les passages qui menaient d'Arras à Lille, à travers les marais : la route principale passait au Pont-à-Vendin, par un long et étroit défilé ; plusieurs fois, les Français tentèrent de le forcer : mais ils furent toujours repoussés. Alors Philippe-le-Bel tourna l'obstacle et il alla d'Arras à Tournai en passant sous les murs de Douai, qu'il essaya de surprendre, mais sans succès. Il arriva à Tournai le 9 août 1304, avec une très forte armée, que commandaient sous lui ses frères Charles de Valois et Louis d'Evreux : mais il n'y resta pas et il alla établir son camp sur la forte position de Mons-en-Pévèle. Les Flamands l'y suivirent ; le chroniqueur de Tournai nous apprend que dans leur armée se trouvaient les milices communales de Douai et de Lille. Les armées restèrent en présence plusieurs jours ; enfin, la bataille s'engagea le 18 août. Elle fut à ce point indécise que les deux partis purent s'attribuer la victoire. Philippe-le-Bel y fut blessé et faillit être fait prisonnier ; mais les Flamands y perdirent un grand nombre des leurs, parmi lesquels les plus riches et les plus fameux bourgeois de Lille. Vers la fin de la journée, la plus grande partie de l'armée flamande était mise en déroute et les bourgeois des communes, à l'exemple des chevaliers, prenaient la fuite dans la direction de Lille, où ils entrèrent pêle mêle.

Siège et prise de Lille (septembre 1304). — Philippe-le-Bel les y suivit bientôt ; après avoir pris quelques jours de repos à Arras et réorganisé son armée, il vint mettre le siège devant Lille, où s'était enfermé avec une forte garnison l'un des fils du comte de Flandre, Philippe de Thiette. Les Français attaquèrent la ville avec tant de vigueur que, le 14 septembre, les assiégés durent signer une capitulation honorable. Ils s'engageaient à rendre la ville et le château le 26 septembre, si jusque-là ils n'étaient pas secourus ; Philippe-le-Bel, de son côté, promit de respecter les coutumes, les franchises et les privilèges de la ville, de laisser sortir avec armes et bagages Philippe de Thiette, emmenant la garnison et tous les habitants qui voudraient les suivre. Tous les bourgeois, partisans des Français, qui avaient quitté la ville, pouvaient y rentrer dans la quinzaine qui suivrait la reddition de Lille. A cette nouvelle, les Flamands voulurent secourir les assiégés et le comte Jean de Namur vint avec une forte armée établir son camp au pont de Marcq. De son côté, Philippe-le-Bel s'était fortifié. Les deux armées restèrent plusieurs jours en présence sans oser s'attaquer : finalement, le 24 septembre, Flamands et Français signèrent une trêve qui décida du sort de Lille ; cette ville fut encore séparée de la Flandre et cette séparation devait durer plus de soixante années.

Cession de la Flandre wallonne à la France (1305). — Cette trêve fut mise à profit en faveur de l'établissement d'une paix définitive, qui mit un terme à cette guerre qui désolait le pays depuis sept ans. Dans l'intervalle, le vieux comte Guy de Dampierre mourut à Pontoise, où le roi de France le retenait prisonnier ; son corps fut ramené à Lille et solennellement inhumé à Marquette dans le mausolée des comtes de Flandre. Son fils aîné, Robert de Béthune, qui lui succéda, se

montra disposé aux plus larges concessions
pour conclure un accord avec Philippe-le-Bel.
Enfin la paix fut signée à Athies en juin 1305.
Le comte de Flandre s'engageait à payer au roi
de France la somme énorme de 640,000 livres
parisis (au moins quarante millions de nos
jours), plus une rente annuelle de 20,000 livres.
C'est en garantie de la moitié de cette rente que
les villes et châtellenies de Lille, Douai, Orchies
et Béthune furent cédées à la France.

Mais les grandes villes flamandes refusèrent de reconnaître ce traité et pendant sept
longues années le sort de la Flandre wallonne
fut en question. Cette incertitude pesait d'un
poids très lourd sur le pays. Les habitants, qui
étaient sur un perpétuel qui-vive, n'osaient
relever les faubourgs, les villages et les fermes
que les armées françaises et flamandes avaient
détruits à l'envi de 1297 à 1305 ; les terres restaient incultes et les denrées nécessaires à la
vie étaient si rares que leur prix évoquait le
souvenir des temps de famine. A ces maux se
joignaient encore des divisions intestines : dans
les villes, les habitants étaient divisés en deux
camps, les partisans de la France et ceux de la
Flandre, entre lesquels s'établissaient des luttes
si vives qu'au mois d'octobre 1311 le roi de
France dut intervenir et faire pour Douai un
règlement qui assurait aux deux factions rivales une part égale dans l'administration de la
ville.

Camp de Bondues (1315). — Enfin, le
1er juin 1312, le comte de Flandre signa à Pon-

toise la renonciation perpétuelle pour lui et ses successeurs aux villes et châtellenies de Lille, Douai, Orchies et Béthune. Mais les grandes villes flamandes et les fils du comte refusèrent encore une fois ce désastreux traité qui démembrait la Flandre ; et bientôt la guerre recommença avec la France. En 1314, les Flamands vinrent assiéger Tournai ; mais cette ville fut si courageusement défendue par le frère du roi, Charles de Valois, que les Flamands, désespérant de s'en emparer, s'en furent attaquer Lille, mais sans plus de succès. Le fils du roi, Louis, comte de Champagne et roi de Navarre, était, pendant ces deux sièges, à Orchies avec une puissante armée ; mais, depuis la journée indécise de Mons-en-Pévèle, Français et Flamands évitaient avec un soin égal d'engager des batailles rangées ; au lieu de poursuivre les hostilités, les chefs des deux armées signèrent le 5 septembre 1314 une trêve jusqu'à l'année suivante.

Durant cette trêve, Philippe-le-Bel mourut ; mais sa mort n'apaisa pas le ressentiment des Flamands. A l'automne de l'année 1315, les hostilités recommencèrent et la guerre se fit encore autour de Lille, dont les plaines, depuis près de vingt ans, ne cessaient d'être ravagées par les armées. Au mois d'août, le nouveau roi, Louis X, dit le Hutin, vint à Arras avec la reine, et le 2 septembre il entrait à Lille ; il déclarait vouloir se venger de tout le mal que les Flamands avaient fait à la France, et surtout de la trahison des habitants de Bruges. Son but était de reprendre Courtrai afin d'y détruire les trophées qui y avaient été dressés avec les dépouilles des Français tués dans cette journée désastreuse. De son côté, le comte de Flandre concentra une armée considérable dans cette ville, que l'on regardait comme le palladium du pays. Louis-le-Hutin se prépara à l'attaquer et il établit ses troupes à Bondues, dans une position solide ; jamais roi de France, dit le chroniqueur tournaisien, n'avait réuni une aussi belle armée. Mais la saison fut tellement pluvieuse et le terrain argileux était si détrempé que les troupes ne pouvaient pas avancer dans les champs. Aussi le roi dut-il renoncer à son entreprise et licencier son armée. Le 14 septembre, il était à Tournai, et bientôt il revint à Paris, où il mourut le 8 juin 1316.

Son frère, Philippe-le-Long, qui lui succéda, réussit à conclure un accord avec le comte de Flandre ; mais les Flamands se refusaient toujours à souscrire à la perte de la Flandre wallonne ; ils firent entendre d'énergiques protestations, qu'ils appuyèrent de nombreuses incursions dans les pays soumis au roi pour les ravager ; en outre, ils mirent tout en œuvre pour interrompre les relations commerciales entre les deux pays ; au mois de décembre 1316, on voit le roi de France requérir le comte de Flandre, en vertu de ce traité, de laisser circuler librement dans son comté les marchands français et de leur donner aide et protection. En 1317, la guerre recommença et le comte de Flandre s'empara des châteaux de Cassel et de Courtrai, où des troupes françaises tenaient encore garnison ; ces deux forteresses furent détruites et l'on conclut de nouvelles trêves. La paix définitive ne fut signée que le 5 mai 1320 ; le comte de Flandre ne se résigna qu'à grand'peine à la perte des villes et châtellenies de Lille, Douai, Orchies et Béthune ; mais les villes flamandes, elles-mêmes, fatiguées de cette lutte de vingt ans, l'obligèrent à céder. Quelques mois plus tard, le roi de France donna Béthune au comte d'Artois, et les villes et châtellenies de Lille, Douai et Orchies formèrent le pays appelé depuis la Flandre wallonne.

Famine de 1316 : misérable état de Lille et de la région. — Ainsi, pendant près de 20 ans, Lille et le pays voisin avaient été presque constamment désolés par les ravages de la guerre. A ces misères s'ajoutèrent en 1316 les horreurs d'une disette causée par les intempéries et par les suites de cette guerre qui, depuis si longtemps, empêchait les paysans de cultiver les campagnes. Le blé, l'avoine, les légumes secs et le sel atteignirent des prix fabuleux, et parfois même il était impossible de se procurer avec de l'argent les denrées les plus nécessaires à l'alimentation. Le peuple, qui était sans pain, en était réduit à se nourrir du produit détestable d'un mélange de fèves, d'orge, de vesces et d'autres grains encore moins mangeables. Les pluies continuelles et la mauvaise qualité de la nourriture engendrèrent des épidémies terribles, et bientôt la mortalité devint si considérable que de mémoire d'homme on ne se souvenait d'une pareille calamité. L'historien contemporain de Tournai rapporte que, dans cette ville, le nombre des mourants, appartenant à toutes les classes de la société, était si grand que l'air en était comme empesté. Ce malheureux pays, ruiné par ces longues guerres, fut presque entièrement dépeuplé.

CHAPITRE CINQUIÈME

LILLE ET LA FLANDRE WALLONNE

sous la domination française.

Révolte de la Flandre.— Bataille de Cassel.— Guerre
entre la Flandre et l'Angleterre. — Rébellion des
Flamands, Jacques d'Artevelde. — Alliance des
Flamands avec les Anglais. — Projets des
Anglais et des Flamands contre Lille. — Pilleries
des Français.— Combat de Marquette (avril 1340).
— Siège de Tournay. — Trève d'Eplechin. — La
peste noire (1349). — Ruine de la ville de Lille.
— Caractère de la domination française à Lille.
— Réunion de la Flandre wallonne au comté de
Flandre.

**Révolte de la Flandre. —Bataille de
Cassel.** — Après la mort du vieux comte de
Flandre, Robert, dit de Béthune, le 17 septembre 1322, le comté passa aux mains de son
petit-fils, Louis, un jeune homme sans expérience, qui s'entourait de conseillers français.
Mais les grandes communes de Flandre étaient
toujours hostiles à la France, et bientôt elles se
révoltèrent. En 1323, Bruges donna le signal.
En 1325, ce furent les habitants de la Flandre
maritime qui se soulevèrent sous la conduite
d'un riche bourgeois de Furnes, Nicolas Zannequin ; les bourgeois d'Ypres se joignirent aux
révoltés et vinrent avec eux mettre à feu et à
sang la vallée de la Lys. Les habitants de Cour-

trai s'emparèrent de leur comte et le livrèrent aux Brugeois, qui ne le mirent en liberté que sur la menace faite par le roi de France de venir le délivrer lui-même.

Enfin, en 1328, le nouveau roi de France, Philippe de Valois, promit au comte de Flandre de le venger, et au mois d'août il vint avec une puissante armée devant le mont Cassel, où Zannequin s'était établi. Les Flamands, grisés par le souvenir de leur victoire de Courtrai, firent la sottise de descendre dans la plaine pour surprendre le camp français, et ils y subirent la défaite la plus complète (24 août 1328). Aussitôt, la ville et le château de Cassel ouvrirent leurs portes au roi de France, et toutes les villes révoltées suivirent cet exemple. Bergues, Bruges, Ypres se rendirent sans résistance, et avant la fin du mois de septembre, Philippe de Valois put licencier son armée et rentrer à Paris.

Mais le comte de Flandre tira de cette rébellion une vengeance éclatante; Ypres et Bruges furent décimées; Cassel, Bergues et toutes les villes qui avaient pris part à la révolte furent condamnées à des amendes énormes, et le comte s'empara des biens de tous les rebelles qui avaient combattu contre lui à Cassel; à Dunkerque, 50 maisons furent confisquées.

Guerre entre la France et l'Angleterre (1337). — Ces révoltes des Flamands et leur répression n'avaient pas eu de trop fâcheuses conséquences pour Lille et la Flandre wallonne; la guerre s'était surtout faite dans la partie occidentale du comté, et, bien que les bandes flamandes et les troupes françaises eussent dévasté en passant les vallées de la Lys et de l'Escaut, leurs ravages ne s'étaient pas exercés assez longuement pour n'être pas facilement réparables ; mais bientôt s'ouvrit entre la France et l'Angleterre la longue lutte, connue sous le nom de guerre de Cent Ans, dont la Flandre, comme tout le royaume, eut tant à souffrir.

Dès la fin de l'année de 1336, la rupture fut complète entre le roi d'Angleterre, Edouard III, et le comte de Flandre, allié du roi de France, Philippe de Valois, auquel il devait le rétablissement de son autorité. Le comte fit mettre en prison tous les marchands anglais qui se trouvaient en Flandre, et le 5 octobre 1336, en manière de représailles, Edouard III ordonna d'arrêter les Flamands, alors en Angleterre, et défendit l'exportation des laines. Puis il envoya sur le continent des ambassadeurs qui réussirent à conclure des traités avec le comte de Hainaut, le duc de Brabant, l'empereur et les princes d'Allemagne. La Flandre fut isolée et son commerce avec la plupart des pays voisins fut arrêté ; seules les communications avec la France restèrent libres. Aussi les grandes villes drapières, privées des laines anglaises, la matière première indispensable pour leur fabrication, et empêchées de vendre les draps qu'elles avaient en magasin, firent-elles entendre les plaintes les plus vives. Mais le comte de Flandre était trop français de cœur pour s'entendre avec l'Anglais, et le 16 août 1337 il signa un traité d'alliance offensive et défensive avec le roi de France.

Philippe de Valois fit mettre en état de défense les places frontières du royaume, et sous la direction du gouverneur de la ville et du château, Ferry de Denisy, les magistrats de Lille dépensèrent de grosses sommes pour la réparation des fortifications. C'était absolument nécessaire, car elles étaient en très mauvais état et les gens d'armes faisaient de fréquentes incursions dans la France wallonne. Depuis le commencement de l'année 1337, le terrible chef de bande Wuaflart de la Croix tenait la campagne avec une troupe de brigands, pillant les villages et les convois, arrêtant sur les routes les voyageurs et les mettant à rançon. Le 15 février 1337, le roi de France avait autorisé les bourgeois de Lille à sortir en armes et à s'emparer de Wuaflart, partout où ils pourraient, « hors lieu saint ».

Rébellion des Flamands ; Jacques d'Artevelde (1338). — A la fin de l'année 1337, Edouard III fit un grand effort pour entraîner les communes flamandes dans son parti. Il s'empara de l'île de Cadzand, dont la garnison, dévouée au *comte* de Flandre, gênait les communications de l'Ecluse, de Damme, de Bruges et de Gand avec l'Angleterre ; mais au lieu de rétablir le commerce, il renouvela la défense d'exporter les laines afin de réduire aux abois les grandes villes de Flandre et de leur bien faire comprendre que l'alliance an-

glaise leur était absolument nécessaire. On dit
que cette mesure lui fut suggérée par Jacques d'Artevelde, un riche bourgeois de Gand,
qui était alors le chef du parti anglais et de
l'opposition au comte. En tous cas, cette interdiction atteignit le but que se proposait
Edouard III ; car, au dire de Froissart, « le
pays de Flandre fut en grande tribulacion et
la draperie toute perdue ». Bientôt les bourgeois des grandes villes flamandes menacées
d'une ruine irréparable vinrent supplier Jacques d'Artevelde d'intervenir en leur faveur,
et bien qu'il ne pût en obtenir que de vagues
promesses pour l'Angleterre, il y consentit.
Pour ne pas pousser les Flamands à se jeter de
désespoir dans le parti du roi de France
Edouard III leva l'exportation des laines et
cette mesure augmenta dans d'énormes proportions la popularité et l'influence de Jacques
d'Artevelde.

De son côté, Philippe de Valois fit aux Flamands les plus grandes concessions ; mais il
semble qu'il n'espérait pas les ramener à de
meilleurs sentiments pour la France ; car en
même temps il excitait le comte Louis à engager la lutte contre Jacques d'Artevelde, et afin
de le mieux soutenir, il convoqua, dès le mois de
janvier 1338, une puissante armée à Amiens
pour la mi-mars. Au commencement du mois
d'avril, le connétable vint à Tournai surveiller la frontière. Mais rien n'y fit ; bientôt
les bourgeois de Bruges et des autres grandes
villes de Flandre se joignirent à ceux de Gand,
et le comte fut réduit à se soumettre aux volon-

tés de Jacques d'Artevelde, qui devint le véritable maître du pays. Il en profita pour signer avec le roi d'Angleterre un traité de commerce et de neutralité politique, et lorsqu'au mois de juillet Edouard III vint à Anvers, Jacques d'Artevelde alla le saluer à la tête d'une députation des plus riches bourgeois de la Flandre.

Alliance des Flamands avec les Anglais (janvier 1340). — A ce moment, Philippe de Valois était à Amiens avec une armée très considérable; mais il n'en fit rien et à la fin de l'année il la licencia sans avoir tenté la moindre entreprise. La campagne suivante ne donna pas plus de résultats. Au mois de septembre 1339, le roi d'Angleterre vint assiéger Cambrai; mais au bout de cinq semaines, après avoir dévasté tout le pays à dix lieues à la ronde, il dut lever le siège pour aller au-devant de l'armée française. Il alla s'établir dans la Thiérache, que ses troupes ravagèrent, et bientôt les deux armées furent en présence à Buironfosse. Mais Philippe de Valois, n'osant pas risquer une grande bataille, laissa le roi d'Angleterre se retirer tranquillement en Brabant. La saison était trop avancée pour rien entreprendre, et le roi de France dut encore une fois congédier sans en avoir tiré parti, cette armée dont la levée et l'entretien l'avaient obligé à mettre, depuis deux ans, de si lourds impôts sur ses peuples. Il rentra à Paris en se contentant de mettre de fortes garnisons dans les places de la frontière, et notamment à Lille et à Douai, sous le commandement de Godemar du Fay, qui s'établit à Tournai.

L'échec de cette expédition, sur laquelle il avait fondé de si grandes espérances, décida le roi d'Angleterre à tout tenter pour obtenir le concours effectif des Flamands. Déjà ceux-ci, pendant que les armées anglaise et française s'observaient à Buironfosse, s'étaient réunis en grand nombre près de Menin pour faire le siège de Lille, si la victoire restait à l'Anglais ; lorsque la retraite d'Edouard III, sans combattre, les eut obligés à renoncer à leur entreprise, ils lui en firent de vifs reproches. Pour les apaiser, le roi d'Angleterre proposa à Jacques d'Artevelde un traité d'alliance offensive et défensive en promettant de conquérir l'Artois et la Flandre wallonne et de les réunir à toujours au comté de Flandre. Les Flamands, qui n'avaient jamais pu se résoudre à la perte de ces provinces, furent séduits par cette offre, et Jacques d'Artevelde répondit en leur nom que, s'ils en étaient libres, ils seraient très heureux de conclure cette alliance ; mais qu'ils s'étaient engagés à ne jamais se révolter contre le roi de France, à peine d'excommunication et d'une très forte amende.

Pour tourner cette difficulté, Artevelde conseilla à Edouard III de prendre le titre de roi de France, et il lui déclara qu'alors ils pourraient accepter ses offres sans manquer à leurs serments, et que l'année suivante ils marcheraient avec lui. Le roi d'Angleterre suivit ce conseil (23 janvier 1340) ; les villes de Flandre le reconnurent pour roi de France et conclurent avec lui une étroite alliance.

Projets des Flamands et des Anglais contre Lille. — Dès que ce traité fut signé, Edouard III se prépara à rentrer dans son royaume, dont il était absent depuis plus de deux années ; mais, avant de partir, il convint avec Artevelde d'employer la prochaine campagne à faire d'abord le siège de Tournai et ensuite celui de Lille. En attendant, il envoya à Ypres une nombreuse troupe de gens d'armes sous les ordres des comtes de Salisbury et de Suffolk, qui, pendant les premiers mois de l'année 1340, vinrent faire de fréquentes chevauchées au delà de la Lys et jusque sous les murs de Lille, dont les environs furent mis à feu et à sang.

Depuis longtemps déjà, la ville de Lille avait été mise en état de défense ; on avait de bonne heure fait rompre les écluses de la Deûle à Don et à Haubourdin, et toute la vallée était inondée ainsi que les abords de la place.

Pendant toute l'année financière 1339-1340 (elle commençait à la Toussaint), la ville dépensa de grosses sommes d'argent à faire réparer les fortifications et à payer les salaires des arbalétriers, qui veillaient jour et nuit aux portes et sur les murs, et des charpentiers chargés de la manœuvre des machines de guerre.

Lorsqu'au mois d'octobre 1339, les Flamands s'assemblèrent dans les environs de Menin pour venir attaquer Lille, on fit dans cette ville tous les préparatifs ·nécessaires pour soutenir un siège. Les faubourgs, qui avaient tant souffert lors des sièges de 1297, 1302 et 1304, furent encore menacés d'une complète destruction ; ce fut la paroisse Saint-André, hors la porte Saint-Pierre, qui fut le plus atteinte ; les échevins firent miner et étançonner les églises des couvents de l'Abbiette et des Jacobins, afin de les abattre et de les brûler pour empêcher que l'ennemi ne pût s'y loger. Ce ne fut qu'une fausse alerte ; après la retraite des Anglais à Buironfosse, les Flamands n'osèrent venir attaquer Lille. Mais quelques mois plus tard, cette ville eut encore plus à craindre. Les comtes de Salisbury et de Suffolk, à la tête d'un fort corps de troupes, vinrent d'Ypres brûler Armentières et se loger au Quesnoy-sur-Deûle, d'où ils menaçaient la ville. Alors le maréchal Pierre de Roussillon, qui commandait la garnison de Lille, fit, d'accord avec les échevins, détruire toutes les maisons des faubourgs et les églises de l'Abbiette et des Jacobins.

Les craintes furent si vives que les bourgeois de Lille crurent qu'il y avait dans la ville des traîtres prêts à la livrer aux Anglais. C'est toujours la même chose dans notre pays de France ; on crie trop facilement à la trahison. Un malheureux, nommé Etienne Canard, fut mis à mort sous ce prétexte et pour ainsi dire sans la moindre preuve ; sa fille fut gardée quinze semaines en prison et lorsqu'après l'avoir mise plusieurs fois à la question, on fut obligé de reconnaître son innocence, on la bannit de la ville et de la châtellenie. Cependant, cette fois, encore les habitants de Lille paraissent en avoir été quittes pour la peur, et les comtes de Salisbury et de Suffolk, trouvant sans doute que la place était trop bien défendue, rentrèrent bientôt à Ypres.

Pilleries des Français (avril 1340). — De leur côté, les garnisons françaises allaient souvent dévaster les pays ennemis. Un jour les maréchaux de France, qui commandaient à Tournai, firent venir des arbalétriers et des archers de Lille et de Douai et en formèrent avec leurs gens d'armes une petite armée. Partis de Tournai dans la soirée, ils arrivèrent à Courtray au point du jour, brûlèrent les faubourgs et tuèrent ou firent prisonniers tous ceux qu'ils y trouvèrent. Puis ils remontèrent la vallée de la Lys jusqu'à Warneton en pillant et brûlant les fermes, les maisons isolées et les villages qui se trouvaient sur leur passage; et ils rentrèrent le jour même à Tournai, en ramenant avec eux deux mille têtes de gros bétail, trois mille porcs, dix mille moutons et plus de cinq cents personnes, hommes, femmes et enfants, qui ne recouvrèrent leur liberté qu'en payant une grosse rançon. C'est ainsi que se faisait la guerre au bon vieux temps, et Froissart, l'illustre chroniqueur de Valenciennes, admire fort les guerriers qui se livraient à ces beaux exploits.

Pour mettre fin à ces ravages, Jacques d'Artevelde rassembla une puissante armée, afin d'assiéger Tournai, et dans les premiers jours du mois d'avril de l'année 1340, il vint s'établir à quelques kilomètres de cette ville, entre

Chin et Ramegnies, d'où il dévasta tout le pays soumis au roi de France jusque sous les murs de Lille et de Douai. A la prière de Jacques d'Artevelde, les comtes de Suffolk et de Salisbury se mirent en route pour l'aller rejoindre avec une petite troupe de gens d'armes, deux à trois cents cavaliers et quarante arbalétriers, une simple escorte. Cependant, au lieu de faire le tour par Courtrai, ils voulurent prendre au plus court et ils vinrent passer tout près de Lille, sous la conduite du célèbre chef de bande, Wuaflart de la Croix, qui depuis plusieurs années tenait la campagne et connaissait admirablement le pays.

Combat de Marquette (avril 1340). — La garnison de Lille venait d'être renforcée par le roi de France, sur la prière des bourgeois de cette ville ; il s'y trouvait plus de deux cents lances, environ mille cavaliers, la plupart Savoyards ou Bourguignons, sous les ordres d'Amé de Genève, d'Hugues de Chalon, de Gallois de la Baume, du seigneur de Villers et du seigneur de Groulé. Quand ils apprirent la marche des Anglais, ils montèrent à cheval, firent armer les arbalétriers et un millier d'habitants et les emmenèrent avec eux. Comme l'ennemi pouvait suivre deux chemins, qui passaient tous deux près de Marquette, ils se partagèrent en deux troupes et se mirent en embuscade, au milieu des haies et des buissons, sur l'une et l'autre route, qu'ils coupèrent par de larges et profondes tranchées.

Dès que Wuaflart, qui marchait en tête de la

colonne, vit l'obstacle, il conseilla aux comtes de faire demi-tour et de prendre un chemin un peu plus long, mais qui les mettait hors de la portée des attaques de la garnison de Lille. Les Anglais ne voulurent rien entendre et lui dirent en riant : « Allons, Wuaflart, en avant ; n'ayez garde ; ce ne sont que vilains à Lille ; ils n'oseront jamais sortir hors de leurs portes. » Mais Wuaflart, qui savait que depuis trois ans sa tête était mise à prix à Lille, leur répondit d'un ton sérieux : «Beaux seigneurs, il est vrai que vous m'avez pris pour vous guider dans cette expédition et que pendant tout cet hiver je n'ai eu qu'à me louer de vous ; mais si ceux de Lille sortent pour nous attaquer, ne croyez pas que je les attendrai; je me sauverai au plus vite, car si j'étais pris,ma tête serait en danger, et elle m'est plus chère que votre compagnie.»

Les deux comtes se mirent à rire de plus belle humeur : « Wuaflart, soyez tranquille ; on ne vous fera aucun reproche », et ils continuèrent leur route, pendant que Wuaflart les suivait de loin. Dès que les Anglais furent arrivés aux tranchées, qui avaient été faites dans un creux de la route, ils furent vigoureusement attaqués par les gens de Lille, qui se tenaient cachés au milieu des haies et des buissons et s'étaient empressés de barrer le chemin par derrière afin de fermer la retraite à l'ennemi. Cependant les comtes de Salisbury et de Suffolk mirent pied à terre et se défendirent vaillamment ; mais bientôt ils furent forcés de se rendre et on les conduisit prisonniers en la halle échevinale de Lille, d'où on les tira bientôt à la prière du roi pour les mener à Paris, sous la garde de douze bourgeois de Lille et de cent hommes d'armes. Philippe de Valois félicita vivement la ville de Lille de ce brillant combat, et il promit de l'en récompenser généreusement.

Le roi tint parole; au mois d'avril 1341 il reconnut par des lettres patentes en forme solennelle les privilèges judiciaires de la ville de Lille qui, jusque-là, n'étaient appuyés que sur la coutume, c'est-à-dire sur des traditions souvent contestées; d'où une incertitude ruineuse sur la condition des personnes et des biens, et de fréquents procès, toujours longs et coûteux. La consécration de ses franchises les plus précieuses et des principaux articles de sa coutume par un texte de loi formel fut pour la ville de Lille un immense bienfait, qu'elle dut à l'heureuse issue du combat de Marquette et à la cession au roi des prisonniers illustres faits dans cette rencontre mémorable.

Siège de Tournai (juillet-septembre 1340).—La capture des deux chefs anglais décide Jacques d'Artevelde à renoncer pour le moment au siège de Tournai, et il congédie son armée jusqu'à l'arrivée du roi d'Angleterre. Mais au mois de mai, le duc de Normandie, fils aîné du roi de France, entre en Hainaut avec une armée considérable; il dévaste systématiquement tout le pays et il brûle Wargnies-le-Grand, Wargnies-le-Petit, Gommegnies, Vertain, Escarmain et de nombreux villages et hameaux des environs d'Avesnes, du Quesnoy, du Cateau et de Cambrai ; quelques jours plus tard, c'est le tour de Famars, Artres, Saultain, Estreux et d'un grand nombre de villages voisins de Valenciennes ; ensuite il revient vers Cambrai et incendie tout le pays qui s'étend entre ces deux villes, entre autres Thiant, Monchaux et Douchy. De leur côté, les garnisons françaises de Lille et de Douai ne sont pas inactives ; elles pillent et brûlent Aniche, Abscon, Escaudain, Erre, Fenain, Denain, Montigny, Warlaing, Masny, Auberchicourt, Lourches, Rœulx, Neuville, Bugnicourt, Monchecourt, etc. En revanche, les gens d'armes du comte de Hainaut, en garnison à Bouchain, dévastent les villages soumis au roi de France, jusqu'aux portes de Douai, notamment Esquerchin et Lambres.

Enfin, le 24 juin, le roi d'Angleterre détruit près de l'Ecluse la flotte française et à la fin du mois de juillet, il vient mettre le siège devant Tournai ; mais la place est en bon état et le roi de France y a mis une forte garnison ; elle peut tenir plusieurs mois. Pendant que les Anglais et les Flamands pressent les travaux de siège, le comte de Hainaut ravage la Flandre wallonne ; il brûle Orchies, Saint-Amand, Marchiennes, et plus de quarante petites villes, villages ou hameaux, Landas, Lecelles, Cysoing, Bachy, Ronchin, Haubourdin, Seclin, etc., et il pousse jusqu'aux portes de Douai, au Pont-à-Raches, et jusqu'aux faubourgs de Lens.

Le roi de France ne veut pas laisser prendre Tournai ; il réunit une très forte armée à Arras et à sa tête il vient à Lille ; le 30 juillet, il est à Saint-André; ensuite il se rapproche de

Douai,et enfin,au commencement de septembre, il s'établit entre Tressin, Sainghin et Bouvines dans une forte position protégée par la vallée de la Marcq, alors très marécageuse. Cependant les gens d'armes du comte de Hainaut osent attaquer l'armée française jusque dans son camp, et c'est dans l'une de ces expéditions que fut fait prisonnier le terrible Wuaflart de la Croix. Philippe de Valois, en reconnaissance de l'abandon des comtes de Salisbury et de Suffolk, livra ce brigand aux bourgeois de Lille ; on le mit aux fers pendant trois semaines, puis on le décapita et on exposa sa tête d'abord sur la porte de Courtrai et ensuite sur la porte des Malades. Mais cet exemple ne devait avoir que peu d'effet, tellement les gens de guerre de ce temps étaient habitués à piller amis comme ennemis.Sous ce rapport,les Français n'étaient pas moins redoutables que les Anglais, les Flamands ou les Hainuyers. Pendant que le roi de France était au camp de Bouvines, les bourgeois de Lille lui envoyèrent plusieurs députations pour le supplier d'interdire à ses soldats l'entrée de la ville.

Trêve d'Esplechin. — Les hommes des grandes communes flamandes étaient fatigués d'être retenus si longtemps hors de chez eux pour n'avancer à rien ; ils firent entendre de vives plaintes, et le roi d'Angleterre, voyant qu'il ne pourrait pas s'emparer de Tournai et que Philippe de Valois ne l'attaquerait pas, se décida à négocier. Une trêve fut signée le 25 septembre 1340 dans l'église du village d'Esplechin ; elle devait durer jusqu'à la fin du mois de juin de l'année suivante ; mais elle fut prolongée à plusieurs reprises, et lorsque la guerre se ralluma, ce fut loin de la Flandre, en Bretagne.

En 1345, Jacques d'Artevelde périt à Gand dans une révolte dirigée contre son autorité, et l'année suivante Edouard III remportait l'éclatante victoire de Crécy, où le comte de Flandre trouva la mort en combattant aux côtés du roi de France (26 août 1346). Mais, malgré la mort de Jacques d'Artevelde, les Flamands demeurèrent les fidèles alliés du roi d'Angleterre, et pour le seconder ils envahirent l'Artois ; après avoir dévasté tout le pays entre Saint-Omer et Boulogne, pillé et brûlé Thérouanne, dont l'église seule fut sauvée, ils vinrent assiéger Béthune, dont ils ne purent s'emparer. L'année suivante ils recommencèrent ; ils mirent le siège devant Aire-sur-la-Lys, sans plus de succès d'ailleurs ; mais ils incendièrent Merville, Saint-Venant, Estaires, La Gorgue, La Bassée et tout le pays de l'Alleu ; un de leurs détachements passa même la Lys à Warnêton et vint ravager les environs de Lille ; mais la garnison et les bourgeois allèrent à leur rencontre et en tuèrent un grand nombre au Quesnoy-sur-Deûle. Pendant ce temps, le roi d'Angleterre poursuivait ce fameux siège de Calais, qui dura près d'une année. En vain le roi de France, avec une armée considérable, vint au secours des assiégés ; il n'osa pas livrer bataille, et la ville dut se rendre (3 août 1347).

Bientôt après (28 septembre), une longue trêve rendit la tranquillité à ce pays, ruiné depuis dix ans par la guerre; les Flamands se réconcilièrent avec leur jeune comte et avec la France, et pendant de longues années une profonde paix régna dans toute la région du nord ; lorsque les hostilités recommencèrent quelques années plus tard entre l'Angleterre et la France, la guerre se fit surtout dans le sud du royaume, et la Flandre n'en souffrit pas trop.

La peste noire (1349). — Ce malheureux pays n'eut pas le temps de se relever ; car bientôt il fut dépeuplé par la peste noire ou à bubons, la plus terrible épidémie dont l'histoire nous ait conservé le souvenir. Depuis deux ans déjà, elle ravageait l'Italie et la France, lorsqu'elle survint en Flandre. Elle éclata au au mois d'août 1349 à Tournai et y sévit jusqu'au mois de novembre ; en moins de trois mois elle y enleva plus de 25,000 personnes ; lorsque la maladie entrait dans une maison, elle frappait tous ceux qui y demeuraient ; en France, s'il faut en croire un chroniqueur généralement exact, dans nombre de villes et de villages les neuf dixièmes de la population succombèrent. En Flandre, Ypres perdit plus d'un tiers de ses habitants. Bien que nous n'ayons pas de renseignements aussi précis sur les ravages de la maladie à Lille, tout porte à croire que cette ville fut au moins aussi éprouvée que ses voisines. Dès le mois d'août 1349, on y prit des précautions contre le fléau ; cependant on tint la grande foire, mais on défendit aux personnes suspectes de venir dans la ville, et pendant quatre jours et quatre nuits cent arbalétriers veillèrent pour faire exécuter cette ordonnance. Mais bientôt la maladie sévit avec une si grande violence, qu'il fallut ouvrir de nouveaux cimetières, hors des portes, à La Madeleine et à St-André ; on y enterrait les morts la nuit. L'épidémie dura même plus longtemps à Lille qu'à Tournai, car elle se prolongea au moins deux mois après la Toussaint. On peut donc admettre que la ville de Lille perdit plus du tiers de ses habitants ; parmi les morts se trouvaient des personnes qui avaient acheté des rentes viagères sur la ville, et le comptable, en enregistrant la gratification accordée à ceux qui venaient annoncer le décès d'un rentier, semble ému de pitié ; témoin cette mention :

« As Amoureux et à Jaquemon Brisse pour le rapport de le mort Agnès Vaironne, dite de Gand, à laquelle on devait 10 livres de rente, vendue cette année, dont elle ne rechut onques riens, 20 sols. »

Ruine de la ville de Lille. — Cette épidémie acheva la ruine de la ville de Lille, dont la décadence avait commencé cinquante ans auparavant, lorsque Philippe-le-Bel s'en empara en 1297. Depuis cette époque la Flandre wallonne avait été ravagée vingt fois par la guerre ; les villages, les hameaux et les fermes avaient été à maintes reprises pillés et incendiés, et les terres étaient restées incultes pendant de longues années. A deux reprises, en 1297 et en 1340,

les faubourgs de Lille avaient été complètement
détruits, et dans cet intervalle, la ville avait eu
plusieurs fois à subir les horreurs d'un siège.
Enfin, en 1316 et surtout en 1349, la peste
avait décimé ces malheureuses populations rui-
nées par la guerre.

A toutes ces misères s'était ajoutée, comme
une conséquence nécessaire, la ruine de la draperie, l'industrie qui, pendant les douzième et
treizième siècles, avait fait la fortune de Lille.
C'était de la Flandre que venaient dans cette
ville par l'Escaut, la Lys et la Deûle, les laines
anglaises nécessaires à la fabrication des draps
fins, dont Lille, au dire de Guillaume-le-Breton,
fournissait alors le monde entier. Pendant les
dernières années du treizième siècle et les premières du suivant, la guerre entre la France
et l'Angleterre d'abord et ensuite les hostilités
incessantes, de 1302 à 1320, entre la France et
la Flandre, empêchèrent ces laines d'arriver à
Lille, au moins régulièrement et à bon compte.
L'industrie et le commerce, dont les relations
avaient été si souvent interrompues par ces
longues guerres et par les sièges de 1297, 1302
et 1304, ne purent pas reconquérir leurs anciens
débouchés, et dès lors la draperie ne fit que
languir. Elle reçut le coup de grâce, quand, en
1336, Edouard III interdit l'exportation des
laines anglaises, et lorsque, deux ans plus tard,
il ne la permit qu'en faveur des grandes villes
flamandes révoltées contre leur comte.

Lille, qui était au pouvoir du roi de France,
fut pendant trois ans placée dans l'impossibilité de soutenir la concurrence, et la draperie y

fut dès lors complètement perdue. On ne parle plus désormais des beaux draps de Lille ; la vogue est à ceux de Gand, de Bruges, de Poperinghe et surtout à ceux d'Ypres, où s'achèvent à cette époque ces magnifiques halles aux draps que nous y admirons encore aujourd'hui ; en 1349, les bourgeois de Lille en sont réduits à envoyer acheter à la foire d'Ypres les draps pour les robes des valets et des maîtres de la ville.

Caractère de la domination française à Lille. — Cependant les rois de France font tout ce qu'ils peuvent pour favoriser la ville de Lille ; ils accordent des sauf-conduits aux marchands étrangers qui viennent dans cette ville à la foire, et ils vendent aux bourgeois de Lille la faveur d'aller chercher des marchandises dans tout le royaume pendant six ans sans payer aucun droit ; mais leurs efforts ne purent réussir à y faire revivre le commerce et l'industrie que leurs guerres avaient ruinés. D'ailleurs, ils vendaient à beaux deniers comptants ces privilèges, et ils demandaient constamment aux bourgeois de grosses contributions extraordinaires, dont ils avaient besoin pour faire la guerre aux Anglais. Ce fut bien pis quand il fallut payer la rançon du roi Jean, fait prisonnier à Poitiers ; pendant six ans la ville de Lille donna chaque année la somme énorme de trois mille florins d'or. On dut mettre de lourdes taxes sur la bière et le vin ; et malgré cela, la ville ne pouvait suffire à ses engagements. Pour arriver à payer les arrérages de rentes qui absorbaient près de la moitié de ses revenus, et éviter la banqueroute, la ville dut, en 1364, faire des réformes financières radicales et restreindre toutes ses dépenses.

Au point de vue purement politique, le gouvernement des rois de France fut favorable aux franchises municipales, dont le développement fut consacré par des chartes royales en bonne forme. On a vu plus haut que Philippe de Valois, en récompense du succès du combat de Marquette, avait déterminé dans un texte et confirmé les privilèges judiciaires de la ville de Lille. Un peu plus tard, le Parlement de Paris, sans doute par ordre du roi, débouta les seigneurs de la châtellenie de l'opposition qu'ils faisaient à l'exercice du droit d'arsin dans leurs terres. En 1345, Philippe de Valois, « considérant les bons et agréables services que les bourgeois de Lille lui avaient faits en ses guerres et ailleurs au temps passé, et les grandes pertes et dommages qu'ils avaient eus et soutenus, et encore soutenaient de jour en jour pour garder leur loyauté envers lui, depuis que la dite ville fut appliquée au domaine de son royaume », leur avait accordé le droit d'acheter des immeubles tenus à cens ou à rente du roi ou des seigneurs dans toute l'étendue de la châtellenie.

Mais les rois de France maintinrent le caractère aristocratique de la constitution municipale de Lille, dont les magistrats devaient être choisis sur l'avis des curés, par les commissaires royaux, dans certaines catégories de personnes soigneusement déterminées. Ils obtinrent ce résultat sans la moindre peine ; car ils étaient trop puissants pour que le peuple des villes osât se révolter afin de conquérir des droits politiques comme cela se fit à cette époque dans les grandes communes de Flandre. En outre, la ruine de la draperie et de la grande industrie avaient éloigné de Lille les artisans, et dans cette ville à moitié ruinée, les petits commerçants et les ouvriers étaient trop peu nombreux pour tenter le moindre soulèvement. Cela suffit à expliquer que les rois de France aient maintenu sans changements notables le régime municipal établi en 1235 par la comtesse Jeanne. La ville de Douai fut moins heureuse; sans doute parce qu'ils n'avaient pas les mêmes raisons de la ménager, les rois de France la maltraitèrent ; sous un prétexte futile, Charles V y supprima la commune et, lorsqu'il la rétablit deux ans plus tard avec des restrictions rigoureuses, il se fit donner une grosse somme d'argent.

En résumé, la conquête de la Flandre wallonne par Philippe-le-Bel et sa réunion à la France pendant plus de soixante ans furent la cause de la ruine de ce pays. Les bourgeois, qui se souvenaient de la richesse de leurs ancêtres et qui comparaient leur misère à la prospérité de leurs voisins des grandes communes flamandes, s'en rendaient bien compte. Aussi, on ne peut se faire une idée de la joie de tous les habitants de la Flandre wallonne lorsqu'ils apprirent que, par un mariage, leur pays allait échapper au gouvernement direct des rois de France et être réuni au comté de Flandre.

Réunion de la Flandre wallonne au comté de Flandre (1369). — Le comte,

Louis de Mâle, n'avait pour héritière qu'une fille, dont la main était ardemment recherchée par le roi d'Angleterre, en lutte sur ce terrain, comme sur tous les autres, avec le roi de France. Edouard III, en faisant appel aux sympathies des grandes communes flamandes et en favorisant leurs intérêts par des facilités pour le commerce des laines anglaises, n'eut pas de peine à l'emporter. Mais Charles V manœuvra si habilement qu'il détermina le pape à refuser les dépenses nécessaires pour l'accomplissement de ce mariage et qu'il ramena Louis de Mâle dans son parti. Les négociations duraient déjà depuis plusieurs années quand Charles V vint à Lille pour les hâter; mais il y attendit vainement pendant quatre jours le comte de Flandre, qui, sous prétexte de maladie, se fit excuser. Bien qu'ils fussent presque complètement ruinés et que la situation financière de la ville fût aussi déplorable que celle de ses habitants, les bourgeois de Lille, tout joyeux à l'idée d'être bientôt réunis à la Flandre, firent à leur souverain la plus brillante réception et ils lui offrirent de magnifiques tapisseries, en quantité suffisante pour couvrir les murs de deux chambres. Achetées à Arras par des envoyés de la ville, ces tapisseries avaient coûté la somme considérable de 723 livres, dont la valeur relative s'élèverait bien à 50,000 francs de notre monnaie.

Enfin, ce mariage tant souhaité s'accomplit ; le 10 juin 1369, l'héritière de la Flandre épousa le frère de Charles V, Philippe-le-Hardi, auquel son père, le roi Jean, avait déjà donné le duché de Bourgogne ; pour décider la conclusion de cette union, Charles V abandonna au comte de Flandre Lille et la Flandre wallonne (13 mai 1369) ; il avait bien eu soin de se faire donner par son frère une contre-lettre par laquelle il promettait de lui restituer cette province dès que la mort de Louis de Mâle le lui permettrait. Mais Charles V mourut avant le dernier comte de Flandre, et Philippe-le-Hardi en profita pour ne jamais exécuter sa promesse. Lille et la Flandre wallonne, avant de faire retour à la France, restèrent près de trois siècles (1369-1667) sous la domination des ducs de Bourgogne et des rois d'Espagne.

CHAPITRE SIXIÈME

LILLE ET LA FLANDRE WALLONNE

sous les ducs de Bourgogne.

Révolte des Gantois. — Guerre des Gantois contre
le comte de Flandre (1379-1382). — Ravages des
gens de guerre. — Le comte de Flandre à Lille.
— Lille menacée. — Intervention du roi de
France. — Combat de Comines. — Bataille de
Rosebecque. — Fin de la guerre. — Traité de
Tournay (décembre 1385). — Ruine de la Flandre.
— Jean-sans-Peur à Lille, — Guerre en Artois.
— Siège d'Arras. — Meurtre de Jean-sans-Peur.
— Traité de Troyes. — Les arts à Lille. — Traité
d'Arras. — Guerres avec l'Angleterre et les Gan-
tois. — Richesse de la Flandre sous Philippe-le-
Bon. — Philippe-le-Bon à Lille. — Faillite de la
ville de Lille. — Décadence de la Flandre.

**Révolte des Gantois contre le comte
de Flandre (1379).** — Les grandes communes de Flandre ne furent pas ramenées à de
meilleurs sentiments pour la France par la cession de la Flandre wallonne, bien que depuis le
traité de 1305 elles l'eussent toujours réclamée.
Il suffit que leur comte parût s'éloigner de l'Angleterre pour s'attirer leur hostilité ; lorsque la
guerre se rouvrit entre Charles V et Edouard III
elles forcèrent Louis de Mâle à rester neutre,
afin de pouvoir continuer sans entraves leurs
relations commerciales avec l'Angleterre. Il
paraît même que Lille profita de cette paix ; la

draperie, qui était tombée au plus bas en 1350, commençait à se relever vers 1375 ; mais elle était encore bien languissante.

Les grandes villes flamandes étaient si dévouées à l'Angleterre qu'il vint un moment où elles réussirent, par leurs intrigues, à brouiller leur comte avec Charles V ; mais Louis de Mâle n'osa pas prendre les armes contre son suzerain et bientôt il fut obligé de se réconcilier avec lui pour réprimer la rébellion des Gantois.

Bruges et Gand étaient rarement d'accord ; car leurs intérêts commerciaux divisaient ces deux grandes cités, qui se disputaient la première place parmi les bonnes villes de Flandre. En 1379, pour détourner à leur profit une partie des transactions qui se faisaient à Gand, les bourgeois de Bruges conçurent le projet de réunir leur ville à la Lys par un canal ; ils le firent approuver par le comte et se mirent tout de suite à la besogne. Les Gantois, dès qu'ils connurent cette entreprise, résolurent de s'y opposer par la force et ils envoyèrent une troupe armée qui dispersa les ouvriers. Ensuite ils demandèrent satisfaction au comte et pour cette tentative des Brugeois, et pour divers griefs qu'ils avaient contre leur bailli ; mais, n'obtenant que de vagues promesses, ils se révoltèrent, tuèrent le bailli et détruisirent une des résidences favorites du comte.

Guerre des Gantois contre le comte de Flandre (1379-1382). — A cette nouvelle, Louis de Mâle entra en fureur ; il reçut les députés de Gand la menace à la bouche, et après les avoir accablés d'injures, il leur déclara qu'il n'aurait point de repos tant qu'il n'aurait pas tiré d'eux une vengeance éclatante. Les Gantois acceptèrent bravement la lutte ; ils se réconcilièrent avec Bruges et s'allièrent avec Ypres, qui chassa les chevaliers et la garnison du comte ; bientôt les gens des grandes communes furent maîtres de Courtrai et de tout le pays à l'ouest de la Lys.

De son côté, le comte se préparait à la guerre. Aussitôt après la révolte de Gand, il était venu, avec toute sa cour, s'établir à Lille, où il manda tous ses vassaux pour avoir conseil « comment il se pourrait contrevangier de chiaux de Gand, qui lui avaient fait tant de despit. Tout li gentil home de Flandres lui jurèrent à être bon et loyal ensi que on doit estre à son seigneur sans nul moyen. De quoi fu li contes grandement resjois. » Il mit dans le meilleur état possible la forteresse d'Audenarde, qui empêchait les bateaux de l'Escaut supérieur et moyen d'arriver à Gand, et il y plaça une garnison considérable. Bientôt les Gantois vinrent en grand nombre assiéger cette place qui les gênait beaucoup, et ils poussèrent si vivement le siège que Philippe-le-Hardi prit peur et s'interposa entre son beau-père et les rebelles ; par son entremise, la paix fut conclue le 1er décembre 1379.

Mais ni les Gantois ni le comte n'étaient satisfaits de ce traité ; au mois de février 1380, pendant que Louis de Mâle était à Lille, entouré d'un grand nombre de nobles et de gens de guerre, les Gantois s'emparèrent d'Audenarde par surprise. Louis de Mâle se montra tellement

irrité de ce coup de main que les bourgeois de
Gand prirent peur et lui rendirent Audenarde.
Peu après, le chef de cette expédition fut arrêté
et livré au comte, qui le fit décapiter à
Lille.

Cette humiliation des Gantois ne suffit pas à
Louis de Mâle. Au mois d'avril, il se transporta
à Ypres, où il fit périr tous les meneurs de la
révolte, près d'un millier d'hommes, et il revint
ensuite à Lille, où il concentrait de nombreuses
troupes de gens d'armes venant d'Allemagne
et de Bourgogne.

Ravages des gens de guerre. — La
nouvelle des massacres d'Ypres souleva l'indi-
gnation des Gantois, qui tout de suite reprirent
les armes et se mirent en campagne pour venger
leurs conjurés, et bientôt Bruges et Ypres se
révoltèrent de nouveau. Les milices des communes ravagèrent les campagnes, pillant et
brûlant les châteaux du comte et de ses gentilshommes. Ce fut une terrible Jacquerie.
Louis de Mâle, furieux, jura de brûler Gand et,
en attendant, il rappela tous les criminels,
bannis du comté, à la condition de faire bonne
guerre aux rebelles.

Ces bandits se tinrent environ trois semaines
entre Audenarde et Courtrai et y firent de tels
dommages, pillant et brûlant les villages,
s'emparant des convois et des rares voyageurs
qui se hasardaient sur les routes, que les
Gantois marchèrent contre eux. Mais à leur
approche ces brigands battirent en retraite et
vinrent s'établir dans les environs d'Orchies,

où ils se tinrent longtemps. « Et n'osoient, dit Froissart, li marchant aller de Tournay à Douay et à Lille pour ces bannis ».

Lille fut même menacée d'un siège. Les Gantois voulaient tenter cette entreprise afin de s'emparer du comte et de le forcer à subir leurs volontés; ils avaient déjà fait partager leur idée à ceux de Grammont et de Courtrai et ils négociaient avec les gens d'Ypres et de Bruges; mais dans ces deux villes les petits commerçants et les artisans n'étaient pas en bon accord avec les riches bourgeois qui disaient « que ce seroit grans follies de aller si lonc mettre le siège devant Lille ». Chose rare en tous temps et surtout en temps de révolution, les sages l'emportèrent et Lille échappa cette fois aux horreurs d'un siège; mais elle avait déjà bien souffert de cette guerre qui empêchait tout commerce et était pour le comte un prétexte à lever de lourds impôts.

A la fin de l'été, après un combat décisif, où les rebelles furent écrasés, le comte entra à Ypres, dont pour la seconde fois les habitants furent décimés et massacrés, et il alla ensuite faire le siège de Gand dont les bourgeois se défendirent si vaillamment, que le comte dut conclure une trêve. Mais bientôt la guerre recommença. Elle dura presque toute l'année 1381 sans interruption et elle reprit avec une nouvelle vigueur quand, au mois de janvier 1382, Philippe, fils de Jacques d'Artevelde, fut choisi pour chef suprême par la ville de Gand.

Réduits au désespoir par la famine et la misère, les Gantois allèrent attaquer le comte, qui s'était établi à Bruges où il avait toujours eu de nombreux partisans et où il avait en outre réuni un corps considérable de gens d'armes. Louis de Mâle alla à la rencontre de Philippe d'Artevelde ; mais il fut honteusement battu (3 mai), et dans la nuit, il dut s'enfuir seul pour échapper aux Gantois, qui déjà s'étaient emparés de Bruges. Il parvint à grand'-peine à échapper aux poursuites et à se réfugier à Lille, où quelques jours après il apprenait la mort de sa mère (9 mai), dont il héritait le comté d'Artois, qui fut ainsi réuni à la Flandre, après en avoir été séparé pendant deux siècles.

Le comte de Flandre à Lille. — Dans cette ville Louis de Mâle était en sûreté. Encore à cette époque elle était «pauvrement peuplée» et depuis longtemps la décadence de la draperie en avait éloigné les tisserands, foulons, teinturiers et tondeurs qui se comptaient alors par dizaines de mille dans les grandes villes d'Ypres et de Gand et se trouvaient toujours prêts aux émeutes et aux révolutions malgré les terribles châtiments qui leur avaient été infligés. Aussi le comte de Flandre aimait le séjour tranquille de Lille où il avait installé son château avec le plus grand luxe, et à maintes reprises il donna aux bourgeois de cette ville des preuves de son affection. En 1377 notamment, il confirma les privilèges les plus précieux de la juridiction des échevins de Lille, qui, sous ce rapport, n'eut plus rien à envier aux villes les plus favorisées.

Cette préférence du comte n'avait pas que

des avantages pour la ville; si en temps de paix le séjour de Louis de Mâle et de sa cour donnait plus d'activité au commerce, sa présence en temps de guerre attirait sur cette ville les efforts des ennemis des souverains du pays. Les bourgeois et les habitants devaient fréquemment monter la garde pour veiller à la sûreté de la ville et dépenser de grandes sommes afin d'entretenir en bon état les fortifications. Dans une seule semaine, du 10 au 17 mai 1382, on dépensa près de 500 l., une vingtaine de mille francs d'aujourd'hui, et la semaine suivante plus de 800 livres pour les travaux des fortifications; on paya des arbalétriers qui montaient la garde jour et nuit; on achèta de la poudre et on engagea aux dépens de la ville un nommé Louis Louvain « *pour traire le canon* »; on envoya des éclaireurs au delà de la Lys pour savoir si les Gantois venaient, afin de mieux être sur ses gardes et, un peu plus tard, en juin, ces mêmes éclaireurs allèrent surveiller la marche des Gantois et de Philippe d'Artevelde, qui étaient à Ypres depuis deux jours.

Lille menacée. — Avant de venir assiéger Lille, Artevelde voulut s'emparer d'Audenarde, qui commandait le cours de l'Escaut et faisait au commerce de Gand le plus grand tort. La place était très forte et Louis de Mâle y avait envoyé en grand nombre les gentilshommes les plus vaillants de son parti.

Le siège traîna en longueur bien que Philippe d'Artevelde, qui avait plus de cent mille

hommes sous ses ordres, menât l'attaque avec
la plus grande vigueur. Pendant ce temps des
bandes se détachèrent de l'armée gantoise
pour dévaster les pays restés fidèles au comte;
après avoir brûlé et détruit les châteaux des
seigneurs, qui presque tous s'étaient enfuis
avec Louis de Mâle, elles passèrent la Lys à
Warneton et vinrent mettre à feu et à sang la
campagne jusque sous les murs de Lille, dont
elles brûlèrent même quelques uns de ces moulins à vent, qui étaient alors bien plus nombreux aux abords de cette ville qu'ils ne le
sont aujourd'hui. Ces bandes s'installèrent
entre Marquette et Lille et y campèrent pendant deux jours. Pour mettre fin à leurs ravages, tout ce qu'il y avait d'hommes valides à Lille
prit les armes; il sortit de cette ville, dit
Froissart, plus de quatre mille hommes, tant
cavaliers que fantassins, qui allèrent livrer
bataille aux brigands flamands. Dans ce combat,
les Gantois eurent le dessous; ils perdirent beaucoup d'hommes, tant tués que blessés, et l'on
fit beaucoup de prisonniers, auxquels on
trancha la tête à Lille; si les rebelles avaient
été poursuivis de plus près, il n'en serait pas
échappé un seul. Mais on les laissa se retirer
tranquillement; et ils purent, après avoir dévasté le Tournaisis, revenir au camp d'Audenarde chargés de butin. Malgré leur victoire,
les gens de Lille n'en furent pas moins obligés
de continuer à faire bonne garde, et la ville eut
encore beaucoup à souffrir de cette guerre;
toutes les affaires étaient interrompues et
même l'exercice de la justice était suspendu;

car, d'après la coutume, « quant les bannières du seigneur et de le ville estoient, pour occasion de guerre, mises hors, lois chessoit, tant au gouvernement comme ou baillage de Lille et ossi en le dite ville, jusques adonc que les dites bannières estoient retraites ». La suspension de la justice dura du mois de juin au mois de décembre.

Intervention du roi de France. — Quand le comte vit que les Flamands, sans se décourager, poursuivaient pendant de longs mois le siège d'Audenarde, dont les défenseurs, s'ils n'étaient secourus, allaient bientôt être réduits par la famine à la dernière extrémité, il demanda secours à son gendre et héritier, le duc de Bourgogne. Philippe-le-Hardi, depuis la mort de son frère Charles V, avait la haute main sur la direction des affaires du royaume, et il n'eut pas de peine à décider son jeune neveu à conduire ses troupes contre Philippe d'Artevelde. Au commencement du mois de novembre 1382, le roi de France vint à Arras à la tête d'une puissante armée et bientôt il établit son camp dans les environs de Seclin, où il resta une dizaine de jours pendant lesquels les gens de guerre dévastèrent tout le pays.

Les chefs de l'armée française étaient très embarrassés ; ils ne savaient quelle route prendre pour aller au delà de la Lys attaquer les Flamands; tous les ponts de cette rivière étaient rompus ou bien gardés, et, quoiqu'elle ne fût alors ni plus large ni plus profonde qu'elle n'est aujourd'hui, c'était un obstacle suffisant pour arrêter même à la fin du quatorzième siècle les armées les plus fortes et les mieux formées ; car elles n'avaient pas le plus petit équipage de ponts. Il fut un instant question de remonter au delà d'Aire pour passer la Lys près de sa source ; mais les terres étaient si détrempées par la pluie qu'il fallut renoncer à ce projet, et on résolut de tenter le passage à Warneton ou à Comines.

Combat de Comines. — Le 17 et le 18 novembre 1382 l'armée française traversa Lille sans s'y arrêter, et la défiance des bourgeois contre les gens de guerre était telle que pendant les deux jours et une nuit que dura ce passage, les échevins et la milice bourgeoise restèrent sur pied afin de maintenir l'ordre. Le roi alla s'installer à l'abbaye de Marquette et l'avant-garde alla jusqu'à Comines ; mais elle trouva le tablier du pont enlevé et le bourg, au delà de la rivière, bien gardé par un corps de 8 à 10,000 Flamands. Le connétable Olivier de Clisson désespérait de pouvoir forcer le passage, lorsqu'un capitaine plus avantureux, le sire de Sempy, fit venir par terre trois bateaux, que louèrent les échevins de Lille ; car pour interrompre la navigation les Gantois avaient eu soin de couler dans la Deûle un bateau chargé de pierres et de terre. Avec ces bateaux le sire de Sempy établit sur la rivière un va-et-vient dans un endroit où les bords étaient couverts d'arbres. En peu de temps un grand nombre de chevaliers et d'hommes d'armes passèrent la Lys et le matin à la première heure ils purent s'emparer de Comines; aussitôt le pont fut rétabli et l'armée française franchit la rivière, Les bourgeois de Lille furent tout joyeux de cet évènement, et les échevins donnèrent une forte récompense au messager qui le 20 novembre leur avait apporté des lettres du comte leur annonçant cette bonne nouvelle.

Bataille de Rosebecque (27 novembre 1382). — Aussitôt après avoir pris Comines, les Français se mirent à piller la ville et à ravager la campagne. Les Bretons allèrent brûler Wervicq, « où ils eurent, dit Froissart, grant pillage et grant profit ». Les Flamands, confiants dans la protection de la rivière, qu'ils croyaient infranchissable, n'avaient rien mis en sûreté, et les pillards trouvèrent les maisons pleines de draps, de joyaux et d'or et d'argent; les premiers ne prirent que les objets les plus précieux, mais ceux qui vinrent après eux firent main basse sur tout ; « ils ranconnèrent tout net le païs, ne riens n'y laissièrent, car tout leur venoit à point».Ils firent tant de butin que le camp du roi de France fut transformé en un vaste marché, où les marchands venaient de Lille, de Douai et même d'Arras s'approvisionner pour presque rien. « A tous ceux qui acater les voloient, les pillards donnoient un drap de Werwick, de Comines, de Poperinghe pour un franc ; on estoit la revesti à trop bon markiet. »

Pour éviter le pillage, les bourgeois d'Ypres payèrent une énorme rançon et leur exemple fut suivi par les gens des châtellenies de Dunkerque, Gravelines, Bourbourg, Bergues, Cassel, Bailleul, etc., qui obtinrent la promesse « qu'ils ne seroient ni ars (brûlés) ni prins ».

Philippe d'Artevelde, au lieu d'attendre l'ennemi, vint à sa rencontre, et le 27 novembre il livra bataille au pied de la colline de Rosebecque ; mais il y subit la défaite la plus complète. Dans la déroute, qui suivit la première attaque, lui-même trouva la mort ; plus de 25,000 Flamands périrent dans cette journée, où fut détruite pour toujours la puissance des grandes communes de Flandre. Le lendemain 28, la ville de Lille, pour célébrer ce triomphe de la bonne cause, donna un grand dîner aux gens et aux officiers du comte, qui aussitôt après la bataille était venu dans cette ville avec un grand nombre de seigneurs. Séparée de la Flandre pendant toute la période où dans les grandes villes de ce pays s'était accomplie après de longues luttes une révolution démocratique, Lille, après sa réunion au comté, avait conservé sa constitution aristocratique et s'était tenue à l'écart ; néanmoins les échevins lillois auraient pu s'abstenir de fêter la défaite des bourgeois de Bruges et de Gand.

Fin de la guerre ; traité de paix de Tournai (décembre 1385). — Le roi de France ne poursuivit pas sa victoire ; il crut qu'après une telle défaite les Flamands feraient d'eux-mêmes leur soumission, et il s'empressa d'aller à Courtrai détruire les trophées de la défaite de 1302, que l'on y conservait pieusement. Pour se venger, il livra la ville au pillage et y fit ensuite mettre le feu. Puis il revint à Paris, en passant par Tournai et Arras ; le comte de Flandre resta à Lille, où il passa tout l'hiver.

Au printemps, les Gantois recommencèrent la guerre et la poussèrent vivement au grand étonnement du comte, qui croyait que la mort de Philippe d'Artevelde aurait mis fin à la rébellion. Bientôt une armée anglaise partit de Calais pour se joindre aux Gantois ; en passant elle prit Gravelines, Dunkerque, Bergues, Bourbourg et Cassel (mai 1383) ; ensuite les Anglais s'emparèrent de Saint-Venant et de Bailleul et vinrent assiéger Ypres, dont les défenseurs détruisirent les faubourgs immenses, où vivait une innombrable population de tisserands, foulons, teinturiers et autres ouvriers des diverses branches de la draperie ; ce fut la cause de la ruine d'Ypres, qui ne se releva jamais de ce coup. Pendant ce long siège, les coalisés, Anglais et Gantois, vinrent ravager la campagne jusque sous les murs de Lille ; mais à l'approche de l'armée française, ils levèrent le siège et ils rentrèrent à Calais, après avoir perdu leurs premières conquêtes.

Louis de Mâle mourut au commencement de l'année suivante, et, d'après son désir, il fut enterré à Lille dans l'église de Saint-Pierre, où plus tard son arrière-petit-fils lui fit élever un tombeau magnifique. Mais la mort du comte ne mit pas fin à la guerre. Les Gantois, qui, à l'automne de l'année précédente, avaient repris Audenarde et menacé Lille, recommencèrent leurs incursions l'année suivante, et au mois de juin 1384 on fut obligé de faire la procession de Notre-Dame de la Treille dans l'intérieur de la ville de Lille, parce qu'il n'était pas sûr de suivre l'itinéraire accoutumé.

Le nouveau comte de Flandre, Philippe-le-Hardi, duc de Bourgogne, était l'un des plus puissants princes de son temps ; ses ressources en hommes et en argent étaient immenses et il disposait en outre de celles de son neveu, le roi de France. En 1385 il vint avec Charles VI s'emparer de Damme et mettre à feu et à sang le Nord de la Flandre ; mais les Gantois ne se laissèrent pas abattre et pour les décider à se soumettre il fallut leur donner des lettres de rémission et conclure avec eux un traité en bonne forme ; la paix ne fut signée que le 18 décembre 1385.

Ruine de la Flandre. — La Flandre sortait absolument ruinée de cette longue guerre de six années, pendant lesquelles le commerce avait été presque complètement interrompu ; les villes avaient dû faire de grosses dépenses pour leurs fortifications et leurs garnisons ; les grandes communes révoltées étaient épuisées et n'avaient plus ni hommes ni argent ; le pays tout entier avait été ravagé et pillé par les gens de guerre et il succombait sous le poids des énormes impôts que les deux partis avaient levés à l'envi pour subvenir aux frais de cette lutte. Pour comble de malheur, l'année suivante la Flandre fut encore dévastée par les armées que le roi de France et le duc de Bourgogne réunirent au port de l'Ecluse pour aller faire la conquête de l'Angleterre.

«Il y avoit, dit Froissart, tant de ribaudaille sur le païs, en Flandre, en la châtellenie de Lille, que il mangeoient et riffloient tout.... Et tous les jours arrivoient gens de tous côtés si grandement que tout le païs en estoit mangié et perdu. Les pauvres laboureurs, qui avoient recueilli leurs blés et leurs grains, n'en avoient plus que la paille, et, s'ils se plaignoient, ils estoient battus, ou tués ou blessés ; les maisons estoient abattues pour faire du feu ; si les Anglais fussent venus en France, ils n'auroient pas pu faire plus de mal au pays que n'en firent ces routiers.»

En allant à l'Écluse, le roi de France passa par Lille, qui dut se ruiner pour lui faire fête ; il était accompagné de deux de ses oncles, les ducs de Bourgogne et de Bourbon, et d'un grand nombre de hauts barons et de seigneurs. Mais à l'Ecluse les préparatifs traînèrent en longueur ; la mauvaise saison arriva et il fallut renoncer à cette entreprise qui avait coûté tant d'argent et fait tant de mal à tout le nord de la France.

C'est la dernière grande guerre dont Lille et la Flandre aient eu directement à souffrir au moyen âge. Pendant près d'un siècle, ce pays ne sera plus ravagé par les gens de guerre qu'à longs intervalles et jamais plusieurs années de suite. Il pourra donc se relever de ses ruines ; mais il ne recouvrera pas avant longtemps son ancienne prospérité ; car les princes de la maison de Bourgogne l'accableront d'impôts pour suffire aux dépenses de leurs cours luxueuses, de leurs guerres en France et de leurs expéditions lointaines.

Jean-sans-Peur à Lille. — Le fils de Philippe-le-Hardi paraît avoir eu beaucoup d'affection pour la ville de Lille, dont, en retour, les habitants ne laissaient point passer une occasion de lui témoigner leur amour. Lorsqu'il fut fait prisonnier par les Turcs à la bataille de Nicopolis, la ville de Lille contribua pour une grosse part au paiement de sa rançon; et quand il revint, elle envoya trois échevins à sa rencontre jusqu'à Louvre, près de Paris, et à son arrivée elle lui fit une magnifique réception et lui offrit de riches présents.

Aussi, lorsque Jean-sans-Peur, après avoir fait tuer son cousin le duc d'Orléans, s'enfuit de Paris où il n'était plus en sûreté, ce fut à Lille qu'il se réfugia (fin septembre 1407). Les bourgeois et les habitants de cette ville paraissent avoir pris avec ardeur fait et cause pour leur prince; car, lorsque l'année suivante, au printemps, Jean-sans-Peur se rendit à Paris pour justifier l'assassinat commis par ses ordres, ils envoyèrent savoir de ses nouvelles dans la crainte que ce voyage n'eût pour lui les plus funestes conséquences.

La fidélité des Lillois lui paraissait si certaine que Jean-sans-Peur semble avoir fait de leur ville le centre de ses opérations. Au mois d'octobre 1408, il y tint une grande assemblée, où furent discutées les clauses de la paix qu'il imposa aux Liégeois révoltés contre son beau-frère. Le mois suivant, il en partit pour aller à Paris que venaient d'abandonner les partisans du jeune duc d'Orléans, afin de soulever les provinces centrales et méridionales. Mais bientôt la paix fut conclue et Jean-sans-Peur put revenir à Lille.

Guerre en Artois ; siège d'Arras.

(1414). — En faisant tuer son cousin, le duc de Bourgogne avait cru se débarrasser du seul rival qu'il eût à craindre et se rendre maître absolu de la France pendant tout le temps que durerait le règne du malheureux Charles VI, dont la folie était incurable. Mais il s'était grossièrement trompé ; le fils de sa victime, bientôt après aidé du comte d'Armagnac, dont il avait épousé la fille, lui disputa le pouvoir avec acharnement et dès la fin de l'année 1408 s'ouvrit une horrible guerre civile, qui, avec de trop courtes interruptions, dura plus de vingt-cinq ans et mit la France à deux doigts de sa perte. La guerre se fit d'abord dans les environs de Paris ; mais en 1414, le duc de Guyenne envahit l'Artois, et, après s'être emparé de Bapaume, il vint au mois de juillet assiéger Arras. Pendant ce siège, les Français et les Armagnacs envoyèrent au loin de nombreux détachements piller et ravager la campagne.

Depuis plusieurs années déjà, on avait mis en bon état de défense la ville de Lille, où le duc faisait de si fréquents séjours. En 1414, les abords de la place et la vallée de la Deûle étaient inondés depuis si longtemps que les paysans, poussés à bout par la misère, se révoltèrent, détruisirent les ouvrages assurant l'inondation et firent rentrer la rivière dans son lit ; mais le duc intervint et tout fut bientôt remis en état au grand détriment de la campagne.

Dès l'année 1410, le duc s'était préoccupé de la sûreté de Lille ; sous prétexte que c'était une ville grande, large, spacieuse, mais *très petitement peuplée*, il avait exempté les habitants du ban et de l'arrière-ban, afin que tous pussent rester dans leur ville pour la défendre en cas de besoin. Au mois de mars 1414, pour le même motif, Jean-sans-Peur ordonna que les ecclésiastiques et les fonctionnaires fussent obligés à faire le guet comme les simples manants et bourgeois.

Toutes ces précautions furent inutiles ; Lille ne fut pas attaquée. Les grandes communes de Flandre, Gand et Bruges, se refusèrent à prendre une part active à cette guerre, qui, disaient-elles, ne les regardait pas. Et Jean-sans-Peur, désespérant de pouvoir forcer l'armée royale à lever le siège d'Arras, fut obligé d'abandonner cette ville et de demander la paix. A la fin du mois de septembre, les troupes du roi rentrèrent en France « après avoir moult oppressé et travaillé, pendant toute cette campagne, le comté d'Artois ».

Meurtre de Jean-sans-Peur. Traité de Troyes. — Jean-sans-Peur, humilié de sa défaite, n'attendait qu'une occasion pour se venger et il la trouva l'année suivante. Le roi d'Angleterre, voulant tirer parti des dissensions de la France, envahit la Normandie au mois d'août 1415 et remonta vers le nord en dévastant tous les pays situés sur le passage de ses troupes. Le connétable d'Armagnac réunit une forte armée pour combattre l'Anglais ; mais il

fit en vain appel au duc de Bourgogne. Jean-
sans-Peur refusa de fournir au roi les contingents qu'il lui devait et il défendit à son fils, à
ses vassaux et à ses bonnes villes de prendre part
à cette campagne, qui se termina par la défaite
des Français à Azincourt. Bientôt même le duc
de Bourgogne entama des négociations avec le
roi anglais et il conclut avec lui une trêve particulière d'un an, qui fut prolongée à plusieurs
reprises. Lille et la Flandre n'eurent donc que
fort peu à souffrir de cette guerre désastreuse,
qui ruina la France. Elles furent seulement
obligées de fournir des hommes et de l'argent à
leur duc, qui, en 1417, fit de son côté la guerre
aux Français, sans cependant s'allier avec le
roi d'Angleterre ; il envahit l'Ile-de-France et
bientôt il s'empara de Paris. Alors Jean-sans-
Peur consentit à négocier avec le dauphin, qui
avait pris en mains le gouvernement du
royaume ; mais dans une entrevue à Monte-
reau, il fut assassiné. Ce meurtre eut pour la
France des conséquences encore plus funestes
que celles qu'avaient eues l'assassinat du duc
d'Orléans. Le fils de la victime, le nouveau duc
de Bourgogne, Philippe-le-Bon, pour venger
son père, se jeta dans les bras du roi d'Angleterre et il conclut avec lui le célèbre traité de
Troyes, qui assurait à Henri V la succession au
trône de France après la mort de Charles VI.

Les arts à Lille. — Ce traité fut un évènement heureux pour la Flandre, car elle ne prit
plus qu'une faible part à la guerre qui pendant
dix ans se poursuivit dans la vallée de la Loire.

Son commerce avec l'Angleterre, Paris et le nord de la France était libre et son industrie paraît avoir été dans cette période en pleine prospérité. Lille fut particulièrement favorisée ; le duc Philippe-le-Bon y faisait de fréquents séjours avec sa cour, et ce prince, qui était l'un des plus riches de son temps, aimait le faste et encourageait les arts. Il s'entourait des artistes les plus habiles et les protégeait avec générosité ; en 1425, il avait attaché à sa personne le célèbre peintre Jean Van Eyck, qui pendant deux ans, de 1426 à 1428, habita à Lille, dans une maison dont le duc payait le loyer, et il est permis d'attribuer à ce séjour du grand peintre flamand une heureuse influence sur les progrès de la peinture à Lille, où vers le milieu du quinzième siècle se forma une école, qui paraît avoir eu une certaine importance. Les arts somptuaires devaient se développer sous la protection d'un prince qui voulait éblouir par son faste et aimait à donner de belles fêtes. L'histoire nous a conservé le souvenir de plusieurs des fêtes qui eurent lieu à Lille à cette époque, et notamment de la magnifique réception que Philippe-le-Bon fit dans cette ville à son beau-frère, le duc de Belfort, régent des royaumes de France et d'Angleterre, pendant la minorité de son neveu, Henri VI.

Le séjour des ducs de Bourgogne, Jean-sans-Peur et Philippe-le-Bon, leurs fêtes et la vive impulsion qu'ils donnèrent aux progrès des beaux-arts à Lille, ne paraissent pas avoir eu une grande influence sur la richesse de cette ville. Car, encore au mois de juin 1421, le duc

en exempte les bourgeois du ban et de l'arrière-
ban parce que leur ville est très peu peuplée.
Bien plus, en 1430, on ne trouve plus de
riches bourgeois qui veuillent accepter les
honneurs de la fête de l'Epinette et faire les
dépenses qu'entraînaient ces charges magnifiques de roi de la fête et de jouteurs autrefois
si recherchées ; pour empêcher la fête de tom·
ber, la ville est obligée de prendre la plus
grande partie des frais à sa charge. D'ailleurs,
bien que sa situation financière fût déjà très
embarrassée, la ville n'hésitait pas à suivre
l'exemple donné par le prince et à faire de
grosses dépenses. À la fin du XIVᵒ siècle on
avait entrepris la réfection de l'Hôtel-de-Ville ;
en 1397 on reconstruisit la Halle échevinale et
pendant plusieurs années on y fit d'importants
travaux de décoration ; un peintre lillois orna
la grande salle de belles peintures et un autre
autre artiste de cette ville y mit d'éclatantes
verrières. Enfin en 1424 le Magistrat décida
de faire sur le marché une belle façade en
pierre d'Ecaussines ; un peu plus tard, en 1442,
on compléta la maison de ville par la construction d'un beffroi où l'on plaça les cloches
de la commune.

Traité d'Arras. — L'intervention de
Jeanne d'Arc ramena la guerre dans le nord
et, même après la prise et la mort de la Pucelle,
Bourguignons et Anglais d'une part et Français
de l'autre, continuèrent à se battre aux environs de Paris, dans la vallée de l'Oise et sur les
marches de Picardie. Les ravages des gens de

guerre et l'interruption du commerce avec la France incommodaient surtout les gens de l'Artois, qui dès la fin de l'année 1431 réclamèrent la conclusion de trêves avec les Français ; les bourgeois de Lille se fussent volontiers joints à cette démarche, mais ils en furent dissuadés par les Gantois, qui étaient toujours portés pour les Anglais. Cependant le duc Philippe-le-Bon lui-même était fatigué de cette guerre dont ses possessions de Bourgogne avaient fort à souffrir ; la mort de sa sœur, la duchesse de Bedfort, refroidit encore les sentiments qui l'attachaient aux Anglais, et lorsque la réunion du Hainaut et du Brabant à la Flandre eut de beaucoup augmenté sa puissance, il écouta volontiers les propositions de paix que lui faisait Charles VII, dont la cause faisait chaque jour des progrès considérables. Enfin les sacrifices que le roi de France consentait, entre autres la cession des villes de la Somme et surtout la mort du duc de Bedford, décidèrent le duc de Bourgogne à faire la paix sans les Anglais : le traité fut signé à Arras (21 septembre 1435).

Guerres avec l'Angleterre et les Gantois. — La paix avec la France eut pour conséquence presque immédiate la guerre avec l'Angleterre. La garnison de Calais dévasta le comté d'Artois, et pour mettre fin à ces ravages, Philippe-le-Bon voulut s'emparer de cette place dont, en 1436, il vint faire le siège ; mais bientôt la défectiou des Gantois le força de renoncer à son entreprise. Le duc de Bourgogne licencia son armée et se retira à Lille, d'où il put voir les flammes des incendies allumés dans la campagne par les Anglais. Venu à Calais avec une puissante armée pour la délivrer, le duc de Glocester, arrivé après la levée du siège, voulut employer ses troupes. Il les mena à travers la Flandre jusqu'à la Lys, en pillant et brûlant tout ce qui se trouvait sur son passage. Après avoir complètement détruit Bailleul et tous les pays voisins, les Anglais revinrent à Calais par Poperinghe et Saint-Omer. Mais bientôt des trêves furent conclues entre le roi d'Angleterre et le duc de Bourgogne et elles furent successivement prorogées jusqu'à la fin de la guerre.

La paix ne fut plus gravement troublée qu'en 1452 par une révolte des Gantois, qui vinrent assiéger Audenarde. A Lille, on fit des préparatifs de défense et le duc rassembla à Seclin une puissante armée qui força les Gantois à se retirer. Bientôt après, une trêve fut conclue, et des négociations s'engagèrent à Lille, où les députés de Gand vinrent trouver le duc, qui s'était installé dans cette ville avec son fils et un grand nombre de seigneurs ; le traité fut signé au mois de septembre ; mais bientôt après il fut rejeté par les Gantois et la guerre continua. Elle ne se termina que l'année suivante par la complète défaite des Gantois dans les prairies de Gavre, le 22 juillet 1453. En somme, la ville de Lille en avait été quitte pour une vive alerte en mars 1452, lors du siège d'Audenarde, et cette fois les campagnes de la Flandre wallonne avaient été épargnées ; mais pendant

plus d'un an le commerce et l'industrie de
Lille avaient souffert de l'interruption des communications par eau avec Gand et la mer.

**Richesse de la Flandre sous Philippe-
le-Bon.** — Cette longue paix, presque ininter-
rompue de 1439 à 1470, permit à la Flandre de
développer librement toutes ses richesses. Vers
1465, au moment où il vint à Lille, à la cour
du duc Philippe-le-Bon, Comines, le plus
grand historien né dans ce pays, était émerveillé
de sa prospérité. « Pour lors, dit-il, estoient
les subjects de ceste maison de Bourgogne en
grande richesse, à cause de la longue paix
qu'ils avoient eue et pour la bonté du prince
sous qui ils vivoient, lequel tailloit peu ses
subjects : et me semble que pour lors ses terres
se pouvoient mieux dire terres de promission
que nulles autres seigneuries qui fussent sur la
terre. »

Il ne faudrait pas prendre cette phrase trop
à la lettre. Lorsque Philippe de Comines écrivait ce passage, il était déjà assez âgé et il
voyait trop en beau l'heureux temps de sa jeunesse, où il débutait, à Lille, dans la vie comme
page du puissant duc de Bourgogne. Si Philippe-
le-Bon procura à ses sujets le bienfait d'une
longue paix, il est plus qu'exagéré de dire
« qu'il les taillait peu » ; car il leur demanda
trop souvent des aides considérables pour subvenir aux dépenses de sa cour et de ses expéditions militaires.

Philippe-le-Bon à Lille. — Ce prince

aimait le faste et se plaisait à donner de grandes
fêtes, dont plusieurs sont restées célèbres dans
l'histoire. La plus connue est le magnifique
banquet du Faisan, qui eut lieu à Lille au mois
de février 1454. Les historiens contemporains
furent tellement émerveillés des splendeurs de
ce festin qu'ils nous en ont laissé de longues et
brillantes descriptions A la fin du repas, le
héraut de l'ordre de la Toison-d'Or présenta un
faisan sur lequel Philippe-le-Bon et tous les
seigneurs, ses convives, firent vœu d'aller combattre les Turcs qui venaient de s'emparer de
Constantinople. Les fêtes de Lille, qui avaient
commencé au mois de janvier 1454, se termi-
nèrent seulement à la fin du mois de mars par
les fiançailles du comte de Charolais, fils unique
du duc de Bourgogne, avec Isabelle de Bourbon.
C'est aussi dans cette ville que fut célébré ce
mariage, au mois de novembre de la même
année.

Il semble que plus il avançait en âge, plus le
duc Philippe-le Bon affectionnait le séjour de
Lille. Il y demeurait si souvent, qu'il voulut
s'y faire construire une habitation plus vaste et
plus commode que le vieux palais de la Salle
ou que le château, dit de Courtrai, bâti par
Philippe-le-Bel. Depuis longtemps déjà, il les
avait abandonnés et il s'était établi dans divers hôtels seigneuriaux, tantôt dans celui du
seigneur de Roubaix, tantôt dans celui de la
Chambre des Comptes; mais cela ne pouvait
être qu'une installation provisoire. En 1450, il
engagea des négociations avec la ville pour en
obtenir une subvention, et les échevins promi-

rent de lui donner 6,000 livres (environ 100,000 francs d'aujourd'hui), s'il faisait construire le palais dont il était question : les marchands, qui tiraient profit du séjour de la cour, devaient payer la plus grande partie de cette somme. Mais ce fut seulement quelques années plus tard que cet édifice s'éleva dans un endroit connu sous le nom de Rihoult ou Rihour, d'où le nom de palais Rihour. En 1460, la construction n'était pas encore très avancée, et elle était loin d'être achevée lorsque Philippe-le-Bon mourut, en 1467. Encore, en 1480, les maîtres des comptes annoncent que le duc, Maximilien d'Autriche, et la duchesse, Marie de de Bourgogne, petite-fille de Philippe-le-Bon, ont l'intention d'habiter Lille plus longtemps chaque année et obtiennent des échevins mille écus d'or, somme qui était la moitié du prix auquel était estimée la construction du bâtiment appelé «le logis des dames de l'hostel du duc». Mais les ducs n'exécutèrent pas cette promesse et les successeurs de Philippe-le-Bon habitèrent bien rarement ce beau palais.

Les sacrifices de la ville de Lille ne furent pas complètement inutiles ; ces grands travaux et les fréquents séjours de Philippe-le-Bon et de sa cour firent grand bien au petit commerce local et durent avoir une certaine influence sur les progrès des arts dans cette ville. Vers 1470, plusieurs peintres, qui semblent avoir eu un certain talent et une assez grande renommée, vivaient à Lille ; l'un d'eux y réunit, en 1472, un grand nombre de peintres de Gand, Bruges Bruxelles et autres villes des pays du duc de

Bourgogne, et la ville l'aida à recevoir honorablement les membres de ce congrès. Il y avait aussi à Lille, vers la même époque, plusieurs tapissiers de haute lisse ; mais ils ne devaient pas être bien nombreux et bien importants, car ils ne formaient même pas une corporation.

Faillite de la ville de Lille. — La cour des ducs de Bourgogne et les industries de luxe ne rendirent pas à la ville de Lille son ancienne prospérité. Le nombre des bourgeois riches était encore moins grand en 1460 qu'en 1429. Malgré les subsides que depuis cette époque la ville donnait au roi et aux jouteurs de l'Epinette, elle ne trouvait plus de bourgeois qui voulussent accepter ces fonctions aussi onéreuses qu'honorifiques. Depuis quelques années plusieurs riches bourgeois, pour éviter d'être choisis, avaient quitté Lille pour aller s'établir ailleurs. Afin d'empêcher la disparition de cette fête qui amenait à Lille une foule de gens, les magistrats municipaux durent obtenir du duc la permission de doubler la subvention de la ville et de lever pour y suffire de lourdes taxes sur la population.

À cette époque, la situation financière de la ville de Lille était très embarrassée. La dette absorbait près de la moitié des revenus, et chaque année on émettait de nouvelles rentes viagères à des taux de plus en plus élevés. Les magistrats municipaux n'étaient pas seuls responsables de ce triste état de choses ; les ducs de Bourgogne y avaient beaucoup contribué, car presque tous les ans ils avaient ex gé de la ville de Lille des aides considérables et ils avaient toléré que pour se procurer l'argent nécessaire à satisfaire leur avidité, les magistrats municipaux vendissent des rentes viagères. Aussi n'est-il pas étonnant qu'il ait fallu, en 1467, faire une réforme complète de l'administration financière et suspendre pendant un certain temps le paiement des arrérages des rentiers de la ville.

Décadence de la Flandre. — La fâcheuse situation de Lille n'était pas une exception ; car c'est à ce moment que la prospérité de la Flandre commença à décliner. En 1465 s'était ouverte la lutte entre Louis XI et Charles-le-Téméraire. Bien que la Flandre n'ait jamais été le théâtre de la guerre, elle n'en subit pas moins les funestes conséquences. Les villes durent donner au duc de grosses sommes d'argent et faire des dépenses considérables pour lever les contingents qu'elles étaient obligées de lui fournir. Pendant plus de dix ans le commerce avec la France fut presque constamment interrompu.

La mort du duc de Bourgogne, sous les murs de Nancy, en 1477, ne mit même pas fin à cette lutte désastreuse. Au contraire, Louis XI s'empressa de disputer l'héritage du Téméraire à sa fille unique, Marie de Bourgogne ; tout de suite il envahit l'Artois, dont il s'empara en peu de temps, après l'avoir dévasté ; le Hainaut fut aussi mis à feu et à sang ; mais le roi de France, après trois semaines de vains efforts, fut obligé de lever le siège de Douai, et il n'osa pas attaquer

Lille ; il se contenta de ravager la campagne et de brûler les petites villes et les villages du voisinage, entre autres Haubourdin et Armentières. Cette guerre atroce se poursuivit pendant plusieurs années, et Louis XI traita toujours le pays conquis avec la plus grande cruauté. C'est ainsi qu'en 1479 il détruisit Arras de fond en comble et en chassa les habitants. Enfin, en 1482, après la mort de Marie de Bourgogne, son mari, Maximilien d'Autriche, fut obligé de signer la paix avec Louis XI et de lui abandonner Arras et l'Artois ; par contre, le roi de France renonçait à ses prétentions sur les villes et châtellenies de Lille, Douai et Orchies.

Pendant cette campagne, pour se concilier les sympathies des villes, Maximilien d'Autriche et Marie de Bourgogne confirmèrent et développèrent leurs privilèges : au mois de janvier 1479, en reconnaissance des fidèles services qu'ils avaient rendus dans cette lutte à leur souverain, les bourgeois de Lille obtinrent la confirmation de leurs usages sur le renouvellement de l'administration municipale. Ces règlements persistèrent presque sans changement jusqu'à la Révolution. En même temps, l'émigration des drapiers d'Arras, chassés de leur ville par Louis XI, imprima à la draperie de Lille un nouvel essor et fut la cause immédiate du regain de prospérité de cette industrie dans la ville de Lille, dont à partir de la fin du quinzième siècle la population augmenta dans des proportions considérables.

A la mort de Marie de Bourgogne (1482), la Flandre passe sous une autre dynastie. Maximilien d'Autriche, qui gouverne le pays pendant la minorité de son fils, est bien un étranger dont les droits sont contestés ; mais peu à peu il impose son autorité et il prépare le gouvernement despotique de son petit-fils, l'illustre empereur Charles-Quint, qui ne laisse plus aux grandes communes flamandes qu'un semblant d'indépendance. On peut fixer à cette époque la fin du moyen âge et le commencement de la Renaissance en Flandre ; et maintenant que nous avons terminé l'histoire externe de cette période, nous pouvons passer à l'histoire interne, à l'étude des institutions municipales.

DEUXIÈME PARTIE

CHAPITRE SEPTIÈME

LES BOURGEOIS

Bourgeois et habitants. — Bourgeois de naissance. — Bourgeois d'achat. — Bourgeois forains. — Réception à la bourgeoisie. — Comment on perdait la bourgeoisie. — Premier devoir des bourgeois. — Protection mutuelle. — Privilèges judiciaires des bourgeois. — Privilèges civils. Droit d'escas. — Privilèges politiques.

Bourgeois et habitants. — Aujourd'hui, tous les citoyens qui n'ont pas commis certains crimes ou délits et remplissent certaines conditions d'âge et de domicile, jouissent dans la même ville de la plus complète égalité : tous ont les mêmes droits civils et politiques, tous peuvent participer à l'élection des administrations de la ville et être élus aux charges municipales. Mais, avant la Révolution, il en était autrement dans bien des villes, et surtout dans le Nord. À Lille, notamment, il y a toujours eu deux classes de personnes, les bourgeois et les manants ou habitants, et les premiers avaient des privilèges très étendus et très importants. Au siècle dernier, dans son commentaire sur la coutume de Lille, Patou disait :

« La bourgeoisie ne s'acquiert point ici par la longue habitation, quelqu'ancienne qu'elle soit, même de cent ans; il faut l'acheter, prêter serment par-devant échevins et payer ce qui est nécessaire pour acquérir ce droit et pour jouir des privilèges qui y sont attachés. La longue demeure sans l'achat de la bourgeoisie nous fait bien habitants, mais non bourgeois. Il y a encore une autre sorte de bourgeoisie, c'est d'être né d'un père bourgeois. » C'est ce qu'on désignait sous les noms de : *bourgeois de naissance* et *bourgeois d'achat*. Mais cette distinction n'était pas absolument exacte ; car, pour obtenir la bourgeoisie, les uns et les autres devaient payer une certaine somme ; il n'y avait qu'une différence du plus au moins en faveur des fils de bourgeois.

Bourgeois de naissance. — Aussi longtemps qu'ils vivaient dans la maison paternelle, au pain de père et mère, comme on disait alors, les fils de bourgeois jouissaient de tous les droits et privilèges de la bourgeoisie. Il en était de même, lorsqu'ils avaient quitté la maison paternelle, mais seulement tant qu'ils étaient mineurs. Dès qu'ils devenaient majeurs, à 15 ans (l'âge de la majorité légale encore au quinzième siècle), les fils de bourgeois, sortis de la maison paternelle, devaient racheter leur bourgeoisie, sans quoi ils perdaient le privilège le plus important, celui de l'arsin ; mais ils conservaient tous les autres. Il en était de même du fils de bourgeois majeur, s'il ne rachetait pas sa bourgeoisie dans

l'an et jour de la mort du dernier survivant de
ses père et mère. Enfin, le fils de bourgeois
devait se faire recevoir bourgeois dans l'an et
jour de son mariage, sous peine de perdre tous
les privilèges de la bourgeoisie et d'être traité
comme un étranger. Par exemple, si plus tard
il voulait acquérir la bourgeoisie, il devait
payer le droit d'entrée le plus élevé et il était
au préalable escassé, c'est-à-dire qu'il était
obligé de verser dans la caisse commune le
douzième de la valeur de tous ses biens meubles et immeubles.

A la mort de ses parents, il devait aussi
payer le douzième de leur succession à titre
de droit d'escas. Cette pénalité était sans
doute suffisante pour obliger tous les fils de
bourgeois à remplir, après leur mariage, dans
le délai fixé, toutes les formalités requises pour
entrer dans la bourgeoisie. Cependant, dans certaines villes du Nord, à Valenciennes, par exemple, les peines contre les réfractaires étaient beaucoup plus rigoureuses. A l'âge de quinze ans,
le fils de bourgeois était sommé d'acquérir la
bourgeoisie ; s'il ne le faisait pas, on le chassait
de la ville et on abattait sa maison. Ainsi, l'on
peut poser ce principe : le fils de bourgeois
est obligé de devenir bourgeois.

On a peine à concevoir qu'il ait fallu édicter
cette obligation et ces sanctions si rigoureuses ;
car les privilèges des bourgeois étaient si considérables qu'ils devaient être d'autant plus recherchés, que les conditions imposées aux fils de bourgeois pour leur réception dans ce corps étaient
des plus douces. A l'origine ils n'étaient tenus de

payer qu'un **droit d'entrée très minime, quatre sols deux deniers** ; mais, au XVᵉ siècle, ils étaient sous ce rapport traités comme les fils d'étrangers.

Cependant, on a quelques exemples de fils de bourgeois de Lille ayant payé le droit d'escas sur la succession de leur père, parce que, dans l'an et jour de leur mariage, ils avaient négligé de racheter leur bourgeoisie ; mais ce n'est qu'une exception et très rare.

Bourgeois d'achat. — La qualité de bourgeois de Lille fut de bonne heure très enviée, à tel point que dès la fin du treizième siècle la coutume exigeait que les étrangers qui la demandaient, remplissent certaines conditions. Les serfs étaient exclus, cela s'explique aisément ; car leur admission aurait pu créer à l'association de sérieux embarras. Les serfs n'étaient pas libres de quitter la terre à laquelle ils étaient attachés ; s'ils prenaient la fuite, leur seigneur avait le droit de les poursuivre et de les reprendre, même dans les villes, pourvu qu'ils y fussent établis depuis moins d'un an ; car passé ce délai, ils devenaient libres. La coutume de Lille contenait à l'origine une clause portant que si dans l'an et jour de son admission à la bourgeoisie, un serf, reçu bourgeois par erreur ou par surprise, était réclamé par son seigneur, on n'interviendrait pas en sa faveur ; mais qu'après an et jour on le considérerait comme bourgeois et on prendrait sa défense. C'était pour éviter ces ennuis que l'on refusait d'admettre à la bourgeoisie les serfs connus comme tels.

Les bâtards, dont la condition juridique était très mauvaise, ne pouvaient pas non plus être reçus bourgeois, à moins d'être fils naturels de bourgeois, auquel cas ils étaient traités comme les enfants légitimes. Encore en 1564, on refuse un étranger, bâtard, bien qu'il eût obtenu du souverain des lettres de légitimation ; car, dit-on, il n'en était pas moins bâtard.

L'exclusion des célibataires est plus extraordinaire. C'est une innovation introduite au quatorzième siècle, et elle a sans doute été édictée pour la première fois en 1372. Dans la coutume primitive, telle qu'elle fut rédigée à la fin du treizième siècle par Jean Roisin, on n'exige pas le mariage pour l'admission à la bourgeoisie ; au contraire, on prévoit le cas où l'étranger demandant à être reçu bourgeois n'a pas de femme. Cependant, nous savons que même à cette époque on ne tenait pas à avoir des hommes non mariés dans l'association communale ; le fils de bourgeois perdait tous les privilèges de la bourgeoisie, si, dans l'an et jour de son mariage, il ne la rachetait pas, tandis que, s'il ne se mariait pas, il les conservait tous à l'exception de l'arsin. On se tromperait si l'on considérait cette mesure comme un encouragement au célibat ; il faut plutôt y voir une marque de dédain, qui se comprend en ce sens que, le célibataire ne fondant pas de famille, sa valeur sociale était moindre et que partant son abstention était moins nuisible à la bourgeoisie que celle de l'homme marié. Mais au quatorzième siècle, le dédain se change en hostilité ; en 1346 on décide d'exclure les bourgeois célibataires des honneurs municipaux, et en 1372 on exige, pour les admettre à la bourgeoisie, que les fils d'étrangers soient mariés. Pour quels motifs? On ne le dit pas. Faut-il croire que par suite des guerres, de la peste et de la misère générale du pays, le nombre des célibataires avait augmenté dans de telles proportions qu'il paraissait urgent de prendre contre eux des mesures propres à favoriser le mariage? Cela pourrait bien être la vraie raison ; mais nous n'en savons rien.

Dans les villes du Nord et surtout à Lille, la bourgeoisie avait, sans doute, dès l'origine, formé une petite aristocratie. C'était l'association des propriétaires de la ville et, pour en faire partie, il fallait posséder une propriété dans la cité. Au treizième siècle, à Lille, on exige de l'étranger qui veut être bourgeois d'abord le paiement d'un droit d'entrée assez élevé, 60 sols 7 deniers et ensuite l'achat d'une rente foncière ou d'un immeuble assez considérable, d'une valeur minima de cinq marcs d'argent fin. C'est aussi une sorte de cautionnement. Le nouveau bourgeois ne peut vendre ni engager cette propriété, et il doit la remettre en nantissement au rewart comme garantie du paiement de la taille et des autres impôts auxquels les membres de l'association étaient soumis.

Bourgeois forains. — La plus importante des conditions exigées aujourd'hui de l'électeur, c'est la résidence dans la ville depuis un certain temps, très court d'ailleurs ; au

Moyen-Age, dans bon nombre d'endroits on ne l'exigeait pas, et les bourgeois qui n'habitaient jamais dans la ville étaient assez nombreux. A Lille, cet usage s'introduisit assez tard, et pendant longtemps l'étanger, pour être admis à la bourgeoisie, dut prouver qu'il était établi dans la ville. En 1372, on décida que nul ne serait reçu bourgeois s'il ne demeurait d'une façon constante avec sa femme et les siens dans l'enceinte de la ville, en dedans des portes, depuis trois ans au moins ; s'il n'était marié et s'il n'était homme de bonne renommée au jugement des échevins. Cette dernière exigence laisserait croire que ces trois années de séjour étaient une sorte de temps d'épreuve; mais il est plus vraisemblable que cette mesure avait été adoptée pour attirer de nouveaux habitants dans la ville, dont la population avait été décimée.

Ces deux dernières conditions, trois ans de domicile et le mariage, tombèrent bientôt en désuétude; à la fin du seizième siècle, elles n'étaient plus en usage déjà depuis longtemps. A Lille, comme dans toutes les autres villes du Nord, on recevait bourgeois tous ceux qui pouvaient payer le droit d'entrée et possédaient dans la ville des rentes foncières ou des propriétés immobilières d'une certaine valeur. Les bourgeois par achat ou de naissance, qui n'habitaient pas la ville, s'appelaient les *bourgeois forains*; ils jouissaient des mêmes privilèges et subissaient les mêmes charges que les bourgeois qui habitaient la ville ou *bourgeois intranes*.

Réception à la bourgeoisie. — Régu-

lièrement, les nouveaux bourgeois devaient être reçus solennellement en halle, au jour de siège, c'est-à-dire dans l'assemblée plénière que tenaient, le premier vendredi de chaque mois, les chefs de la communauté. Comme tous les actes de la procédure politique ou civile au Moyen-Age, cette réception se faisait avec des formalités nombreuses et minutieusement réglées.

Le candidat à la bourgeoisie doit venir lui-même dans la halle échevinale réclamer devant le conseil son admission ; si la décision du conseil lui est favorable, le rewart lui dit : « Vous voulez être bourgeois », et l'autre doit répondre : « Voire » (oui, vraiment). Alors le rewart reprend ainsi : « Je vous dis qu'il convient que vous demeuriez de façon stable dans la ville et que vous ne la quittiez pas pour aller vous établir ailleurs, sans le consentement de sept échevins au moins, car autrement on ne vous tiendrait plus pour bourgeois et l'on vous escasserait. Et si vous êtes engagé dans une querelle à mort, ou si vous êtes bâtard, serf ou clerc, vous n'aurez d'autre secours de la ville que de prières. »

Ensuite le rewart prononce la formule du serment que doit prêter le nouveau bourgeois :

« Vous fianchez et vous jurez d'estre bourgeois de la ville de Lille, droiturier et loyal, envers la ville et envers les bourgeois, les bourgeoises et les enfants des bourgeois de la ville ; que jamais vous n'irez contre l'échevinage de la ville; que vous aiderez les bourgeois, les bourgeoises et les enfants des bourgeois de la ville contre l'homme de forain (l'étranger), où que ce soit, à votre sens et à votre pouvoir, du droit du bourgeois et du tort de l'homme de forain, et que vous viendrez à tous les besoins que la ville aura, soit par nuit, soit par jour, dedans la ville et dehors, quant la bancloche et l'escalette (ce sont les cloches de la commune) sonneront, ou si vous en êtes requis par les échevins ou de par eux. Et les échevins sont d'accord que l'on peut en tous cas aider le bourgeois sans méfaire; mais si le bourgeois crie à l'aide à tort, il en sera puni selon son méfait. »

Les noms des nouveaux bourgeois, soit de naissance, soit d'achat, étaient, aussitôt après leur réception, soigneusement enregistrés, car cette formalité était extrêmement importante pour la conservation des droits de l'association et de ses membres. De bonne heure ces registres furent regardés comme les plus précieux documents des archives de la ville, et c'est sans doute cette circonstance qui fait que le plus ancien registre des archives est le premier registre aux bourgeois; il contient les noms de tous les bourgeois de Lille reçus de l'année 1292 à l'année 1356; le second va de 1356 à 1513; il est suivi de neuf autres, depuis cette dernière année jusqu'en 1789, où la bourgeoisie de Lille fut supprimée. Aujourd'hui, ces registres, où l'on ne trouve que le nom du nouveau bourgeois avec la date de sa réception, ont encore une importance historique considérable; car ils permettent de reconstituer la généalogie des plus anciennes familles de Lille, dont ils sont comme le livre d'or.

Comment on perdait la bourgeoisie. — On ne quittait pas la bourgeoisie aussi facilement qu'on l'acquérait ; en 1480, un bourgeois demanda la faveur de renoncer à la bourgeoisie en obtenant la remise du droit d'escas ou de sortie ; les échevins lui répondirent que cela leur était impossible, mais que s'il se mettait dans le cas d'être rayé, ils lui feraient abandon d'un tiers du droit.

Les cas entraînant la perte de la bourgeoisie étaient si nombreux que je ne saurais les énumérer tous ; car c'était l'une des peines les plus fréquemment prononcées ; je me contenterai d'indiquer les principaux.

On vient de voir qu'au Moyen-Age la résidence était obligatoire pour l'acquisition du droit de bourgeoisie. Mais il ne manquait pas de bourgeois qui, après leur réception, quittaient la ville pour aller s'établir ailleurs ; s'ils n'avaient pas obtenu un congé régulier de sept échevins au moins, ils perdaient la bourgeoisie et ils devaient payer à titre de droit d'escas le douzième de la valeur de tous leurs biens, meubles et immeubles. Ce droit d'escas était la conséquence de la privation du droit de bourgeoisie et à plus forte raison du bannissement.

Il arrivait même que dans certains cas, en général en temps de guerre, on révoquait toutes les permissions d'absence accordées antérieurement par les échevins et l'on ordonnait à tous les bourgeois de Lille de rentrer s'établir à demeure dans la ville à peine de privation de la bourgeoisie et de l'amende du droit d'escas sans la moindre remise. En même temps, l'on interdisait, sous les mêmes peines, à tous les bourgeois de quitter la ville sans esprit de retour. Mais ce sont là des mesures extraordinaires, dont on se relâche bien vite. En réalité, un grand nombre de bourgeois de Lille, dès qu'ils avaient acquis la bourgeoisie, transportaient ailleurs leur résidence et l'on se gardait bien de les traiter suivant la rigueur de ces règlements draconiens En 1538, on se plaint de ce que plusieurs bourgeois s'étaient retirés sur les terres du chapitre de Saint-Pierre, où l'on payait moins d'impôts, et on leur ordonne de rentrer habiter dans la portion de la ville soumise à la juridiction de l'échevinage et au paiement de toutes les taxes, à peine d'être privés de la jouissance des marais communs.

La pénalité est devenue dérisoire. Et peu de temps après, les bourgeois pourront aller s'établir partout où ils voudront. Patou nous apprend qu'au siècle dernier, l'absence, pendant vingt ans et plus, ne suffisait pas pour faire perdre la bourgeoisie. « Quoiqu'un bourgeois de Lille, dit-il, soit allé demeurer dans une autre ville, même de domination étrangère, il reste bourgeois et jouit de tous les avantages attachés à cette qualité.»

Au Moyen-Age et encore au seizième siècle, le bourgeois, qui acquérait la bourgeoisie d'une autre ville, perdait la bourgeoisie de Lille et devait payer le droit d'escas. On en trouve d'assez nombreux exemples dans les comptes de la ville; en 1511, un certain Jean Seneschal fut escassé, parce qu'il s'était fait bourgeois d'Ypres, et en 1529, c'est seulement par une faveur spéciale que Guillaume Hanguouart, président du tribunal supérieur de l'Artois, put devenir bourgeois d'Arras et demeurer bourgeois de Lille.

Mais, dans les temps modernes, on était plus tolérant, et Patou rapporte le cas d'un bourgeois de Lille qui s'était établi à Middelbourg, en Zélande, où il s'était fait recevoir bourgeois, et avait néanmoins réclamé avec succès dans une certaine circonstance les privilèges de la bourgeoisie de Lille.

Une des causes les plus fréquentes de la perte de la bourgeoisie était l'infraction des promesses faites par le bourgeois dans le serment prêté lors de sa réception. Ainsi, en 1366, noble homme, messire Simon de Gand, dit Parchevaux, chevalier, fut escassé parce qu'il avait dit qu'il n'obéirait point aux échevins, s'ils lui commandaient quelque chose en sa qualité de bourgeois. Dès le quatorzième siècle, il n'était pas rare de voir des nobles acquérir la bourgeoisie des grandes villes, tellement les privilèges attachés à cette condition étaient importants.

Le bourgeois qui refuse de se soumettre à la juridiction des échevins est également escassé, ainsi que celui qui accepte d'être jugé par d'autres juges dans l'étendue de la châtellenie; car il est coupable de consentir à ce que l'un des principaux privilèges de la bourgeoisie soit violé en sa personne. C'est pour le même motif qu'on prive de cette qualité le bourgeois de Lille qui appelle un autre bourgeois devant d'autres juges que les échevins de cette ville. Aussi tous ceux qui ont le droit d'être jugés par une juridiction spéciale et privilégiée, les clercs par exemple, ne peuvent pas être bourgeois.

Enfin, les débiteurs insolvables sont chassés de la bourgeoisie, et cette clause doit remonter aux anciennes gildes marchandes, qui ont précédé les communes ; car la fidélité du négociant à remplir ses engagements est l'une des conditions les plus nécessaires pour la sécurité et la prospérité du commerce. À Lille, le bourgeois qui ne payait pas ses dettes, devait d'abord être mis en prison, et si dans les six mois il ne désintéressait pas ses créanciers, il perdait la bourgeoisie et ne pouvait plus jamais être bourgeois. Les débiteurs qui, pour éviter la prison, prenaient la fuite, étaient aussi privés de la bourgeoisie.

Premier devoir des bourgeois. Protection mutuelle. — La commune était une association de protection mutuelle, et le premier devoir du bourgeois était de venir en aide à son confrère. Il le promettait dans le serment de la bourgeoisie et, s'il y manquait, il s'exposait à des peines plus ou moins graves. Si dans une lutte contre un étranger, dans la ville ou dehors, un bourgeois, battu ou blessé, criait : «*Bourgeoisie*», tous les bourgeois qui entendaient ce cri devaient courir au secours de leur confrère.

Le bourgeois qui voyait battre ou blesser un de ses confrères, sans lui venir en aide, encourait une amende de 60 sols; en outre, on devait le mander dans la maison de ville devant les échevins et le conseil et lui dire durement que dans cette affaire il avait gravement manqué et qu'il avait violé le serment prêté lors de sa réception à la bourgeoisie. Le bourgeois qui prenait parti pour un étranger contre un bourgeois et l'aidait dans la lutte, était aussi condamné à une amende de 60 sols ; mais il était en outre privé de la bourgeoisie et devait payer le droit d'escas, c'est-à-dire le douzième de la valeur de tous ses biens.

Privilèges judiciaires des bourgeois. — Les échevins de Lille avaient seuls le droit de juger leurs bourgeois, tant au civil qu'au criminel, et non seulement dans la ville, mais dans toute la châtellenie, c'est-à-dire dans une circonscription presque aussi grande que l'arrondissement dont Lille est aujourd'hui le chef-lieu. On ne pouvait arrêter un bourgeois, une bourgeoise ou un enfant de bourgeois, pour quelque crime que ce fût, sinon pour homicide, sans un jugement des échevins. En 1328, un bourgeois de Lille fut mis en prison à Armentières, où il avait blessé un homme mortellement et un autre moins gravement; les échevins de Lille le réclamèrent pour le juger ; mais les juges d'Armentières refusèrent de le rendre et prétendirent lui faire eux-mêmes son procès. La contestation fut portée devant le gouverneur de Lille, qui donna raison aux échevins de cette ville.

La commune pouvait se faire justice elle-même et recourir aux armes pour délivrer son bourgeois indûment retenu en prison. Les échevins devaient d'abord écrire au seigneur, qui avait fait arrêter leur bourgeois, pour le prier de le mettre en liberté. S'il refusait, la ville pouvait s'adresser au bailli ou à son lieutenant pour obtenir justice ; mais elle avait le droit de se passer de cette intervention et, dans le cas où le bourgeois arrêté était en danger, c'était même son devoir. Car la ville ne devait pas être exposée à perdre ou à laisser violer ses privilèges par la mauvaise volonté et l'inaction d'un représentant du comte. On sonnait la ban-cloche, pour appeler aux armes tous les bourgeois, qui, sous la conduite du rewart, étaient obligés d'aller délivrer, même par la force, leur bourgeois, quel que fût le lieu de la châtellenie où il était détenu.

Les bourgeois jouissaient encore de plusieurs autres privilèges judiciaires considérables ; mais je dois me borner et je me contenterai de vous indiquer celui-ci, qui avait une très grande importance pour une association où les négociants étaient sans doute en très grande majorité. On ne pouvait pas appeler en justice les bourgeois de Lille les jours de marché, le mercredi, et pendant les huit premiers jours de la foire, qui commençait alors à la mi-août, les dimanches et pendant les périodes qui précédaient et suivaient les grandes fêtes, Noël, Pâques, la Pentecôte, etc.

Privilèges civils. — Droit d'escas. —

A l'origine, les bourgeois pouvaient seuls posséder des propriétés dans la ville, et l'association communale se considérait comme lésée, si la fortune d'un de ses membres passait en tout ou en partie à un étranger. Il vint bientôt un moment où il fut impossible d'empêcher les étrangers de s'établir dans la ville, d'y acquérir des immeubles, de s'y marier avec des filles de bourgeois et d'y faire des héritages. Alors la bourgeoisie prit des mesures pour recevoir une certaine indemnité du préjudice qu'elles subissaient dans le cas où les biens d'un de ses membres venaient à tomber entre les mains d'un étranger à l'association.

Pour éviter, autant que possible, que par succession la fortune d'un bourgeois ne passât à un non-bourgeois, on imposa une amende considérable, à titre de droit d'escas ou de sortie, aux veuves ou aux filles de bourgeois, qui épouseraient un non-bourgeois. Le droit variait du douzième au septième de la valeur de la dot ou de la fortune de l'épouse, suivant sa condition. Si elle avait encore son père ou sa mère et se mariait de leur consentement, elle ne payait que le douzième ; mais si, majeure et maîtresse de sa fortune, elle se mariait contre le gré de ses parents ou de ses proches, elle devait en payer le septième ; il en était de même de la veuve de bourgeois, qui épousait un étranger, un homme de forain. Mais ces amendes, si considérables qu'elles nous paraissent, n'empêchaient pas les mariages des filles de bourgeois avec des non-bourgeois, et on a de nombreux exemples de droits d'escas perçus par la ville pour ce motif.

Cependant, il ne manquait pas de fiancés qui, pour échapper à cette pénalité, préféraient reculer un peu *leur mariage* jusqu'à ce qu'ils se fussent fait recevoir bourgeois. Il semble que la ville n'avait rien à dire à cette manœuvre, puisque la fortune de l'association, loin d'être exposée à une diminution, s'accroissait de l'apport du fiancé. Toutefois, en 1294, on décida que dorénavant le nouveau bourgeois qui dans les six mois après sa réception se marierait avec la veuve ou la fille d'un bourgeois, n'en paierait pas moins le droit d'escas sur tous les biens de sa femme. On peut croire que cette décision fut surtout adoptée afin de favoriser les fils de bourgeois et de leur donner plus de facilités pour obtenir la main des riches héritières de la bourgeoisie de Lille. On alla même plus loin ; au quinzième siècle, on reçut certains bourgeois à la condition expresse que s'ils se mariaient avant un an à une bourgeoise, leur femme serait soumise au droit d'escas. On supposait sans doute que s'ils se faisaient recevoir bourgeois uniquement afin de contracter un mariage convenu secrètement, ils n'auraient pas la patience d'attendre un an.

Ces prescriptions si rigoureuses n'empêchaient pas les unions entre bourgeoises et non-bourgeois, et il arrivait assez fréquemment que les biens d'un bourgeois passaient par succession, en tout ou en partie à des non-bourgeois; la communauté se croyait appauvrie d'autant, et pour se dédommager elle percevait le douzième de la valeur de la part qui revenait aux non-bourgeois, tandis qu'elle ne prenait rien sur celle dont un bourgeois entrait en possession. Cette inégalité, qui nous semble révoltante, ne choquait personne au Moyen-Age. Ce cas se présentait souvent et l'on en trouve encore de nombreux exemples dans les comptes de la ville de Lille du quinzième siècle.

Cette règle avait des conséquences curieuses. Ainsi le fils d'une bourgeoise de Lille, s'étant fait clerc, avait perdu le privilège de la bourgeoisie ; lorsque sa mère mourut, on lui réclama le droit d'escas sur la succession ; en vain, il appela la ville devant l'official de l'évêque de Tournai, il fut obligé de payer ; cela se passait en 1334. Et dans les comptes de la ville on rencontre de nombreux exemples du paiement du droit d'escas par des clercs, des ecclésiastiques, des religieux ou religieuses et autres gens d'église sur des successions leur venant de bourgeois de Lille. Car un non-bourgeois ne payait rien sur la succession d'un non-bourgeois.

Les dons faits par des bourgeois aux églises, aux hôpitaux et aux autres établissements de mainmorte, étaient également soumis au droit d'escas au profit de la ville, soit le douzième de la valeur, sans compter les droits d'amortissement au profit du seigneur et du comte. Le droit devait être payé par le donateur sur ce qui lui restait ; mais s'il avait donné tous ses biens, le droit était à la charge du donataire.

Cet impôt étonne de la part de gens aussi religieux que l'étaient alors les bourgeois de Lille ; mais ils faisaient passer l'intérêt de leur association avant toute chose, et ils ne manquaient pas de prendre le droit d'escas, même sur les dots données aux filles de bourgeois qui entraient en religion.

Enfin, le droit d'escas était encore dû sur le prix de l'acquisition d'un immeuble faite par un bourgeois à un non-bourgeois. Cette règle semble directement contraire à l'ancienne coutume, d'après laquelle les propriétés situées dans la ville ne pouvaient être acquises que par un bourgeois. Pour se conformer à ce principe, on aurait dû favoriser ces rachats. Mais au Moyen-Age on n'était pas très familier avec les saines notions de l'échange et l'on croyait qu'en donnant une somme d'argent, même contre un immeuble, on s'appauvrissait. Sous prétexte que les deniers du bourgeois passaient à un étranger à l'association, on prenait un droit d'escas du dixième du prix de vente, et ce droit se percevait sur le non-bourgeois vendeur, à moins qu'il n'ait été stipulé que la vente se ferait franc argent, auquel cas le droit était dû par le bourgeois acheteur.

Privilèges politiques. — Il est très probable que la commune, même dans les villes, avait eu pour noyau une corporation rurale, dont les membres pouvaient seuls posséder des immeubles dans l'étendue du territoire, dont l'agglomération des habitations formait le centre, et avaient seuls la jouissance des biens communaux. Pendant tout le Moyen-Age, même les plus grandes villes ressemblaient plus aux villages qu'aux cités de nos jours, et les habitants, dont la plupart avaient des bestiaux, vaches, veaux, pourceaux, attachaient une grande importance aux avantages qu'on retirait des propriétés communes ; aussi les bourgeois s'en réservaient la jouissance exclusive et étaient très jaloux de ce droit. A Lille, la bourgeoisie possédait deux marais, les riez de Canteleu et de la Madeleine ; et en 1451 le conseil décida que tous les bourgeois qui enverraient leurs bêtes au riez de Canteleu devraient y mener une voiture de fumier par tête de bétail ; les non-bourgeois étaient obligés d'y envoyer une quantité double de celle des bourgeois. Mais au seizième siècle, cette concession avait été supprimée et l'on voit que le droit de faire mener leurs bêtes au riez de Canteleu était exclusivement réservé aux bourgeois qui habitaient dans les quartiers de la ville soumis à la juridiction des échevins.

C'est en vertu de ce même principe que l'administration de la bourgeoisie et partant celle de la ville, car les deux sont confondues, est exclusivement réservée aux bourgeois. L'importance de ce privilège est très considérable, car les fonctions de ces administrateurs sont très étendues ; les principaux de ces officiers municipaux, les échevins, sont juges, au criminel et au civil, et pendant longtemps, sans appel, de toutes les affaires de leurs bourgeois et aussi de toutes celles des autres manants et habitants qui sont en dehors de l'association et ne jouissent pas de ces franchises. Pour occuper une fonction municipale quelconque, la première condition est d'être bourgeois. A Lille, au quatorzième siècle, on établit même une

distinction entre les bourgeois nés dans la ville
et les bourgeois forains. En 1344, sous prétexte
que Lille était située sur la frontière de Flandre,
d'où venaient s'y établir des étrangers qui, pour
acquérir les privilèges et franchises de la ville,
se faisaient recevoir bourgeois, le roi de
France, à la prière des bourgeois de Lille,
ordonne que dorénavant on ne choisira plus
pour échevins ou autres officiers municipaux,
que les bourgeois nés à Lille, parce qu'ils
devaient avoir plus d'affection pour leur ville
natale que les étrangers.

Mais on ne veillait pas très rigoureusement
à l'exécution de cette ordonnance et on ne
vérifiait même pas avec soin si les nouveaux
officiers appartenaient à la bourgeoisie. Le 31
mars 1443, on s'aperçut qu'un membre du
bureau chargé de la surveillance de la gestion
de la fortune des orphelins était en fonction
depuis cinq mois, bien qu'il ne fût pas bourgeois ; il se démit de sa charge en disant qu'il
ne savait pas qu'il fallût, pour pouvoir l'occuper,
être bourgeois; mais les échevins et le conseil,
considérant qu'il était digne d'être bourgeois, le
reçurent tout de suite et il garda sa place jusqu'à l'expiration de son année. Le premier
novembre 1472, on admit à la bourgeoisie un
certain Mahieu de la Rue, natif de Steenwerck,
et le même jour, immédiatement après sa
réception, il fut nommé échevin et en fit le
serment. Ainsi on peut affirmer que pour occuper une charge municipale il suffisait d'être
bourgeois, de naissance ou d'achat, mais que
cette qualité était absolument nécessaire.

L'administration de la commune était comme le patrimoine des bourgeois ; les manants, bien qu'ils fussent de beaucoup les plus nombreux, en étaient absolument exclus. Dans les grandes villes industrielles ou commerçantes, Gand, Bruges et Ypres, où les petits marchands, les artisans et les ouvriers étaient en très grand nombre, cette inégalité fut, dès la fin du treizième siècle, cause de fréquentes et sanglantes révoltes qui amenèrent la décadence de ces riches cités ; mais il ne paraît pas que jamais Lille ait été agitée par des luttes entre les bourgeois et les petites gens, et jusqu'à la Révolution l'administration municipale y conserva un caractère aristocratique.

CHAPITRE HUITIÈME

L'ADMINISTRATION MUNICIPALE

Origines. — L'échevinage viager. — L'échevinage
   annuel. — Nomination des échevins. — Cas
   d'exclusion de l'échevinage. — Obligations des
   échevins.— Gages des échevins.— Jurés, rewart,
   paiseurs et gard'-orphènes. — Administration
   financière.— Les officiers permanents.— Conseil
   de la Ville. — Aristocratie bourgeoise.

Origines. — Encore au onzième siècle, les
villes de Flandre, même les plus anciennes et
les plus considérables, n'avaient pas d'administration municipale proprement dite.Les affaires
communes étaient gérées par des officiers du
comte ; mais elles étaient bien peu nombreuses
et fort peu importantes. Bien entendu on ne
s'occupait ni des écoles, ni de l'assistance publique, et la voirie était laissée à l'abandon.Les
plus grandes villes de ce temps étaient sous ce
rapport fort inférieures à la plupart de nos
villages. Les halles et les marchés appartenaient
aux seigneurs, qui en percevaient les revenus à
leur profit. Les fortifications étaient entretenues
au moyen de la corvée par les officiers du
comte, qui subvenait aux dépenses de premier
établissement et de grosses réparations en im-
posant des tailles ou contributions extraordinaires.

Toutes les affaires de la ville pouvaient se
régler par des ordonnances de police, dont
l'exécution était confiée à un officier seigneurial,

qui dans la plupart des villes s'appelait le maire
ou mayeur. C'était le successeur du *major*, ou
maire, qui, dès le temps de Charlemagne, était
chargé de ces fonctions, police et justice inférieure, dans les villages du domaine royal.
A Lille, cet office ne fut supprimé qu'en 1185,
et au siècle suivant le comte percevait encore
à son profit les droits qui y avaient été primitivement attachés.

L'échevinage viager.— En ce temps de
barbarie, où la violence et la force se donnaient
libre carrière, une bonne organisation de la
justice était le plus grand besoin de la société,
et dans les villes du onzième siècle c'était la
grosse affaire. A cette époque, comme au temps
de Charlemagne, la justice était encore rendue,
au moins dans les villes, par douze échevins
réunis sous la présidence d'un des officiers du
comte. Nommés à vie par le comte, ils devaient
être choisis parmi les hommes les plus honorables, et leur justice était en général assez
impartiale. Lorsque les ghildes marchandes et
les villes obtinrent de leurs seigneurs des privilèges, la première garantie qu'elles réclamèrent pour leurs membres fut la promesse qu'ils
ne seraient jamais soustraits à la juridiction des
échevins, leurs juges naturels. C'est ainsi que
les échevins devinrent les principaux magistrats
municipaux. On leur adjoignit les officiers des
ghildes et amitiés ; par exemple, à Lille, le rewart de l'amitié, les paiseurs et les comtes de
la hanse. Comme les échevins, ces magistrats
furent dès lors nommés à vie par le comte.

L'échevinage annuel. — Lorsque la vie commune se fut développée dans les grandes villes du nord, qui, sous l'influence des libertés communales, étaient devenues très prospères, les bourgeois se fatiguèrent d'avoir pour chefs des hommes nommés à vie, et partant presque irresponsables. Ils demandèrent que le mandat des magistrats municipaux fût limité à un temps assez court et ils réclamèrent une part d'influence dans leur élection. Ce mouvement commença à la fin du douzième siècle.

« La charte d'Arras de 1194, dit M. Giry, est la plus ancienne qui organise le renouvellement de l'échevinage; il devait se renouveler de 14 en 14 mois par une élection à plusieurs degrés, les électeurs étant nommés par les échevins sortant de charge. En 1209, Ypres obtint un échevinage annuel, élu à deux degrés par la ville. Le 9 août 1212, le comte Ferrand octroya un privilège analogue à Gand, mais en se réservant une plus grande influence sur la nomination des nouveaux échevins. Douai, en 1228, eut un échevinage renouvelable tous les treize mois, dont l'élection avait pour base les échevins sortants. Bruges, en janvier 1240-41, eut un échevinage annuel, mais à la nomination directe du comte. »

A Lille, les échevins furent rendus annuels en 1235 par la comtesse Jeanne, qui se réserva leur nomination. L'acte porte que du consentement des échevins, des jurés et de toute la communauté de la ville de Lille et pour le bien de cette ville et le maintien de la paix, la comtesse s'oblige pour elle et ses successeurs à nommer chaque année, à la Toussaint, à la place des anciens, douze nouveaux échevins, choisis parmi les bourgeois de Lille les plus honorables et les plus capables. Pour faire ce choix, le souverain du pays ou celui de ses officiers qu'il chargera de cette mission devront prendre l'avis des curés des quatre paroisses qu'il y avait à Lille en 1235, Saint-Etienne, Saint-Pierre, Saint-Maurice et Saint-Sauveur.

Nomination des échevins. — Chaque année, à la fin d'octobre, le procureur de la ville priait le souverain de désigner un commissaire pour nommer en son nom les nouveaux échevins à la Toussaint prochaine. Au quatorzième siècle, les rois de France confiaient cette misssion le plus souvent au bailli et parfois au châtelain de Lille. Mais il dut y avoir des abus. En 1364, Charles V, à la prière des bourgeois, décida que désormais la même personne ne pourrait plus être chargée de ce soin qu'après un intervalle de trois années. Le commissaire devait prêter serment qu'il ne nommerait aucun échevin qui ne fût parfaitement honorable et capable d'exercer cette fonction. Et il était même obligé de prendre l'engagement de n'accepter des candidats aucune somme d'argent ni le moindre avantage.

L'introduction de cette clause, sur la demande des bourgeois de Lille, permet de conclure que certains commissaires s'étaient laissé corrompre. Cela d'ailleurs n'est pas étonnant ; car les précautions infinies prises dans tous les règlements du Moyen-Age, pour l'empêcher, prouvent qu'à cette époque la concussion était un mal inguérissable. De son côté, le commissaire au renouvellement de la loi était tenu de réclamer une promesse analogue de tous ceux dont il devait prendre conseil et notamment des quatre curés. Enfin, avant de procéder à la nomination des nouveaux échevins, il devai exiger, de ceux qui sortaient de charge, le serment de l'avertir loyalement s'il désignait quelque personne qui fût indigne de cette fonction. Néanmoins, ces commissaires ne se faisaient pas faute de nommer échevins leurs favoris. En 1356, le dauphin Charles, à la prière des bourgeois de Lille, interdit aux commissaires d'appeler désormais à l'échevinage des hommes qui fussent attachés à leur service personnel par un lien quelconque : mais, en 1364, on fut encore obligé de renouveler cette défense.

Au quinzième siècle, le nombre des commissaires au renouvellement de la loi augmente et les abus se multiplient. En général, ils sont quatre, plus le prévôt de Lille, qui semble leur être adjoint de droit. Charles le-Téméraire porta même leur nombre à huit ou neuf, ce dont on se plaignit vivement ; car la ville était obligée de récompenser tous ces personnages, et de leur offrir des présents.

Les plaintes des bourgeois de Lille furent écoutées, et, en 1479, fut promulgué un nouveau règlement qui décida qu'à l'avenir il n'y aurait jamais plus de quatre commissaires. En même temps l'on renouvela les principales dispositions du règlement de 1356, qui paraît n'avoir jamais été bien observé. Il est vrai que celui de 1479

eut le même sort et que dès l'année suivante
on se dispensa d'en suivre les prescriptions les
plus importantes. Cependant elles étaient très
sages. Les commissaires devaient prêter, entre
les mains du chancelier du prince, serment de
ne mettre en l'échevinage personne qui n'en
fût digne et de ne prendre «par eux ne par autres nul don, nul bienfait ou profit en manière
quelconque». On exigeait en outre qu'après leur
nomination les nouveaux échevins fissent le
serment que pour obtenir cette charge ils
n'avaient fait ou fait faire aucune démarche,
donné ou fait donner aucune chose, ou fait la
moindre promesse. Mais tout cela était lettre
morte : nous savons que ces serments n'empêchaient pas que l'échevinage ne fût ardemment
brigué, et trop de candidats, pour réussir,
employaient des moyens fort peu honorables.

Cas d'exclusion de l'échevinage. —
Lorsqu'elle rendit l'échevinage annuel, la comtesse Jeanne s'était préoccupée d'empêcher que
ces fonctions ne fussent, pour ainsi dire, mono-
polisées par un petit nombre de personnes, pa-
rentes ou alliées, entre elles. Elle interdit de
renommer échevins ceux qui l'auraient été
depuis moins de trois ans.

On ne devait pas mettre ensemble à l'échevinage le père et le fils, le beau-père et les
gendres, des frères, des beaux-frères, des oncles
et des neveux, ou même des cousins-germains.
Et ces interdictions à cause de parenté s'éten-
daient même à la plupart des autres offices
municipaux.

A l'origine, tous les bourgeois pouvaient être nommés échevins; mais, en 1344, on réserva ces fonctions aux seuls bourgeois nés à Lille, parce que, disait-on, ils avaient plus d'affection pour leur ville natale que des étrangers. En 1479 on n'exigea plus cette condition que du premier échevin ou mayeur et du rewart de l'amitié, c'est-à-dire des deux chefs de l'administration communale. Il suffisait que les autres fussent bourgeois depuis plus d'un an, lors de leur nomination, et que pendant cette année ils eussent habité la ville d'une façon constante. Les circonstances politiques expliquent ce relâchement. C'était le moment où la population de Lille, tombée au plus bas depuis plus de cent ans, commençait à se relever par suite de l'immigration des habitants d'Arras et de la reprise de la draperie. Afin de ne pas entraver ce mouvement, on sentait le besoin de traiter avec faveur les étrangers.

Tous ceux qui n'étaient pas soumis à la juridiction de l'échevinage, en toute action personnelle, civile ou criminelle, ne pouvaient pas faire partie de cette magistrature ou des autres offices de la ville. Cette règle paraît remonter à l'origine de la commune, et on conçoit aisément qu'elle ait été adoptée; dans une société étroitement fermée, la première condition est que les chefs fussent soumis à toutes les obligations de l'association. Mais même au Moyen-Age il ne manquait pas de bourgeois avides de privilèges. A Lille il s'en trouva plusieurs qui se firent pourvoir de charges de sergents d'armes du roi ou de valets de son hôtel afin d'être exempts en toute action personnelle de la juridiction communale. Cependant ils voulurent parvenir quand même à l'échevinage et, comme leur position et leurs relations leur assuraient une certaine influence, ils y seraient sans doute arrivés, si les bourgeois n'auraient, en 1347, obtenu du roi une confirmation formelle de cette règle. L'attraction de l'échevinage était telle qu'au mois d'avril de cette même année 1347, un valet de l'hôtel du roi se démit de cette charge afin de conserver ses droits aux fonctions municipales.

Les avocats plaidants étaient aussi exclus. En 1341, à la prière des bourgeois de Lille, le roi de France interdit qu'à l'avenir on confiàt les fonctions d'échevins, de rewart, de voir-jurés et de jurés à des avocats plaidants ou qui auraient cessé d'exercer cette profession depuis moins de trois ans. A l'appui de leurs demandes, les bourgeois de Lille faisaient valoir ce motif que, bien qu'ils fussent obligés de se récuser dans le jugement des causes sur lesquelles ils avaient été consultés, les avocats ne s'en servaient pas moins de leur qualité de membres du tribunal communal, pour augmenter leur clientèle. Pour donner satisfaction à leurs clients et s'en attirer de nouveaux, ils accablaient leurs collègues de recommandations, qui avaient une influence sur les plus jeunes et les plus simples au grand détriment de la justice. On ne pouvait donner de raisons meilleures, et jamais mesure ne fut mieux justifiée. Et ce qui prouve qu'en interdisant les fonctions judiciaires aux avocats pratiquants on n'obéissait pas à de sots préjugés, c'est qu'on les admettait dans les charges municipales, qui n'avaient pas d'attributions judiciaires.

L'exclusion des célibataires de toutes les fonctions municipales, qui fut prononcée à la même époque, est beaucoup moins motivée. Une heureuse bonne fortune nous a conservé copie de l'enquête faite à Lille, au mois de mars 1347, sur la demande adressée au roi par les bourgeois, à cet effet.

Les témoins appelés à l'enquête déposèrent que, depuis quarante ans et plus, ils avaient assisté à la création de l'échevinage et qu'ils n'y avaient jamais vu appeler un homme qui ne fut ou n'eût été marié, si ce n'est en 1345, où fût élu un célibataire, nommé Robert de la Vacquerie, « ce dont tout li pueple fust moult dolens et moult courrouchiés, parce que c'estoit contre la coustume ». Au Moyen-Age, cette raison était suffisante ; et le roi n'en demanda pas plus pour exclure à toujours les célibataires de l'échevinage et des autres offices de la loi de Lille.

Obligations des échevins.— La principale fonction des échevins consistait dans l'exercice de la justice. Encore, au siècle dernier, dans son commentaire de la coutume de Lille, Patou dit : « Echevins sont des personnes commises par le seigneur pour administrer la justice dans sa terre.» Mais dans l'ancien régime, et surtout au Moyen-Age, l'administration était confondue avec la juridiction. Les baillis, les prévôts du roi et du comte

étaient à la fois administrateurs et juges.
Il en était de même des échevins, qui étaient
les principaux officiers de la commune. Non
seulement ils jugeaient, au civil et au criminel,
les causes des bourgeois et des manants de
Lille; mais ils dirigeaient les affaires de la ville,
seuls ou conjointement avec d'autres conseils,
ayant chacun des attributions spéciales. A leur
entrée en fonctions, ils étaient répartis par
groupes de deux ou de quatre, qui étaient pré-
posés à tel ou tel service. Il semble que par un
sentiment de défiance on n'ait pas voulu confier
à un seul homme la décision, même sur les
plus petites affaires. Le chef du collège échevinal, le mayeur, qui était désigné le premier
par les commissaires au renouvellement de la
loi, n'avait qu'un droit de préséance et son office
était de pure représentation ; il ne pouvait rien
faire sans l'assentiment de la majorité des
échevins.

Gages des échevins. — L'échevinage
était une lourde charge ; mais c'était une fonction si honorable, si considérable, qu'elle n'en
était pas moins très recherchée; on n'avait pour
ainsi dire jamais à l'imposer à ceux qui par hasard
étaient désignés pour cette fonction sans l'avoir
briguée. Car, au Moyen-Age, dans la plupart
des villes, les fonctions municipales étaient
obligatoires ; par contre, elles n'étaient pas
gratuites. Les échevins, notamment, étaient
rétribués. Quand ils assistaient à la pose de
scellés, à des expertises, à des inventaires, ils
recevaient des vacations, comme les juges de

paix de nos jours. Il en était de même lorsqu'ils étaient de service pour la ville, au guet, à l'audition des comptes, etc. Les produits de toutes ces vacations étaient versés dans une bourse commune et répartis par le mayeur entre les échevins, dans une proportion déterminée par la coutume.

Outre ces salaires, les échevins recevaient au commencement de leur année de service une ou deux robes magnifiques, de beau drap de couleur uniforme pour tous, avec de belles bandes ou bordures de satin ou de velours. La ville achetait le drap de ces robes et elle donnait à chaque échevin pour la façon une certaine somme. Ce n'était pas une petite dépense ; car on prenait le plus beau drap. En 1467, lorsque la ville de Lille, par suite de mauvaise gestion, fut obligée de suspendre ses paiements, le duc de Bourgogne ordonna qu'on ne donnerait plus qu'une robe aux échevins ; mais en 1526, sous prétexte que depuis une vingtaine d'années la population de la ville s'augmentait dans de grandes proportions, ils réclamèrent et l'ancien usage fut rétabli.

Enfin les échevins et les autres officiers municipaux faisaient souvent de somptueux festins aux frais de la ville ; non seulement on banquetait à la halle échevinale aux grandes fêtes, le jour de la fête de l'Epinette, à l'ouverture de la foire, au renouvellement de la loi, etc., mais le premier vendredi de chaque mois, après l'expédition des affaires, on terminait la séance par un bon dîner aux frais de la ville. Au tribunal échevinal, quand l'audience durait trop longtemps, les juges, sous prétexte que leur journée avait été bien remplie, buvaient du bon vin, toujours aux frais de la ville. En 1467, Philippe-le-Bon, pour rétablir l'ordre dans les finances municipales, supprima tous ces grands repas et limita la somme qui pourrait être dépensée chaque mois en victuailles et en boissons ; mais bientôt on revint aux anciens usages et cela dura jusqu'à la Révolution.

Jurés , rewart , paiseurs et gard'-orphènes. — Les échevins ne rendaient pas seuls la justice ; ils étaient assistés par deux collèges , les quatre voir-jurés et les huit jurés ; les uns et les autres devaient aider de leurs conseils les échevins dans l'administration de la justice et dans le gouvernement de la ville ; c'est pourquoi on les appelait souvent « *le conseil* ». D'après la charte de 1235, ils étaient choisis chaque année à la Toussaint par les nouveaux échevins ; mais en 1479, il fut ordonné qu'ils seraient aussi désignés par les commissaires du prince ; il en était de même du rewart.

Le rewart de l'amitié, *respector amicitiæ*, était sans doute l'ancien chef de la ghilde ou amitié qui était devenu l'un des chefs de la commune. Hors de la maison de ville il était le premier magistrat de Lille, mais dans la halle échevinale le mayeur des échevins avait la préséance. Il recevait une robe comme les échevins, et prenait part à tous les festins et banquets ; mais en 1364 on supprima la plus grande partie de ses émoluments, afin que, par

convoitise du profit, personne ne s'efforçât plus
d'obtenir cette charge par argent ou par prières,
comme on avait l'habitude de le faire. Il semble qu'à l'origine c'était le rewart qui était
chargé de maintenir la paix parmi les confrères
et de faire respecter par les étrangers les privilèges de l'association. Ses attributions conser-
vèrent en grande partie ce caractère et il s'occupait surtout de la police.

Il était secondé par les cinq paiseurs, qui
avaient, comme leur nom l'indique, pour mission d'apaiser les querelles, d'empêcher les
vengeances et d'imposer les trêves à tous ceux
que l'on soupçonnait d'être animés d'une haine
violente l'un contre l'autre. Ils étaient, depuis
1235, désignés par les curés des quatre paroisses.

Les cinq gard'orphènes, choisis par les commissaires du prince, étaient chargés d'administrer, sous la direction des échevins, les biens
des orphelins mineurs. Ils avaient en cette
matière des attributions bien plus étendues
que celles qu'ont aujourd'hui les juges de paix
en leur qualité de présidents des conseils de
famille ; mais leur rôle était tout à fait spécial.

Administration financière.— Les finances de la ville étaient gérées par les échevins,
avec le concours des huit hommes et des quatre
comtes de la hanse. Les huit-hommes, ainsi
désignés à cause de leur nombre, avaient pour
mission de répartir avec huit échevins, tirés au
sort, la taille de l'impôt direct. C'était, à l'origine, leur principale attribution ; mais bientôt
on les chargea de prendre avec les échevins

toutes les résolutions qui pourraient entraîner une dépense pour la ville, dont ils devaient vérifier toutes les dettes et tous les paiements. Ils avaient la haute main sur les travaux publics municipaux. En 1235, la comtesse Jeanne décida que les curés des quatre paroisses, chaque fois qu'ils en seraient requis par les échevins, choisiraient entre les bourgeois de Lille huit hommes honorables, les meilleurs qu'il se pourrait trouver, pour asseoir la taille ; mais bientôt cette commission devint permanente et chaque année à la Toussaint, les curés désignaient les huit hommes.

Enfin les échevins nommaient tous les ans, à la même époque, quatre bourgeois, qui, sous le nom de comtes de la hanse, étaient chargés de la gestion de la caisse municipale, sous la direction et la surveillance des échevins et des huit-hommes. Leur titre ferait croire qu'à l'origine ils étaient les chefs de l'association des marchands de Lille et qu'à la fondation de la commune on leur en avait confié les finances. Mais, dans les affaires d'argent, le système d'administration collective est plus dangereux que partout ailleurs : car, lorsque les responsabilités sont partagées entre plusieurs, elles ne sont jamais bien sérieuses. Aussi, lorsqu'en 1467 la ville fut sur le point de faire banqueroute, on l'attribua surtout à la mauvaise administration des comtes de la hanse ; le duc de Bourgogne les supprima et il les remplaça par un trésorier, appelé argentier, que les commissaires devaient choisir tous les trois ans, mais qu'ils pouvaient renommer indéfiniment tant qu'on était satisfait de sa gestion.

Les officiers permanents. — L'esprit de suite était maintenu dans l'administration municipale par un petit état-major d'officiers permanents qui avaient une grande influence sur des magistrats annuels, car seuls ils connaissaient les affaires. Les plus importants étaient les deux conseillers pensionnaires. On désignait sous ce nom deux avocats, qui étaient nommés pour un temps illimité par les échevins, afin de les conseiller et de les diriger dans le gouvernement de la ville et surtout dans l'administration de la justice. Venaient ensuite les trois clercs de la ville : le procureur, le greffier civil et le greffier criminel ; leurs attributions étaient surtout judiciaires ; mais ils s'occupaient aussi de toutes les autres affaires de la ville ; ils étaient également choisis par les échevins, qui pouvaient les renvoyer ; mais d'habitude ils conservaient leurs fonctions pendant de longues années.

Conseil de la ville. — Au Moyen-Age, dans presque toutes les villes du nord, l'administration municipale avait de grandes analogies avec le système d'administration locale que l'Angleterre a conservé jusqu'à nos jours. Chaque nature d'affaires était traitée par une commission spéciale. Mais, à Lille, les questions les plus importantes paraissent avoir été de bonne heure réservées à un conseil formé par la réunion de plusieurs de ces commissions. La charte de 1235 porte que ce conseil ne devait pas comprendre plus de vingt-cinq personnes, les douze échevins, le rewart, les quatre voir-jurés et les huit jurés ; mais au quatorzième siècle on y voit appeler les huit-hommes, les quatre comtes de la hanse, les cinq paiseurs, les cinq gard'orphènes et les cinq officiers permanents. D'après la charte de 1235, on n'aurait pas dû créer de rentes sur la ville, sans le consentement d'une assemblée générale des bourgeois et sans l'autorisation du comte ; mais le prince se contentait du vote du conseil et les rentes se multiplièrent au point qu'il vint un moment où la ville fut dans l'impossibilité d'en payer les arrérages. Alors le duc Philippe-le-Bon ordonna que pour délibérer sur les grandes affaires « qui toucheraient à la policie, estat et gouvernement de la ville », on appellerait en halle les trente-neuf personnes qui étaient du serment de la ville et des états de la halle, c'est-à-dire les échevins, le rewart, les voir-jurés, les jurés, les huit-hommes, les conseillers pensionnaires, les clercs et l'argentier. Ce fut jusqu'à la Révolution le grand conseil de la ville de Lille. L'assemblée générale des bourgeois n'était presque jamais réunie et, même pour modifier la coutume et faire de nouvelles lois, on se contentait de convoquer avec les membres du conseil une vingtaine de notables.

Aristocratie bourgeoise. — Dans toutes les villes du nord, soit que les officiers municipaux fussent désignés par le prince, comme à Lille, soit qu'ils fussent élus suivant des modes plus ou moins compliqués, comme à Douai, Arras et Saint-Omer, l'administration était aux mains d'une étroite aristocratie bourgeoise.

Malgré l'interdiction de renommer les mêmes personnes avant un intervalle de trois années, malgré les prohibitions à cause de parenté, ce sont presque toujours les mêmes noms qui reviennent dans les registres appelés Papiers de la Loi. Les membres de cette coterie administrent sans la moindre vergogne les affaires municipales dans leur intérêt et dans celui de leurs parents et amis. Ils sont irresponsables et tout se passe dans l'ombre; car il est sévèrement interdit de révéler ce qui se fait dans les conseils de la ville. Aussi que donnent tous ces beaux règlements, où l'on ne voit que la préoccupation de choisir les meilleurs administrateurs, les hommes les plus honorables, les plus intègres et les plus capables, où, pour y arriver, l'on ordonne de suivre les conseils des pasteurs des paroisses? Ils produisent les plus mauvais résultats; la plupart des villes du nord, Lille entre autres, firent, au moins une fois, banqueroute, et, si l'on en croit le célèbre bailli Philippe de Beaumanoir, c'était la conséquence de la mauvaise administration des villes par l'aristocratie bourgeoise.

CHAPITRE NEUVIÈME

LA JUSTICE COMMUNALE

Compétence du tribunal des échevins. — Conflits avec le chapitre de Saint-Pierre. — Conflits avec le bailli. — Conflits avec les tribunaux d'église. — Organisation du tribunal communal. — La coutume de Lille; le livre Roisin. — Le droit de ban. — Le droit d'arsin. — Cruauté du droit pénal. — Plaintes contre la justice communale.

Compétence du tribunal des échevins. — La justice était l'attribut essentiel de la commune comme de toute autre seigneurie; on peut dire: *Pas de commune sans justice.* Mais cette justice pouvait être plus ou moins étendue. A la fin de l'ancien régime on distinguait trois degrés : la haute, la moyenne et la basse justice ; mais à l'origine, dans les premiers temps du Moyen-Age, il n'y avait que la haute justice et la basse ; les seigneurs haut-justiciers connaissaient de tous les crimes et délits commis dans leur terre ; ils pouvaient prononcer des peines capitales et le signe extérieur de leur autorité consistait dans l'érection des fourches patibulaires où l'on pendait haut et court les malfaiteurs.

La commune de Lille avait la haute justice sur tous ses bourgeois dans toute l'étendue de la ville et de la châtellenie et sur les manants qui habitaient le territoire de l'ancienne seigneurie, que les comtes de Flandre possédaient immédiatement dans cette ville, au commence-

ment du douzième siècle, lors de la création de
la commune ; mais à ce moment la compétence
du tribunal n'avait pas été nettement définie
dans un texte de loi, comme on le ferait aujour-
d'hui. Les échevins, toujours nommés par le
comte, avaient continué de rendre la justice
dans les mêmes conditions qu'ils le faisaient
auparavant, et peu à peu la coutume avait fixé
l'étendue de leurs pouvoirs. Les officiers du
comte de Flandre ne semblent pas avoir jamais
fait la moindre tentative pour diminuer les
privilèges des bourgeois de Lille ; mais lorsque
la ville passa sous la domination des rois de
France, ce fut une tout autre affaire.

Philippe-le-Bel et ses successeurs n'étaient
pas favorables aux communes et surtout à leurs
justices. Bien que les échevins de Lille, choisis
directement par le souverain, fussent en quelque sorte ses propres magistrats — eux-mêmes
se disaient juges du roi, — les officiers royaux
se montrèrent très jaloux de leur juridiction et
s'efforcèrent de la restreindre par tous les
moyens. Aussi lorsque la ville se fut acquis, eu
1340, au combat de Marquette, des titres particuliers à la reconnaissance du roi de France,
elle le supplia de confirmer les droits de sa
juridiction et, après une longue enquête, elle
en obtint en avril 1341 le fameux privilège des
dix-sept articles. Mais on n'y fixa pas même les
points les plus importants de la coutume ; on
ne s'occupa que des questions contestées dans
le moment.

Les gens du Moyen-Age ne cherchaient pas à
faire des lois complètes et parfaites, prévoyant

tous les cas possibles et impossibles ; ils ne s'occupaient que des besoins présents ; leur devise en matière de législation semble avoir été celle-ci : « Chaque chose en son temps. » Les Anglais ont conservé jusqu'à nos jours cette méthode.

En 1340 les échevins de Lille réclamèrent surtout contre la prétention des baillis et gouverneurs de Lille de réformer en appel leurs sentences. Ce fut le neuvième article de leur plainte et Philippe-de-Valois leur donna raison. Ce qui n'empêcha pas les gouverneurs de Lille de recevoir à maintes reprises des appels de jugements des échevins, que nous voyons souvent obligés de défendre leur juridiction près du roi ou du comte. Encore en 1363 et en 1365 Charles V fut obligé de confirmer le privilège des dix-sept articles, et en 1377 Louis de Mâle en donna un autre non moins important. Les empiètements des gouverneurs continuèrent. Enfin, en 1463 le duc Philippe-le-Bon, pour mettre un terme à ces conflits incessants, décida que les appels des sentences des échevins de Lille seraient portés, non pas devant le gouverneur de cette ville, mais devant le grand conseil de Flandre. Ce fut pour les échevins une satisfaction d'amour-propre ; mais ils n'en furent pas moins privés du droit de juger en dernier ressort.

Une autre occasion fréquente de conflits était fournie par les cas dits réservés. Au treizième siècle, il n'y avait guère dans la coutume de Lille qu'un seul cas dont le jugement fût enlevé aux échevins : c'était l'attentat contre la personne du comte, de sa femme et de ses enfants légitimes. Mais au quatorzième siècle, les officiers du roi s'efforcèrent d'augmenter à l'infini le nombre de ces cas, alors appelés cas royaux, dont ils prétendaient pouvoir seuls connaître. Quand Lille rentra sous la domination des comtes de Flandre, les gouverneurs suivirent le système des baillis français, et les conflits avec les échevins furent incessants, jusqu'à ce qu'en 1522 l'empereur Charles V déterminât exactement quels étaient les cas réservés ; ils étaient devenus très nombreux.

Conflits avec le chapitre de Saint-Pierre. — Lors de la création de la commune de Lille, en 1127, le comte de Flandre n'avait pu lui abandonner que les droits qu'il possédait alors dans cette ville, et il avait été obligé de réserver les droits des autres seigneurs de la ville. La plus importante de ces seigneuries était celle de Saint-Pierre, constituée en 1066, an moment de la fondation de ce chapitre, par le comte Baudouin de Lille. Comme les échevins de la ville de Lille, les juges du chapitre de Saint Pierre avaient la haute justice. Il existait donc au Moyen Age, dans la ville de Lille, deux juridictions rivales qui se disputaient les affaires, et cela produisait souvent les résultats les plus singuliers.

La compétence de ces tribunaux et les limites de leurs territoires respectifs n'étaient pas bien déterminées ; d'où de nombreux conflits, toujours coûteux pour la ville, qui avait à en payer les frais, et plus fâcheux encore pour les malheureux qui, pendant que les juges se disputaient à qui les condamneraient, étaient retenus sous les verrous. Ces conflits étaient d'autant plus fréquents que la seigneurie du chapitre n'était pas seulement composée du quartier qui s'était formé autour de l'église et du cloître, mais qu'elle comprenait encore de nombreuses maisons dispersées dans la ville, dans le quartier Saint-Sauveur, près de la porte des Malades ou de Paris et dans la banlieue hors de la porte Saint-Pierre, près l'église de Saint-André, hors de la porte de la Barre, etc. Parfois les incidents les plus drôles se produisaient. Ainsi, en 1369, il y eut un conflit à propos d'un larron pris un pied dans une maison tenue de Saint-Pierre et l'autre sur la terre de la ville ; on plaida longtemps pour savoir qui devrait le juger.

Les conflits ne survenaient pas seulement en raison du lieu où le crime avait été commis, mais le plus souvent en raison de la qualité des coupables. Les échevins prétendaient qu'ils pouvaient seuls connaître des fautes commises par leurs bourgeois dans tout le territoire de la ville et de la châtellenie, et par suite dans la seigneurie de Saint-Pierre. Il ne pouvait y avoir à cette règle que deux exceptions : si le bourgeois était pris en flagrant délit ou s'il se liait par réponse devant le tribunal étranger. Quand un bourgeois était amené devant d'autres juges que les échevins, il devait refuser de discuter les griefs dont on l'accusait et se borner à répondre : « Je suis bourgeois de Lille ; renvoyez-moi devant mes juges naturels, les échevins de la ville. » S'il se laissait entraîner à protester de son innocence, il se liait par réponse, comme on disait alors, et il ne pouvait plus se soustraire au jugement du tribunal étranger. En outre, pour le punir d'avoir laissé violer en sa personne leurs franchises, les échevins de Lille le privaient du droit de bourgeoisie et l'obligeaient à payer le droit d'escas. Si le tribunal étranger ne voulait pas renvoyer devant les échevins un bourgeois qui se réclamait de sa qualité, la commune allait en armes sous la conduite du rewart le délivrer de vive force. En 1365, les bourgeois de Lille brisèrent pour ce motif les portes des prisons de St-Pierre.

Les chanoines revendiquaient ce même privilège pour leurs hôtes couchant et levant dans la terre, c'est-à-dire pour les habitants qui demeuraient dans les quartiers de la ville ou dans les maisons dont le chapitre était seigneur. Parfois, ils réclamaient même ceux de leurs hôtes qui étaient bourgeois de Lille ; tous, disaient-ils, ne pouvaient être jugés que par les juges de St-Pierre. En 1451, le doyen du chapitre somma les échevins de relâcher, sous peine d'excommunication, un bourgeois, hôte de St-Pierre ; mais il fut obligé de reconnaître ses torts et d'avouer qu'en sa qualité de bourgeois, cet homme était exclusivement justiciable du tribunal communal.

En matière civile les conflits n'étaient pas moins fréquents ; les plaideurs de mauvaise foi ne manquaient pas de contester la compétence du tribunal devant lequel on les citait, soit en raison de leur qualité, soit en raison de la situation de l'objet du litige ; souvent, avant de pouvoir plaider l'affaire au fond, il fallait lutter pendant des années pour faire déterminer le tribunal qui devrait en connaître.

Quand Lille et la Flandre wallonne furent soumises aux rois de France, les chanoines de Saint-Pierre, au moindre conflit, appelaient les échevins devant le bailli d'Amiens, gardien de leurs privilèges, et de là on allait en appel au Parlement de Paris. Après 1369, après la réunion à la Flandre, on devait s'adresser directement au grand conseil du comte ; mais le plus petit de ces procès n'en coûtait pas moins fort cher à la ville.

Dès le douzième siècle, les échevins eurent à lutter contre le chapitre de St-Pierre pour défendre leur juridiction. Depuis cette époque, les conflits allèrent toujours se multipliant et s'aggravant à tel point, que bien avant la fin du treizième siècle les comtes durent intervenir pour chercher à les prévenir.

En 1283, la guerre entre le chapitre et la commune fut si vive que les échevins mirent comme en interdit la terre de Saint-Pierre. Ils défendirent aux bourgeois de franchir le pont du Château, par où l'on entrait sur la seigneurie du chapitre; ceux qui seraient forcés d'y passer devraient aller droit leur chemin sans pénétrer dans le cloître ou dans l'église; nul ne pouvait plus avoir le moindre rapport avec les chanoines, les clercs ou leurs domestiques, ni leur rendre le plus petit service. Le chapitre réclama la protection du comte contre ce ban, qui n'était qu'une juste punition de ces excommunications dont les chanoines avaient tant abusé contre les bourgeois de Lille. Guy de Dampierre demanda des explications aux échevins, qui, se souvenant que tout mauvais cas est niable, prétendirent que ce ban n'avait jamais existé que dans l'imagination craintive des chanoines, et cette affaire curieuse n'alla pas plus loin. Mais ces excès ne rendirent pas les deux parties plus conciliantes, et pendant tout le Moyen-Age elles furent presque constamment en procès à propos de leur juridiction.

Conflits avec le bailli. — La compétence territoriale du tribunal des échevins ne s'étendait pas au delà de la ville et de sa banlieue, qui ne comprenait qu'une zone de largeur variable, mais ne dépassant pas deux à trois kilomètres autour des murs. La connaissance des crimes et délits commis en dehors de ce territoire restreint par des non-bourgeois appartenait au bailli, assisté des hommes de fief de la salle du comte. Souvent il fallait discuter avec le bailli si le lieu où le crime avait été commis était ou non dans la banlieue. Le grand nombre des bourgeois forains fournissait un autre motif de conflits ; lorsque les échevins réclamaient un de leurs bourgeois poursuivi par le bailli, celui-ci chicanait sur la qualité de l'accusé et recherchait s'il possédait à juste titre la bourgeoisie.

Au mois d'octobre 1418, un homme fut tué sur la route, tout près de la porte de la Barre, mais en dehors de la ville. Le bailli prétendit que le crime avait été commis hors des limites de la banlieue, et il commença les poursuites ;

les échevins en firent autant, disant, et avec raison,que le fait avait eu lieu dans la banlieue, et ils pressèrent l'affaire, si bien qu'ils prononcèrent les premiers la condamnation des meurtriers ; mais ceux-ci avaient été encore plus diligents ; pendant que les juges se disputaient, ils s'étaient échappés.

Conflits avec les tribunaux d'église. — Enfin les échevins avaient souvent maille à partir avec l'officialité de l'évêque de Tournai. Pour jouir des privilèges des ecclésiastiques et surtout pour se soustraire à la juridiction des tribunaux séculiers, nombre de gens se faisaient recevoir clercs, ce qui souvent ne les empêchait pas de mener une vie de débauches. Mais les échevins de Lille ne se laissaient pas arrêter par les privilèges de cléricature et ils condamnaient sans pitié les clercs qui avaient commis quelques méfaits. Aussitôt l'évêque faisait un procès et parfois il en coûtait cher à la ville.

En 1360, un nommé Jean Bosquet, banni de la châtellenie, fut arrêté à Lezennes et pendu au gibet de la commune de Lille, par arrêt des échevins, bien qu'il fût clerc. L'évêque appela les échevins devant le Parlement de Paris ; ceux-ci commencèrent par dire que ce Jean Bosquet était marié et ne vivait pas cléricalement ; mais dans la crainte d'être trop fortement condamnés, ils supplièrent l'évêque de retirer sa plainte, et pour en obtenir cette faveur, ils lui donnèrent quatre mille réaux d'or.

Les tribunaux ecclésiastiques prétendaient

aussi connaître d'un grand nombre de causes concernant les laïques, ainsi que de toutes les affaires où serait violé un commandement de l'Eglise, de tout ce qui touchait au mariage, etc.; c'était l'occasion de nombreux conflits entre l'official de l'évêque de Tournai et les échevins de Lille. Ceux-ci soutenaient, par exemple, qu'ils avaient le droit de punir les bourgeois et manants de la ville de Lille qui vivaient dans la débauche, et souvent ils appliquaient aux coupables de ces fautes des peines rigoureuses; ainsi, en 1478, ils condamnèrent au bannissement Martin Dubus et Catherine Carpentier, parce qu'ils vivaient depuis longtemps en concubinage. Aussitôt l'évêque faisait citer les échevins devant son tribunal comme ayant entrepris sur sa juridiction, et, si l'on ne parvenait pas à se mettre d'accord, il fallait payer à l'évêque une grosse somme afin d'éviter l'excommunication.

Organisation du tribunal communal. — On a bien peu de renseignements sur la composition du tribunal des échevins avant le quinzième siècle. A cette époque, nous voyons qu'on y tenait régulièrement audience un jour par semaine, le lundi ; une semaine pour les *plaids à l'ordinaire*, c'est-à-dire pour les affaires de dettes et pour les causes criminelles ou correctionnelles, et la semaine suivante pour les *plaids au hestal*, consacrés aux affaires civiles; les premiers étaient tenus par six échevins et un voir-juré, et les seconds par quatre échevins et un voir-juré. Comme il y avait entre eux un roulement, les échevins n'étaient pas même de service un jour par quinzaine ; cela n'était donc pas très fatigant.

Les fonctions du ministère public près du tribunal communal étaient remplies par un officier du comte, le prévôt de Lille, qui était régulièrement adjoint aux commissaires désignés chaque année par le prince pour choisir les nouveaux échevins. Il devait donc avoir sur eux la plus grande influence. C'était lui qui avait l'initiative des poursuites, qui donnait l'ordre d'arrêter les accusés et le faisait exécuter par ses sergents ; mais, au premier jour de plaids, après leur arrestation, il devait les présenter aux échevins, qui seuls pouvaient les maintenir en prison. C'était une précieuse garantie pour la liberté individuelle ; elle était encore augmentée par l'usage de la mise en liberté sous caution.

Le prévot était en outre le chef de la police dans la ville de Lille ; pour y maintenir le bon ordre, il avait sous sa direction douze sergents de la prévôté, qui remplissaient en même temps des fonctions analogues à celles de nos huissiers. C'était là toute la police ordinaire de la ville. Lorsque, dans les grandes occasions, comme à la fête de l'Epinette et à la foire, elle était insuffisante, on adjoignait aux sergents de la prévôté des pelotons pris dans les confréries des archers, des arbalétriers et des canonniers subventionnées par la ville.

La coutume de Lille ; le livre Roisin. — Le tribunal des échevins jugeait d'après la coutume de Lille, qui pendant longtemps ne s'était conservée que par la tradition orale. Lorsqu'il y avait doute sur l'usage en telle ou telle matière, les échevins faisaient appeler les vieillards les plus sages et les plus expérimentés pour leur demander quelle était la coutume sur ce point, et ils se décidaient suivant les résultats de cette enquête. Cela dura jusqu'à la fin du treizième siècle. A cette époque, un clerc de la ville, nommé Jean Roisin, composa un traité sur les usages suivis dans le tribunal des échevins, dont depuis longtemps il était l'un des greffiers. Son travail n'était pas officiel, car pour constater la coutume il n'avait pas pu procéder à ces enquêtes dont il vient d'être question ; il avait dû se borner à faire usage de ses souvenirs ; mais comme il avait une grande expérience, son œuvre n'en était pas moins très importante. Bientôt ce livre fut suivi dans le tribunal échevinal, dont il devint en quelque sorte le code. En 1348, la ville en fit faire à ses frais une copie officielle, qui est encore conservée aux archives municipales. Dans cet exemplaire, on ajouta à la coutume rédigée par Jean Roisin un certain nombre de décisions rendues depuis la fin du treizième siècle, et bientôt l'on prit l'habitude de copier sur ce livre les titres les plus importants pour la ville, si bien que cet exemplaire est comme le cartulaire de Lille. C'est un ouvrage des plus précieux pour l'histoire de cette ville et même du droit public et privé de toute la région du nord ; malheureusement, l'édition que nous en possédons est exécrable, tellement elle est remplie de fautes de lecture et d'erreurs graves. Il serait bien à souhaiter que la ville de Lille fît faire de ce précieux ouvrage une bonne édition scientifique et y joignît un inventaire détaillé avec un recueil des plus curieux documents de ses archives, comme font Paris, Lyon, Bordeaux et de nombreuses villes de moindre importance.

Le droit de ban. — Les coutumes étaient fort incomplètes, et chaque jour se présentaient des cas qui n'y avaient pas été prévus. En outre, avec le temps, les idées se modifiaient et on reconnaissait qu'il était nécessaire de changer certains articles qui étaient contraires aux mœurs nouvelles. Ces changements, ces additions à la coutume n'auraient dû se faire qu'après avoir été adoptés dans une assemblée générale des habitants et approuvés par le prince. Mais, au quatorziène siècle, on n'était pas très scrupuleux : bien que dans les demandes d'approbation adressées au roi de France on déclarât que les nouvelles lois avaient été décidées par la majeure partie des habitants de la ville, on se cententait de réunir les échevins, les principaux officiers municipaux et un petit nombre de notables.

Souvent même on se passait de l'autorisation du prince, et les échevins, réunis en conseil avec les autres magistrats de la commune, rendaient de véritables lois, connues sous le nom de bans ; on en trouve un grand nombre dans le livre Roisin et dans les registres aux bans, dont les plus anciens remontent à la fin du uatorzième siècle.

Dans ces bans, les chefs de la commune de Lille réglaient toutes les actions de la vie des bourgeois et habitants de la ville jusque dans les plus petits détails : c'était une législation tyrannique, qui nous paraîtrait odieuse et insupportable ; elle réglementait même l'habillement des citoyens. Le 21 juillet 1400 on publia à Lille ce ban : « *que aucuns, quel qu'il soit, ne soit si hardi que depuis maintenant en avant fasse faire ou porte noirs draps pour aucunes personnes, qui d'ores en avant iront de vie à trespas en cette ville* ». Ainsi l'on va jusqu'à interdire de porter des vêtements noirs en signe de deuil ; il faut croire qu'il y avait alors dans le conseil communal des fabricants ou des marchands de draps de couleur plus gaie.

Le droit d'arsin. — L'étude de la coutume de Lille pourrait faire à elle seule l'objet d'une série de leçons intéressantes ; mais pour en donner une idée, il suffit de signaler les points les plus curieux. L'un des plus singuliers, c'est le droit d'arsin, dont jouissaient au Moyen-Age la plupart des villes du nord.

Le devoir de protéger ses membres était comme la raison d'être de la commune, et pour l'accomplir, elle recourait aux moyens les plus extrêmes. Si un étranger possédant une maison dans la châtellenie de Lille blessait ou tuait un bourgeois et refusait de venir se soumettre au jugement des échevins, la commune allait brûler sa maison, d'où le nom d'arsin. On criait à la bretesche, au balcon de l'Hôtel-de-Ville, le ban que tous les bourgeois et manants allassent, avec le rewart et le conseil, faire la vengeance de la ville. On sonnait par trois fois, pendant longtemps, les cloches de la commune ; on sortait les bannières de la ville et des corporations et le rewart et les connétables allaient par les rues rassembler leur monde ; on se réunissait sur la Grand'Place et, lorsque les cloches commençaient à sonner pour la troisième fois, les premières bannières se mettaient en mouvement ; le rewart et toute la commune en armes suivaient, et les dernières bannières devaient être sorties de la ville avant que la bancloche se tût. Quand on était arrivé à la maison du coupable, on l'appelait par trois fois ; s'il se rendait, on l'emmenait prisonnier pour le faire ensuite passer en jugement ; mais s'il ne répondait pas à ces sommations, on brûlait sa maison et on coupait les arbres du jardin. L'exécution terminée, on commandait à tous de ne rien emporter et de rentrer à Lille dans le même ordre, sans piller les paysans et sans rester en arrière.

Ces incendies pouvaient avoir des conséquences très fâcheuses. A cette époque, dans les villes et surtout dans les villages, les maisons étaient couvertes en chaume et bâties en pans de bois et en torchis ; elles s'enflammaient et brûlaient aisément, et il arrivait parfois que l'arsin d'une maison causât l'incendie et la ruine de tout un village. Pour y obvier, bien des villes du nord, au lieu de brûler les maisons de ceux qui refusaient de se soumettre à leur juridiction, les faisaient abattre ; c'était le droit *d'abatis de maisons*, en usage à St-Omer, à Valenciennes ; mais au quatorzième siècle l'arsin était encore à Lille en pleine vigueur.

Cruauté du droit pénal. — Les peines en usage à eette époque étaient atroces, et la coutume de Lille ne fait pas exception. Elle contient cette règle cruelle : « *Lois est en chesle ville, mort pour mort, membre pour membre.*» C'est l'antique peine du talion. « *Qui homme ochist, se n'est sour sen cors deffendant, il doit iestre mis à mort, si comme de le tiesle coper.* » Mais la décapitation était réservée à ceux qui tuaient à visage découvert, dans une bataille, et les parents du mort pouvaient, s'ils le désiraient, trancher eux-mêmes la tête du coupable. A leur défaut, c'était le bourreau. Les assassins étaient pendus et la pendaison était une peine si fréquente que rarement les gibets étaient inoccupés. On pendait aussi les cadavres des suicidés dont on considérait la mort comme ignominieuse. On appliquait même cette peine aux ivrognes qui se faisaient mourir à force de boire à l'excès. Le 14 janvier 1523 (n. s.) on punit certaines personnes qui avaient mis en terre sainte le corps d'un homme qui s'était crevé de boire, attendu que son cadavre n'était digne d'être ailleurs qu'au gibet. Cependant, dans les villes et châtellenies de Lille, Douai et Orchies, les héritiers des condamnés à mort et et des suicidés étaient mieux traités que partout ailleurs; on ne pouvait pas y confisquer les biens qu'à leur mort ces grands coupables possédaient. La coutume de Lille dit : « *Lois est*

*en cheste ville que nuls ne nulle, selon l'usage
ancien, ne fourfait corps et avoir.* » C'est le
privilège de non-confiscation, qui remonte aux
premiers temps du Moyen-Age et que les Lillois
eurent soin de faire confirmer à plusieurs reprises par leurs souverains, en 1341, en 1377,
en 1478, etc.

Plaintes contre la justice communale.
— A l'origine, les tribunaux des villes rendirent
les plus grands services à leurs habitants ; mais
quand, sous l'influence de la renaissance des
études juridiques, les cours du roi et des grands
seigneurs se furent transformées et qu'elles
furent composées de juges dignes de ce nom,
leur justice fut préférée à celle des échevins
par tous ceux qui n'avaient pas de motifs particuliers de compter sur la faveur des magistrats
municipaux. Au quatorzième siècle, on trouve
chez les poètes flamands les plaintes les plus
vives sur la partialité des échevins, et il ne
paraît pas qu'elles fussent exagérées. Un des
motifs des gouverneurs de Lille pour vouloir
prononcer en appel sur les arrêts et les sentences
des échevins s'appuyait sur ce fait que trop
souvent ces juges acquittaient leurs parents,
amis ou protégés, fussent-ils coupables des plus
grands crimes.

La justice civile n'était pas meilleure. Les
procès duraient à l'infini. A qui la faute ? Les
échevins prétendaient que les procureurs en
étaient cause. Jusqu'en 1365, on plaida devant
le tribunal de la ville de bouche et non par
écrit ; d'où de grands inconvénients ; il fallait

se fier à la mémoire des échevins, qui avaient entendu les plaidoiries : mais si l'affaire n'était pas terminée avant le renouvellement des échevins, il fallait tout recommencer devant les nouveaux. Pour y remédier, Charles V, en 1365, autorisa l'usage de la procédure par écrit ; mais les procureurs en abusèrent et multiplièrent les écritures au point que les procès n'en finissaient plus. Les échevins prenaient tout leur temps pour lire ces grimoires. Ils ne tenaient audience pour les affaires civiles qu'une fois tous les quinze jours, et ils n'étaient même pas exacts ; ils arrivaient bien après l'heure et ils partaient avant que l'audience fût terminée. Pendant tout le quinzième siècle, on fait de beaux règlements pour les obliger à l'assiduité ; mais on ne parvient pas à l'obtenir et les plaintes se renouvellent encore à plusieurs reprises au seizième siècle. Partiale et lente à l'excès, la justice des échevins laissait fort à désirer.

CHAPITRE DIXIÈME

L'INDUSTRIE

La draperie à Lille au Moyen-Age. — Le commerce
des laines. — Les drapiers. — La bonne draperie.
— La sèche draperie. — La Sayetterie. — Les
façonniers. — Grèves et Révoltes des ouvriers.
— Organisation du travail. — Inspection de la
fabrication. — Industrie du cuir. — Industries
diverses.

La draperie à Lille au Moyen-Age. —
Dès le douzième siècle, la draperie était l'industrie nationale de la Flandre; le monde entier
recherchait les beaux tissus de ce pays. Au
témoignage de Guillaume-le-Breton, qui écrivait
au commencement du treizième siècle, les draps
de Lille, aux couleurs éclatantes, étaient surtout
en vogue et leur fabrication attirait dans cette
ville les richesses des royaumes étrangers. Il
n'est pas probable que l'incendie de Lille par
Philippe-Auguste en 1213 ait complètement
ruiné l'industrie de cette ville ; car à cette époque les villes se relevaient en peu de temps ;
les maisons, presque toutes construites en pans
de bois et couvertes en chaume, ne coûtaient
pas cher à rebâtir. D'autre part, nous savons
que la plupart des habitants de Lille, à l'approche du roi de France, s'étaient enfuis avec
ce qu'ils avaient de plus précieux et que, moins
d'un an après cet incendie, ils étaient rentrés
en grand nombre dans leur ville natale. Toutefois il est évident que tous ne durent pas y

revenir, que certains restèrent établis là où ils s'étaient réfugiés et que par les ruines et les pertes qu'il causa, cet incendie dut avoir une fâcheuse et durable influence sur la prospérité de la ville et de son industrie. Dans les chroniqueurs et dans les textes diplomatiques on ne trouve plus que rarement mention des draps de Lille. Ce sont surtout des drapiers de Douai, d'Ypres, de Gand, de Dixmude, de Cambrai, qui représentent en Angleterre la grande industrie flamande. Cependant nous savons que la draperie s'était maintenue à Lille, où le commerce devait être assez actif, puisque dans le cours du treizième siècle on canalisa la Deûle; les tarifs de navigation nous font connaître quels étaient en 1270 les droits perçus sur les laines amenées à Lille par eau ; et vingt ans plus tard certains documents nous apprennent que l'usage était de payer à la foire d'Ypres les laines achetées aux marchands anglais à la foire de Lille.

La prise de Lille par Philippe-le-Bel en 1297, les vingt années de guerres presque continuelles qui la suivirent et l'interruption du commerce avec la Flandre entraînèrent la décadence de cette ville et de sa principale industrie. Elle fut achevée par les ravages des premières années de la guerre de Cent-Ans et par la peste noire de 1349. Dès lors la draperie ne fit plus que végéter dans cette ville, au moins jusqu'à la fin du quatorzième siècle. A ce moment elle commence à se relever, Lille profite à son tour de la ruine des communes de Flandre, et surtout de la plus grande ville drapière, Ypres, qui avait tant souffert avant et après la bataille de Rosebecque. Le même mouvement se constate à Arras, où la draperie proprement dite est réorganisée et reçoit en mai 1394 de nouveaux règlements très curieux.

À Lille, au commencement du quinzième siècle, la draperie n'a pas encore une grande importance, et l'on y fait surtout des draps de qualité inférieure. Mais après 1450, cette industrie reprend vigueur ; la fabrication des mauvaises étoffes est interdite et l'on trouve dans les registres aux bans de nombreuses ordonnances qui prouvent que la draperie était alors assez importaute pour qu'on en prît un vif souci. Il est vrai que sur bien des points ces règlements ne nous fournissent que des renseignements insuffisants ; mais on peut les compléter par ailleurs. S'ils appartiennent presque tous à la fin du Moyen-Age, on voit, en les comparant avec les règlements plus anciens d'autres villes, que les conditions de la fabrication au quinzème siècle étaient presque les mêmes qu'au treizième ; au Moyen-Age, l'industrie était stationnaire. En outre, ces conditions étaient, à fort peu de chose près, les mêmes dans toutes les villes de la région du nord, en Flandre et en Artois. Cette ressemblance, dont les documents que nous possédons nous donnent la preuve, nous permet de suppléer par analogie aux renseignements qui nous manquent à Lille sur certains points avec des documents appartenant à d'autres villes de la contrée. De cette façon nous pourrons compléter les lacunes des règlements de Lille, en nous servant surtout des *Etudes sur l'industrie à Paris*, de M. Fagniez ; de l'*Histoire d'Ypres*, de M. Gheldolf, et de l'excellente *Histoire de Saint-Omer*, de M. Giry.

Le commerce des laines. — Au Moyen-Age, la Flandre employait de préférence à toute autre la laine anglaise, qui faisait entre les deux pays l'objet du commerce le plus actif. Cette laine était douce et fine au toucher ; mais elle avait surtout l'avantage d'être plus longue et plus luisante que toutes les autres laines alors connues ; sa blancheur et son éclat naturel la rendaient particulièrement propre à recevoir ces couleurs brillantes qui faisaient au treizième siècle la renommée des draps de Lille. En outre, elle était la seule qui, par sa longueur, pût être employée à faire les chaînes à longue portée nécessaires pour la fabrication de ces draps énormes, de quarante aunes de longueur et de trois aunes et un quart de largeur sur le métier. Aussi la Flandre et Lille eurent-elles fort à souffrir des fréquentes interruptions du commerce des laines anglaises, qui furent la conséquence des guerres entre la France et l'Angleterre. C'est en vain que Philippe-le-Bel favorisa l'introduction des laines d'Ecosse et de France ; elles ne pouvaient pas remplacer les laines anglaises.

Quarante ans plus tard, Edouard III n'eut qu'à interdire l'exportation des laines de son royaume pour forcer les Flamands à prendre son parti contre le roi de France. Cent ans après, lorsque la réconciliation du duc Philippe-le-Bon avec Charles VII, par le traité d'Arras, eut entraîné la guerre avec l'Angleterre, les grandes villes de Flandre, et Lille entre autres, privées de matières premières, durent arrêter leurs métiers : « Et aussi, nous dit Monstrelet, ils n'avoient plus de laines d'Angleterre, par quoi plusieurs ne sçavoient employer leur temps pour gaigner leur povre vie, et en espécial ceulx d'Ypres, qui estoient accoustumés de drapper de ces laines d'Angleterre et plusieurs autres. Et d'autre part le fourment et tous autres bleds estoient moult chiers.... Et les riches gardoient au mieux qu'ils povoient ce qu'ilz avoient de chevance pour ce qu'ilz veoient, que ces gens de labeur se voloient maintenir de eulx armer et apprendre à vivre de rapine et que aulcuns ne se povoient remettre à leur labeur. »

Aux plaintes de ses malheureux sujets, Philippe-le-Bon répondait que les Anglais vendaient leurs laines si cher qu'on ne pouvait pas avoir de bénéfices en les employant, et il ajoutait que les laines d'Espagne et de l'Écosse commençaient à égaler celles d'Angleterre et à être aussi recherchées. Mais cela n'était pas complètement exact. Les laines d'Écosse ont toujours été inférieures à celles d'Angleterre, et la laine d'Espagne douce et soyeuse avait le défaut de rétrécir beaucoup au foulage sur la longueur et la largeur des draps qui en étaient exclusivement fabriqués. On ne pouvait, en outre, la mélanger avec d'autres qu'avec précaution, parce qu'étant sujette à se retirer beaucoup plus que les autres, elle formait dans les étoffes de petits creux et des inégalités très apparentes.

Au quinzième siècle, on consommait à Lille de grandes quantités de laines d'Angleterre, d'Ecosse et d'Espagne, et il y avait des marchands qui, sans faire fabriquer eux-mêmes, achetaient des laines uniquement pour les revendre. Mais loin de favoriser ce commerce, on faisait tout pour l'entraver, tellement le spéculateur était à cette époque considéré comme le pire ennemi du fabricant. En 1399, on interdisait aux marchands de laines de les revendre moins de huit jours après les avoir achetées; on était loin des marchés à terme d'aujourd'hui. En 1433, il fut défendu aux négociants d'acheter des laines le mercredi, au marché, avant onze heures, c'est-à-dire avant que les fabricants n'eussent fait leur provision, et de les revendre le même jour qu'ils les auraient achetées.

Les drapiers. — Ce commerce des laines devait être fort peu important, car il était d'usage que les drapiers achetassent directement leurs matières premières. En général les drapiers ne fabriquaient pas eux-mêmes; ils faisaient employer leurs laines hors de leurs maisons par des ouvriers à façon, qui se partageaient les diverses opérations nécessaires pour transformer la laine en tissus. Ensuite, les drapiers vendaient leurs draps en gros, soit à Lille, soit dans les grandes foires de la France et de la Flandre, soit à l'étranger. Ces drapiers étaient au Moyen-Age les rois de l'industrie; certains occupaient de nombreux ouvriers et amassaient des richesses considérables. Mais ils n'étaient pas plus libres d'exercer leur industrie d'après leurs idées particulières, que les simples ouvriers à façon.

Au quinzième siècle, à Lille, les drapiers, pour leurs approvisionnements de laine, étaient soumis à une réglementation sévère. Avant de mettre leurs laines en magasin, ils devaient les faire visiter par des inspecteurs commis par les échevins. Afin d'empêcher les mélanges des diverses sortes de laines, il était interdit à un drapier d'avoir en même temps en sa maison des laines d'Angleterre et des laines *viaure riche* (viaure : *toison*, du latin *vellera*), c'est-à-dire des belles toisons d'Ecosse, d'Espagne ou de Flandre. Les drapiers qui , après avoir employé les laines d'Angleterre, voulaient user de laines *viaure riche*, devaient solliciter l'autorisation des chefs de la corporation, *les mayeurs de la haute perche des draps,* et attendre « qu'il y eût au moins un mois que toutes les laines d'Angleterre qu'ils avaient en leurs maisons fussent mises en draps, de telle sorte qu'on ne puisse plus jamais bouter ès dites laines quelque laine *viaure riche*». Il en était de même de ceux qui, après avoir drapé de laine *viaure riche*, voulaient faire draps de laines d'Angleterre.

La bonne draperie. — Au quinzième siècle, on distinguait à Lille deux sortes de draperies, la bonne et la sèche. Les bons draps se faisaient surtout à Ypres, Courtrai, Wervicq, Comines et Lille. Les grands draps de Lille au quinzième siècle avaient la même longueur, la même largeur, le même poids et le même nombre de fils à la chaîne que ceux d'Ypres et de Comines au siècle précédent ; tous étaient faits de fines laines anglaises.

Les draps fabriqués à Comines vers le milieu du quatorzième siècle étaient assez bons pour exciter la jalousie des drapiers d'Ypres. Après la bataille de Poitiers, lorsque la captivité du roi Jean eut mis le royaume de France comme à la merci de l'étranger, les drapiers d'Ypres défendirent à ceux de Comines de faire des draps de la grande largeur, semblables aux leurs, et ces malheureux, incapables de résister à la puissante métropole de la draperie flamande, furent obligés d'obéir ; mais, six ans plus tard, quand le roi Jean fut rentré en France, les drapiers de Comines s'empressèrent de lui présenter contre la violence de leurs méchants voisins des réclamations qui furent bien accueillies, et il leur fut expressément permis de remettre en marche leurs grands métiers. Par malheur, leur victoire fut de courte durée, à peine cinq ans. En 1367, les drapiers d'Ypres revinrent à la charge et ils obtinrent gain de cause auprès de Charles V, qui voulait se concilier les sympathies des grandes communes flamandes pour les rendre favorables au mariage de son frère avec l'héritière du comté de Flandre. Les grandes villes de ce temps étaient sans pitié pour les bourgs et villages de leur voisinage qui osaient imiter leurs draps. Elles en étaient d'autant plus jalouses qu'elles avaient peine à soutenir la concurrence de ces petits pays, où les loyers et la vie étaient à meilleur marché, et où

surtout l'industrie était libre. A la fin du XIVᵉ siècle, les gens de St-Omer allèrent détruire et briser les métiers des drapiers du village d'Arques.

Dans la seconde partie du quinzième siècle,
la bonne draperie de Lille était assez prospère;
car en 1469 et en 1476 on fit de minutieux
règlements pour maintenir la bonne renommée
de ses produits. On fabriquait alors dans cette
ville quatre sortes de bons draps. Les draps du
grand lè qui devaient être faits entièrement en
laine anglaise, compter 1,800 fils de chaîne et
avoir, lorsqu'ils seraient bien finis et retrais,
deux aunes un quart de large entre les deux
lisières, trente aunes de long et peser de 48 à
50 livres, mais pas moins de 48. Autrefois
on ne tissait, chaîne et trame, en pure laine
anglaise, que ces grands draps; mais en 1476,
après des essais heureux, il fut permis de fabriquer aussi avec cette seule laine des draps un
peu moins larges; ils devaient compter 1,600
fils de chaîne, n'avoir que deux aunes et un
demi-quartier de large, 29 à 30 aunes de long
et peser de 44 à 46 livres.

On pouvait fabriquer deux autres sortes de
draps, soit tout en laine anglaise, soit tout en
laine *viaure riche*; ils devaient avoir deux
aunes de large et 28 à 30 aunes de long; mais les
uns comptaient 1,500 fils à la chaîne et devaient
peser de 38 à 40 livres et les autres avaient 200
fils de moins à la chaîne et pesaient seulement
de 36 à 37 livres; c'était la dernière qualité des
bons draps, dont la plus petite largeur mesurait
deux aunes, c'est-à-dire environ un mètre quarante centimètres.

La sèche draperie. — Au commencement du quinzième siècle, on prit à Lille des mesures rigoureuses contre les marchands de sèche draperie, afin de les empêcher de tromper les acheteurs sur la qualité des tissus qu'ils leur vendaient. On appelait ainsi les draps faits avec des laines d'agneaux ou « *de plis quéant jus des peaux* », c'est à-dire les laines qui tombaient naturellement de la peau de la bête. Les anciens n'avaient pas d'autres laines ; ils ne tondaient pas les moutons ; ils se contentaient de la laine que ces animaux perdaient lorsqu'ils avaient trop chaud ; mais ces laines étaient bien inférieures à celles provenant de la tonte ; elles étaient courtes et dures au toucher et, comme celles des agneaux, elles donnaient un mauvais drap, un drap sec, par opposition au bon drap, qui était souple et moelleux. A cette époque, cette draperie se faisait surtout à Bailleul, Steenwerck, La Bassée, Armentières, Renaix, Waudripont, Maulde, St-Amand-en Pévèle, etc. En 1414, les draps de Waudripont, Maulde, Saint-Amand et Renaix étaient si mauvais qu'on en prohiba l'entrée et la vente dans la ville de Lille. On en faisait aussi à Lille ; car en 1417 et 1424, on interdit aux drapiers de cette ville, qui voudraient fabriquer de la bonne draperie, de faire ou faire faire de la sèche et *vice versa*. Les drapiers de la bonne draperie ne pouvaient avoir en leurs maisons ou magasins des laines d'agneaux, des laines tombées de l'animal vivant et des laines appelées « *entredeus* et *briffaudures* ». Il leur était interdit de faire peler les peaux de

moutons, brebis et agneaux, provenant de la
boucherie ; en un mot, ils ne pouvaient employer que des laines de tonte, de qualité supérieure, d'Angleterre, d'Ecosse ou d'autres pays.
Les autres étaient abandonnées aux fabricants
de draps secs. Quand la bonne draperie fut
redevenue prospère à Lille, on s'efforça
de supprimer la sèche draperie, qui pouvait
nuire à la bonne réputation de la fabrique de
la ville. En 1469 on interdit absolument l'emploi des laines tombées et des laines d'agneaux;
les draps où il en serait trouvé devaient être
coupés en morceaux de deux aunes et privés
d'une lisière, afin que l'acheteur sût à quoi
s'en tenir. On permit seulement de mettre six
livres au plus de la laine dite *briffaudure* dans
la chaîne des draps gris, et cela à peine d'a-
mende contre le drapier et l'artisan. Tous les
autres draps, blancs ou de quelque autre couleur que le gris, devaient être de bonne draperie, c'est-à-dire composés uniquement de laine
anglaise, ou *viaure riche* de belle qualité.

La sayetterie. — En 1479, une nouvelle
industrie, ou mieux une nouvelle façon de draperie, fut introduite à Lille ; c'est la *sayetterie*
ou fabrication des *saies*. Cette étoffe de laine
était ainsi nommée parce qu'elle servait surtout
à faire les manteaux, dont les Atrébates fournissaient Rome et le monde dès le premier
siècle de notre ère. Arras était resté le centre de
cette industrie jusqu'à la fin du Moyen-Age.
Mais au mois de juillet de l'année 1479, Louis
XI ruina cette ville pour la punir de sa fidélité

à l'héritière des ducs de Bourgogne, Marie, femme de Maximilien d'Autriche. Il en chassa la majeure partie des habitants et il les remplaça par des artisans qu'il fit venir de toutes les parties de la France.

Les exilés se réfugièrent dans les villes voisines, restées sous la domination de la fille de Charles-le-Téméraire, et quelques sayetteurs d'Arras vinrent alors s'établir à Lille, où ils furent reçus avec empressement. La ville donna une subvention à un nommé André Celleghier, sayetteur, teinturier, foulon et tondeur de saies, afin de l'aider à faire dans cette ville son établissement. Cette mesure fut appuyée sur cette considération que, sans l'aide de cette ville, cet artisan ne pourrait pas s'installer convenablement, qu'il était probable que d'autres ne le pourraient pas plus, et qu'alors l'industrie de la sayetterie, qui paraissait en bonne voie, ne réussirait pas à s'implanter dans la ville. Cette subvention peu considérable, vingt livres, quelques centaines de francs d'aujourd'hui, fut de l'argent bien employé. Les sayetteurs furent bientôt en état de travailler, et la corporation fut constituée ; on mit à sa tête un tribunal, qui s'appela, comme celui d'Arras, la Vingtaine. Il était composé de six membres, désignés chaque année par les échevins. Les premiers dressèrent d'après les usages d'Arras les projets des statuts qui furent donnés à la sayetterie de Lille par les gens de la Chambre des comptes et par les échevins, à ce commis par le duc de Bourgogne.

Cette industrie se développa rapidement à Lille, où elle acquit bientôt un haut degré de prospérité. Le 21 décembre 1481, Maximilien d'Autriche permit de teindre les saies en toutes couleurs. Le préambule de cette ordonnance est très curieux. On y apprend qu'à cette époque il y avait à Lille et dans les environs un grand nombre de gens qui étaient occupés à choisir dans les toisons (viaures) la laine, dite sayette, pour la faire filer. C'est avec ces filés qu'on faisait des ceintures, des cordelières, etc., et qu'on tissait les saies. Un certain nombre de métiers pour fabriquer ces saies étaient déjà montés à Lille. Trois mois plus tard, le prince accorda aux échevins de Lille un nouveau privilège pour la sayetterie. Il y est dit que les statuts donnés en 1480 l'avaient été seulement à titre provisoire, et que l'exercice de cette industrie à Lille n'avait été autorisé que jusqu'au moment où la ville d'Arras rentrerait sous la domination de ses anciens souverains. Cette incertitude empêchait l'essor de la nouvelle fabrication. Les sayetteurs émigrés d'Arras et les habitants de Lille, auxquels ils avaient appris leur métier n'osaient pas s'installer sérieusement, acheter des maisons ou faire des baux à long terme. C'est pour obvier à cet inconvénient, que Maximilien, à la prière des échevins de Lille, permit à titre définitif la fabrication des saies dans cette ville. Depuis ce moment, la sayetterie de Lille ne cessa de se développer ; au commencement du seizième siècle, elle était si prospère, ainsi que la bonne draperie, que ces deux industries attirèrent un grand nombre d'artisans dans cette ville, dont la population, lit-on dans un acte de 1526, était augmentée et s'augmentait d'année en année dans de grandes proportions. Mais, dès l'année 1533, on voit les échevins de Lille se plaindre de la concurrence des campagnes, où la fabrication était libre, et ils commencent de longs et coûteux procès pour faire interdire cette industrie dans la châtellenie. Au lieu de faire des procès à leurs rivaux, les bourgeois de Lille auraient été bien mieux inspirés s'ils s'étaient efforcés de fabriquer de meilleurs tissus et à meilleur compte; car il vint un moment où ils succombèrent dans cette lutte judiciaire, et ce jour-là il était trop tard pour commencer la lutte sur le terrain industriel ; la sayetterie et la draperie avaient émigré à Tourcoing et à Roubaix, où elles ont atteint dans notre siècle un si haut degré de prospérité.

Les façonniers.— Tous ces draps, de diverses sortes, étaient fabriqués dans la ville par un grand nombre d'artisans, qui ne pouvaient occuper qu'un nombre très limité d'ouvriers et qui travaillaient à façon pour le compte des drapiers. Toutes les opérations que la laine devait subir pour être transformée en un riche tissu de belle couleur étaient minutieusement fixées dans des règlements faits par les échevins, et soigneusement surveillées par des inspecteurs à la désignation des magistrats municipaux. Les malfaçons entraînaient contre l'artisan qui en était l'auteur une forte amende et des dommages-intérêts au profit du drapier ; par contre, les prix de chaque façon étaient fixés par des ordonnances rendues par les échevins d'accord avec les principaux membres de la corporation. Les contestations entre drapiers et façonniers, soit sur les prix de façon, soit sur les défauts de fabrication, étaient jugées par un tribunal dont les membres, appelés les *mayeurs de la haute perche aux draps*, étaient nommés chaque année par les échevins. Mais les drapiers appartenaient à la plus riche bourgeoisie des villes, et ils avaient presque toujours la plus grande influence sur les magistrats municipaux : au contraire, ceux-ci n'avaient aucun intérêt à ménager les artisans, qui, le plus souvent, n'étaient même pas bourgeois. Aussi les drapiers obtenaient des échevins ce qu'ils voulaient, et si par hasard ils étaient mécontents d'un règlement, ils étaient assez riches pour plaider devant toutes les juridictions afin de faire réformer les articles dont ils avaient à se plaindre. On peut dire qu'en fait ils imposaient aux artisans, par la loi et par les tribunaux, leurs conditions de travail et leurs prix.

Grèves et révoltes des ouvriers. — Dès le treizième siècle, les ouvriers à façon cherchèrent à s'associer pour lutter contre les drapiers. Ils formèrent dans plusieurs villes, notamment à Douai, des coalitions puissantes ; mais ces tentatives ne réussirent pas, et les drapiers et les échevins, avec le concours des princes et des seigneurs, firent des lois sévères pour les empêcher. Il était interdit aux artisans de se réunir pour se concerter, et cela sous les peines les plus sévères, d'énormes amendes, la perte du métier, la prison ou le banissement perpétuel. **Les gens de métier sans ouvrage** étaient bannis. Enfin, les villes concluaient entre elles des traités pour interdire leurs territoires réciproques aux ouvriers mécontents. Tous ces règlements tyranniques firent qu'à la fin du treizième siècle les artisans, poussés à bout par la misère, se révoltèrent contre leurs maîtres. En 1280, les tisserands de Douai mirent à mort onze échevins sur douze et plusieurs notables; le comte de Flandre fit décapiter quelques-uns des révoltés, pendre plusieurs autres au bout des charpentes des toits de leurs maisons et en bannit à toujours un certain nombre. Ce sévère châtiment n'empêcha pas que l'année suivante Ypres ne fût ensanglantée par la célèbre révolte de la *Cokerulle*, et ces soulèvements se produisirent à maintes reprises dans les grandes villes de Flandre ; mais, toujours avec l'aide des princes, l'avantage resta aux drapiers, aux gros négociants.

Organisation du travail. — L'artisan était gêné, entravé de toutes les manières. Non seulement il devait subir les prix de façon qui lui étaient imposés par les drapiers, mais il lui était encore interdit de travailler aussi longtemps qu'il le voulait. Dans les villes, à cinq heures du matin en été et à sept heures en hiver, le son de la cloche des ouvriers appelait tout le monde au travail à la même heure. Patrons façonniers, compagnons ouvriers ou apprentis, tous étaient soumis à cette règle; celui qui commençait à travailler avant ou après la cloche encourait une amende ;

le soir, la cloche mettait fin au travail. Les tisserands de la sayetterie ne pouvaient tisser leurs saies qu'en plein jour ; même l'hiver, il leur était interdit de travailler à la lumière. Les tisserands de draps étaient obligés d'installer leurs métiers sur le devant de leur maison, à front de rue, afin qu'on pût mieux les surveiller; en 1457, ceux de Lille réclamèrent contre ce règlement tyrannique ; mais les échevins le maintinrent. Il était aussi défendu de travailler le dimanche et un grand nombre de jours de fêtes, de Notre-Dame, d'Apôtres, etc.

Un artisan ne pouvait se livrer qu'à un seul métier, et les métiers étaient subdivisés à l'excès. Par exemple, le tisserand ne pouvait pas entreprendre le foulage ou la teinture des draps; bien mieux, le teinturier de wède, qui teignait en bleu, ne pouvait pas être teinturier de bouillon ou de garance et teindre en rouge ; cependant, pour bien des couleurs complémentaires, il fallait qu'un drap fût d'abord teint en bleu et ensuite en rouge; il devait passer entre les mains de deux façonniers différents. A plus forte raison était-il défendu aux teinturiers de draper ou de faire draper, ou même d'acheter des laines.

Chaque façonnier ne devait pas avoir plus d'un apprenti, qui était obligé de travailler pour son maître sans rien gagner pendant deux ou trois ans, et même plus suivant les métiers. A la fin de son temps, l'apprenti passait un examen devant les inspecteurs du métier et, s'il réussissait, il devenait compagnon ouvrier à un salaire déterminé par les règlements de la corporation. Si l'ouvrier voulait s'établir et entreprendre le travail à façon pour son compte, il devait obtenir à des conditions variables la permission des juges du métier et payer un certain droit.

Inspection de la fabrication. — Après chaque opération, le drap en cours de fabrication devait être présenté aux eswardeurs ou inspecteurs du métier, avant de pouvoir être remis à l'artisan qui devait donner la façon suivante. Par exemple, aussitôt que l'ourdisseur avait terminé l'établissement de la chaîne du drap, elle était vérifiée pour savoir si elle comptait bien le nombre de fils fixés par les règlements, 1,800 en 75 portées de 24 pour les grands draps, et si ces fils étaient bien de laine peignée et non de laine cardée, et enfin s'ils étaient suffisamment retors ; nouvelle inspection après le tissage de la trame, avant que le tisserand remît le drap au foulon ; autre visite avant l'envoi à la teinture, et enfin dernier examen *« à la haute perche aux draps »* lorsque le tissu sortait des mains du tondeur ou du lisseur rappareilleur. Les conditions dans lesquelles chaque opération devait être faite étaient minutieusement fixées par les règlements, et tout artisan qui y manquait était frappé d'une lourde amende ; pour plus de sûreté, on avait soin d'abandonner une part de l'amende aux inspecteurs afin d'exciter leur zèle ; si la malfaçon était trop grave pour pouvoir être bien réparée, le drap était coupé et l'artisan en était responsable envers le drapier. Lorsque le résultat de la dernière inspection du drap, entièrement fini, était favorable, on le munissait d'un sceau ou cachet en plomb de dimension et de forme variables pour chaque espèce de drap. Ce sceau, qui portait la marque de la ville, — à Lille, une fleur de lys, seule ou accostée en chef d'un petit lion de Flandre, — était pour l'acheteur la garantie que le drap venait de telle ou telle ville et était de bonne et loyale fabrication.

Toutes ces précautions étaient rigoureusement mises à exécution ; il arrivait bien parfois que les inspecteurs, presque aussi nombreux que les inspectés, se laissaient corrompre ; mais on y tenait la main. Dans cette organisation, il n'y avait pas la moindre place pour la liberté ; tout était prévu et fixé par des règlements draconiens, au grand détriment de l'ouvrier. C'était le régime de la petite industrie à façon, étroitement tenue en lisière par une autorité tracassière et livrée sans contrepoids à la discrétion des gros négociants.

Industrie du cuir. — Au quatorzième et au quinzième siècle, les cuirs de Lille jouissaient d'une grande réputation ; ainsi, les cuirs portant la marque de cette ville pouvaient être vendus à Arras sans y être inspectés. On prenait d'ailleurs toutes les précautions possibles pour maintenir le bon renom de la tannerie lilloise. Il était interdit d'acheter des peaux fraîches avant qu'elles eussent été visitées et trouvées bonnes par les inspecteurs. Les tanneurs devaient aussi faire vérifier et marquer leurs cuirs avant de les livrer aux corroyeurs. De leur côté, ceux-ci ne pouvaient employer que des graisses qui avaient passé sous les yeux d'inspecteurs spéciaux. Quand les corroyeurs avaient mis dans leur cuir autant de graisse qu'il en pouvait entrer et l'avaient bien travaillé du pied et du poing, les eswardeurs du métier en passaient une dernière fois l'inspection et, s'ils les trouvaient suffisantes, ils mettaient à chaque pièce la marque de la ville. Cependant, le mercredi il était interdit aux tanneurs de vendre un seul morceau de cuir qui n'ait été visité le jour même avant l'ouverture de la halle au public. Malgré toutes ces précautions, on se plaignait sans cesse des fraudes et des tromperies sur la qualité des marchandises vendues, et on prenait des mesures de plus en plus sévères pour les réprimer.

Les fabricants de chaussures étaient aussi soumis à des règlements rigoureux. Il leur était interdit d'employer du cuir de cheval ou des cuirs rebutés par les inspecteurs ; eux-mêmes ne pouvaient pas être marchands de cuir. Les cordonniers, proprement dits, ne devaient employer que du cuir de vache ou du *cordouan*, c'est-à-dire une sorte de cuir d'abord fabriquée à Cordoue, mais depuis longtemps apprêtée par les corroyeurs de Lille à la façon de Cordoue. Il leur était sévèrement défendu de faire des souliers de basane ; ceux que l'on trouvait chez eux étaient solennellement brûlés devant leurs maisons, et cette exécution coûtait cher au coupable. L'emploi de la basane était réservé aux savetiers, qui ne pouvaient se servir que de peaux préparées à Bruges ou à Lille. Aucune paire de souliers faite dans la ville ne pouvait être mise en vente sans avoir été examinée par les inspecteurs du métier, auxquels les bans recommandaient de rejeter impitoyablement toutes les chaussures qui seraient mal cousues. Les souliers trouvés défectueux ne pouvaient être vendus le mercredi que près de la place réservée aux savetiers. Ceux-ci travaillaient la basane et le vieux cuir. S'ils faisaient par hasard des souliers avec du seul cuir de cordouan ou de vache, ils étaient obligés d'y mettre de vieilles semelles ou de vieux talons, à peine d'une forte amende. Et un savetier qui avait commencé à travailler dans le vieux ne pouvait pas se remettre au neuf, c'est-à-dire devenir cordonnier, avant un an ; chacun était rivé à son métier.

Industries diverses. — La draperie et la tannerie étaient au Moyen-Age les seules industries importantes de Lille. On ne trouve dans les archives municipales aucun renseignement qui permît de croire qu'on travaillât déjà dans cette ville le lin en grande quantité. Les registres aux bans fournissent seulement une interdiction de faire rouir le lin dans les fossés, et des ordonnances obligeant de mettre en vente les lins au marché à ce destiné, près de la Fontaine-aux-Morts. On cultivait donc le lin au quinzième siècle dans la châtellenie de Lille, et il y avait déjà dans cette ville un marché spécial pour cette plante ; mais il est probable que la filature et le tissage de ce textile y étaient sans importance ; autrement on aurait dans les registres aux bans des règlements sur cette industrie. Le centre de la fabrication linière dans cette région était alors à Courtrai, et les belles toiles que les marchands flamands exportaient en Orient venaient de Reims.

L'industrie du bâtiment n'était pas plus considérable. Elle était exercée par de petits entrepreneurs, qui n'ayaient qu'un ou deux ouvriers avec un apprenti. Avant de travailler à son compte, le maître couvreur, par exemple, était obligé de prêter serment devant les échevins et les inspecteurs du métier, qui fixaient le prix qu'il pourrait demander pour ses journées. Il lui était interdit de prendre pour lui le moindre profit sur les journées de son valet ouvrier ou de son apprenti. Ceux-ci n'étaient d'ailleurs pas mieux traités que les patrons. Pendant sa première année de travail, un apprenti ne pouvait réclamer pour sa journée que la moitié du prix que prenait son maître. A la fin de cette année, l'apprenti devait se présenter devant les inspecteurs du métier, qui fixaient, suivant ce qu'il savait et avait appris, le salaire quotidien qu'il lui serait à l'avenir permis de demander. Ces malheureux ouvriers, dont les gains étaient taxés par ceux-là qui les employaient ou par leurs agents, n'étaient même pas libres de quitter leur travail pour aller dîner chez eux. Le 22 juin 1383, les échevins de Lille firent publier ce ban : « Que tous maçons, carpentiers, scieurs d'ais, plaqueurs, couvreurs, manouvriers ou autres personnes ouvrant à journée d'autrui ou prenant salaire, quels qu'ils soient, ne soient si hardis que, depuis maintenant en avant, en cette ville, depuis qu'ils seront venus à leur ouvrage la matinée, à laquelle œuvre ils seront tenus de venir à l'heure de le cloque des ouvriers sonnant ou tantôt après icelle sonnée, ne s'en partent jusqu'à ce que le cloque du soir soit sonnée, pour aller boire ou manger ailleurs, mais mangent et boivent près de leur ouvrage à l'heure compétent.»

Telle était la condition de l'ouvrier et du petit patron au Moyen-Age ; ils étaient livrés pieds et poings liés à la merci de ceux qui les faisaient travailler ; mais les employeurs, de leur côté, étaient soumis à toute sorte de règlements vexatoires ; aussi pendant toute cette période l'industrie ne fit pas le plus petit progrès.

CHAPITRE ONZIÈME

LE COMMERCE

La hanse de Londres. — Les foires de Flandre. — La foire de Lille. — Halles et marchés. — Le commerce des draps. — Les boulangers. — Les bouchers. — Les poissonniers. — Vins et bières.

La hanse de Londres. — A l'origine, les ghildes marchandes ne pouvaient assurer à leurs membres une protection efficace que dans la ville ou tout au plus dans un assez petit rayon autour de l'enceinte. Plus tard, lorsque ces sociétés se furent transformées en communes et eurent fait confirmer par le prince leur juridiction, le cercle de cette protection ne s'étendit pas au delà de la châtellenie. C'était tout à fait insuffisant pour les besoins des gros négociants qui tiraient leurs matières premières de l'Angleterre et exportaient leurs draps dans le monde entier. Bientôt les ghildes et les communes comprirent le besoin de s'unir, et une grande confédération se forma entre les associations des négociants des principales villes commerçantes de la Flandre et du nord de la France. Comme elle avait surtout pour but de protéger ceux de ses membres qui faisaient le commerce avec l'Angleterre, on l'appela la hanse de Londres ; mais ils fréquentaient aussi les grands marchés de la France et surtout les fameuses foires de Champagne.

Le chef suprême de la confédération s'appelait le *comte de la hanse*, et il devait appartenir à la ville de Bruges ; Ypres avait le droit de fournir le second, nommé le *schilddrake* ou porte-enseigne ; Lille envoyait deux membres au conseil de l'association. Les conditions d'admission dans la hanse de Londres avaient une grande analogie avec celles exigées des candidats à la bourgeoisie, dans la plupart des villes de Flandre et notamment à Lille. Le fils d'un associé n'avait qu'à payer un droit d'entrée, cinq à six fois moindre que celui exigé des fils d'étrangers à la Hanse. Ceux-ci devaient en outre prouver que depuis un an au moins ils avaient cessé de se livrer à des travaux manuels. Car tous les artisans étaient rigoureusement exclus de la hanse et les statuts rejetaient impitoyablement les batteurs de laines, les tisserands de draps et de toiles, les foulons, les tondeurs, les teinturiers, qui *teignaient de leurs mains et avaient les ongles bleus.* La hanse, dit Warnkœnig, n'était ainsi qu'une socitété de haut commerce.

Les voyages d'affaires en Angleterre au treizième et au quatorzième siècle ne laissaient pas de présenter certains dangers pour les négociants étrangers. Dans sa belle étude sur les *Relations commerciales de Douai avec l'Angleterre*, M. le chanoine Dehaisnes a montré « que ce trafic de draps et de laines au delà de la mer, en pays étranger, ne pouvait se faire sans bien des entraves et des pertes. Les procès étaient interminables ». Aussi la *Hanse de Londres* fut surtout constituée pour donner à ses membres une sécurité suffisante dans leurs relations avec les marchands anglais, sans qu'ils fussent obligés de s'adresser à la justice du pays. Dans le cas où un négociant d'Angleterre refusait de payer à un associé ce qu'il lui devait, ou le trompait sur ce qu'il lui vendait ou lui faisait tort d'une façon quelconque, tous les membres de l'association devaient cesser tout commerce avec le coupable, à peine d'être eux-mêmes exclus de la société ; comme la hanse comprenait tous les gros négociants, qui faisaient le plus d'affaires avec l'Angleterre, cette mise à l'index était une peine redoutable et constituait pour les associés une réelle garantie.

Enfin, dans toutes les villes qui en faisaient partie, la hanse procurait à ses membres un autre avantage non moins précieux. Lorsqu'à la requête d'un créancier, un bourgeois d'une ville de la hanse de Londres était arrêté dans une autre ville de la hanse, ou que ses marchandises y étaient saisies, on devait le remettre en liberté et lui rendre ce qui lui appartenait, si les échevins de sa ville le réclamaient, en attestant qu'il était bien réellement leur bourgeois et en promettant d'en faire bonne et prompte justice. A cette époque où la contrainte par corps s'exerçait avec tant de rigueur contre les débiteurs insolvables, c'était là un beau-privilège. Cependant il fut de bonne heure contesté. En 1349, les villes d'Ypres et de Lille sentirent le besoin de le confirmer par un accord particulier ; mais en 1426, les échevins de Lille ne purent le faire reconnaître des bourgeois de Bruges ; le bourgmestre, les échevins et le conseil de cette ville répondirent que l'amitié de la hanse n'avait pas été entretenue par leurs prédécesseurs et que pour ce motif ils n'avaient pas l'intention de l'entretenir. Au contraire, par suite de la faible distance qui sépare ces deux villes, les bourgeois de Lille et d'Ypres devaient avoir entre eux de fréquents rapports d'affaires, et l'amitié de la hanse s'y maintint plus longtemps. En 1457, les échevins d'Ypres prièrent les échevins de Lille d'intervenir pour décider une de leurs bourgeoises à se désister des poursuites qu'elle avait commencées contre un bourgeois d'Ypres devant l'official de l'évêque de Tournai ; ils le firent et ils réussirent à obtenir le renoncement à ces poursuites pour ce que, dirent-ils, « l'amitié de la hanse fût introduite, afin de maintenir la justice des lieux dans la connaissance de leurs justiciables ».

Les foires de Flandre. —Au Moyen-Age, le commerce se faisait surtout dans de grandes foires où les négociants du monde entier se donnaient rendez-vous. En Angleterre, au treizième siècle, les foires les plus fréquentées par les négociants flamands étaient celles de Stanford, de Boston, de Winchester et de Northampton, où ils achetaient des laines et vendaient leurs draps. En France, ils allaient surtout aux grandes foires de Champagne, qui se tenaient à Provins, Lagny-sur-Marne, Bar-sur-Aube et Troyes. Très anciennes, ces foires étaient déjà très florissantes au douzième siècle, et elles étaient, au treizième siècle, les plus fréquentées de toute l'Europe occidentale. Les membres de la hanse de Londres y avaient des places réservées, et l'on y vendait, entre autres, les draps de Lille. Elles duraient en général plus d'un mois, et lorsque l'une était terminée, l'autre rouvrait peu de temps après ; le mouvement d'affaires qui s'y faisait au treizième siècle était très considérable ; mais, au commencement du quatorzième siècle, elles perdirent une grande partie de leur importance, lorsque les Vénitiens et les Génois prirent l'habitude d'envoyer chaque année une flotte visiter les ports de la Flandre ; le commerce entre ce pays et l'Italie se fit directement et par mer, et les marchands flamands et italiens abandonnèrent les foires de Champagne, où auparavant ils se rencontraient.

L'histoire des foires de Flandre est encore à faire ; toutefois on peut affirmer, sans crainte de se tromper, qu'elles n'eurent jamais, à beaucoup près, une importance aussi considérable que celles de Champagne. Ce n'est pas que les comtes de Flandre n'eussent tout fait pour assurer la prospérité de ces grandes réunions, qui leur rapportaient de beaux revenus. Ainsi, le livre Roisin nous a conservé le texte d'un règlement publié vers 1270, par la comtesse Marguerite, du consentement des échevins des cinq bonnes villes de Flandre. Pour attirer les marchands dans les foires, on assura à ces marchés une sorte de monopole. Pendant un certain espace de temps, qui commençait huit jours avant l'ouverture d'une foire dans une ville de Flandre et finissait huit ou dix jours après la clôture, il était interdit, dans toutes les autres villes du comté, de vendre des laines, des draps entiers, des cuirs, de la cire, etc., sauf dans un petit nombre de cas déterminés. Depuis que l'on commençait à faire les paquets pour aller à la foire jusqu'après la clôture, toutes les halles des villes du comté devaient être fermées On prenait toutes les précautions pour donner sécurité aux marchands. On ne pouvait pas enlever les denrées achetées à la foire sans les avoir payées, ou sans le consentement du vendeur. Tout acheteur qui violait cette règle était considéré comme un débiteur fugitif et puni comme tel ; il pouvait être arrêté dans toutes les villes de Flandre, et il était détenu en prison jusqu'à ce qu'il eût payé tout ce qu'il devait à son créancier et tous les frais du procès. Enfin, on s'efforçait d'empêcher que tous ceux qui étaient attirés dans la ville par la foire ne fussent trop fortement exploités par les habitauts. Pendant tout le temps de la foire, il était interdit de vendre le lot de vin plus de quatre deniers au-dessus du prix moyen courant dans les autres villes du comté au même moment, et les logements étaient taxés par une commission de cinq membres, pris dans chacune des cinq bonnes villes de Flandre, Bruges, Gand, Ypres, Lille et Douai.

La foire de Lille. — Elle était très ancienne. En 1127, c'est pendant la foire qu'éclata la révolte des bourgeois de cette ville contre Guillaume Cliton ; elle se tenait alors au commencement du mois d'août, sans doute à l'occasion de la St-Pierre-aux-Liens, qui tombe le premier août. Elle devait être, dès cette époque

reculée, assez importante, car en 1157 les bourgeois de St-Omer sollicitèrent et obtinrent du
comte Thierry d'Alsace la faveur de jouir dans
cette foire des mêmes privilèges dont y jouissaient déjà les bourgeois de Gand, de Bruges
et d'Ypres. Mais à la fin du treizième siècle, la
prospérité de cette foire fut gravement compromise par la réunion de Lille à la France.

En 1314, Philippe-le-Bel écrivit à son gendre
Edouard II pour se plaindre que les marchands
de laines anglaises eussent cessé de fréquenter
la foire de Lille et en eussent détourné les autres négociants. Il priait le roi d'Angleterre
d'obliger les marchands de son royaume à venir
à la foire de Lille, comme ils le faisaient autrefois. Edouard II fit à son beau-père une réponse évasive, et bientôt la mort de Philippe-le-
Bel et la guerre entre la France et la Flandre
empêchèrent ces négociations d'aboutir.

Au quinzième siècle, la foire de Lille commençait le jour de la Décollation de saint Jean-
Baptiste, le 29 août, peu de temps après celle
de Courtrai ; on ne sait pas quand la date de
l'ouverture avait été ainsi reculée à la fin du
mois d'août ; il est probable qu'on avait peu à
peu diminué la durée de cette foire lorsqu'elle
avait perdu en grande partie son importance et
que d'autres réunions semblables avaient été
établies dans les villes du voisinage. Encore au
commencement du quinzième siècle, la foire
était fréquentée par des marchands qui venaient
d'assez loin. En 1413, les messagers des échevins allèrent porter dans les villes de Flandre,
du Brabant, du Hainaut, du Cambrésis, de

l'Artois et du Ponthieu les lettres qui annonçaient la foire de Lille et rappelaient les sauvegardes dont jouissaient les marchands et tous ceux qui y venaient soit pour acheter, soit pour vendre. Il était interdit de les arrêter n'importe où pendant la huitaine qui précédait l'ouverture de la foire et pendant celle qui suivait ; en outre, acheteurs et vendeurs étaient exempts de tous droits de tonlieux pour toutes les marchandises vendues pendant les trois jours de la foire.

Les marchands s'installaient le 27 et le 28 août et la foire s'ouvrait le 29 par de joyeuses sonneries des trompettes de la ville, installés au sommet de la tour de Saint-Etienne et plus tard au beffroi de la halle échevinale ; mais, comme c'était jour de grande fête pour l'Eglise, il était interdit de vendre ce jour-là ; on ne pouvait que s'amuser ; et l'on n'y manquait pas. Les échevins donnaient l'exemple. Sous prétexte qu'ils devaient se tenir tous ensemble, afin qu'on pût plus facilement les trouver en cas de besoin, ils buvaient et mangeaient aux frais de la ville avec les voir-jurés, les jurés, le gouverneur, le bailli, le prévôt et leurs lieutenants. Comme ce jour-là tous ceux qui étaient chargés de la police municipale étaient sur les dents, il était d'usage que la ville offrît à leur chef, au reward de l'amitié, un petit présent qui, de temps immémorial, consistait en 18 litres de bon vin de Beaune. La vente commençait le 30 et finissait le lendemain au soir, de telle sorte que, si le 30 ou le 31 tombaient un dimanche, les malheureux marchands n'avaient qu'un jour de vente en franchise de droits. Pour remédier à cet inconvénient, le souverain du pays accorda en 1483 aux échevins de Lille le droit de prolonger la foire un jour ou deux.

Une foire d'une aussi courte durée ne pouvait pas donner lieu à un grand mouvement d'affaires. Cependant elle était encore fréquentée au quinzième siècle par de nombreux marchands de toute sorte, épiciers, merciers, quincailliers, couteliers, forgerons, cordiers, toiliers, pelletiers, marchands de draps, d'habits, de cuirs, de souliers, etc., etc. Elle était établie sur le marché et dans les halles qui l'entouraient. La grande place était couverte de hayons, qui étaient occupés aussi bien par les marchands de la ville que par ceux venus du dehors, car pendant toute la durée de la foire il était interdit de vendre dans les diverses boutiques de la ville ; elles devaient être closes, et ceux qui, sans y vendre, auraient fait seulement un étalage à la devanture de leurs maisons, étaient punis d'une forte amende. Cette interdiction avait sans doute pour but de donner plus d'animation à la foire en y concentrant tout le commerce de la ville ; mais en même temps la caisse municipale en tirait bénéfice, car toutes les places étaient louées au profit de la ville, qui les affermait un bon prix.

Halles et marchés. — Les marchés du mercredi à Lille furent de bonne heure très fréquentés ; au Moyen-Age, ils ressemblaient à de petites foires, et c'était là que se vendaient en grande partie les produits de toute la région .

fertile dont Lille était le centre. On y apportait des laines, des lins, des peaux fraîches ou salées, des plantes tinctoriales, wède et garance, alors cultivées dans ce pays, des blés et autres céréales, etc. ; on y amenait aussi des bestiaux en grande quantité. En même temps les habitants des petites villes et des villages des environs venaient ce jour-là acheter à Lille ce dont ils pouvaient avoir besoin.

Le mercredi, les marchands de Lille devaient aller s'installer sous les halles aux places réservées à chaque genre de commerce, afin que les bonnes gens du dehors eussent sous les yeux un grand choix de marchandises et pussent faire à leur aise tous leurs achats sans avoir à se déranger. Il y avait aussi un autre motif, les halles appartenaient à la ville, qui en avait racheté leur part de propriété aux comtes de Flandre à la fin du treizième siècle ; elle avait donc tout intérêt à ce qu'elles fussent bien fréquentées.

Sous les vieilles halles on trouvait, entre autres, les drapiers ou marchands de draps en gros, les détailleurs de draps, les toiliers, les merciers, les fripiers, les pelletiers et les boulangers. Aux halles neuves, on vendait d'abord les peaux fraîches et ensuite les cuirs tannés et les souliers. Les autres marchands s'installaient sur le marché, c'est-à-dire sur la grande et sur la petite place, mais toujours par groupes et à des endroits fixés par la coutume.

A cette époque, le commerce n'était pas plus libre que l'industrie ; tout était réglementé jusque dans les plus petits détails, et pour en donner une idée, nous allons passer en revue les principaux genres de commerce exercés à Lille au Moyen-Age.

Le commerce des draps. — Nul ne pouvait vendre des draps en gros ou en détail dans la ville de Lille s'il n'avait un étal, une table ou un hayon dans la halle aux draps ; c'est là seulement qu'on pouvait vendre draps en pièces ou en coupons le mercredi et aussi le mardi ; ce dernier jour était réservé à la vente en gros, et pour que la halle fût toujours bien fournie, il était interdit aux marchands drapiers de vendre en leurs maisons une seule pièce de drap, qui n'eût pas été, au moins une fois, amenée à la halle le mardi.

Au quinzième siècle, les marchands de draps étaient à Lille divisés en trois classes. La première avait pour spécialité exclusive la vente des bons draps, marqués du sceau de plomb, dit de la bonne enseigne, qui indiquait que ces draps étaient de bonne draperie, et n'avaient pas de défauts. La seconde ne devait vendre que des bons draps coupés, c'est-à-dire des draps de bonnes laines mais que les inspecteurs du métier, en raison de défauts de fabrication, avaient fait diviser en coupons de deux à cinq aunes de longueur. Enfin la troisième vendait seulement des draps « *de sèche draperie* ». Chacune de ces trois classes de marchands occupait à la halle une place spéciale. Les uns et les autres ne pouvaient vendre qu'une seule de ces trois sortes de draps et un marchand de bons draps ne pouvait pas avoir une part dans le commerce d'un marchand de draps coupés ou de draps secs, et *vice versa*.

Pour plus de sûreté, afin qu'il fût impossible de tromper l'acheteur sur la qualité de la marchandise vendue, les marchands devaient avoir le mercredi sur leurs étaux dans la halle un grand écriteau, où se lisaient ces mots en grosses lettres : « *Draps de sèche drapperie, de petite valeur.* » Les autres jours, ils vendaient à la maison et au-dessus de leur porte, à deux pieds du mur, devait être placée en bonne vue une enseigne semblable. Il en était de même pour les marchands de draps coupés. Enfin il était expressément ordonné sous peine d'une forte amende de laisser à la pièce jusqu'à la dernière aune le sceau de plomb, qui indiquait la qualité du drap et la ville où il avait été fabriqué.

Les tondeurs et rappareilleurs de draps ne pouvaient pas en être marchands. Car la devise « à chacun son métier » était alors appliquée dans toute sa rigueur. Cependant les caucheteurs, ou fabricants de chausses, avaient le droit de vendre des draps ; mais cela était sévèrement interdit aux parmentiers, qui faisaient les robes et les pourpoints.

Le commerce des vieux habits n'était même pas libre. Les *vieswariers* ou fripiers ne pouvaient pas retourner les draps et mettre l'endroit à l'envers, si ce n'est pour en faire des jupons, des paletots ou des habits de jeunes enfants. Encore est-il que si les inspecteurs du métier trouvaient ces draps trop mauvais, ils pouvaient les faire découdre, afin qu'on ne pût les employer qu'en doublure. Bien mieux, il était interdit de remettre une pièce ou de boucher un trou en se servant de fil de lin et non de fil de laine, à moins que l'habit ne valût pas une certaine somme déterminée.

Les boulangers. — Le commerce de l'alimentation était encore plus sévèrement réglementé, si c'est possible. Les boulangers étaient surtout surveillés; car le pain était, alors comme aujourd'hui, le principal aliment de la population. En 1445, on décida que chaque année, au mois de février, le pain serait taxé d'après une série d'essais faits aux dépens des boulangers avec la farine provenant du blé de la dernière récolte. On faisait à cette époque trois sortes de pains, le pain blanc avec la fleur de la farine, le pain de tourte avec la farine dont on avait enlevé la fleur, et le pain brun ou de ferme avec la farine mélangée de son, telle qu'elle sortait de la meule sans avoir été blutée.

La taxe n'était pas établie comme de nos jours ; au lieu de déterminer le prix du kilogramme du pain, on fixait le poids que devrait peser le pain de tel prix, fait avec de la farine de telle qualité, bien cuit et satisfaisant sous tous les rapports. Des inspecteurs spéciaux étaient chargés de l'exécution de ces règlements et de la surveillance des boulangeries. Les pains faits avec de la mauvaise farine ou mal cuits devaient être détruits.

En février 1446, le pain brun d'un sou devait peser 2 k. 800 gr. et, le même jour où ce poids fut fixé, la ville accordait en adjudication publique aux ouvriers employés au curage des canaux un salaire quotidien de cinq sous. Un ouvrier, à cette époque, pouvait donc avec sa paie du jour acheter 14 kilos d'un pain brun, presque noir, d'une qualité si inférieure que l'on n'en fait plus aujourd'hui de semblable, même pour les chiens. Mais il ne faut pas même attacher trop d'importance à ce rapport. Car pendant tout le Moyen-Age et presque jusqu'à notre temps, les prix du blé et du pain varièrent du tout au tout suivant l'abondance de la récolte dans un assez petit rayon. La Flandre n'avait que des moyens de communication extrêmement coûteux, des charrois sur de mauvaises routes de terre, avec les plaines de l'Artois, de la Picardie et de la France centrale, d'où les grandes villes flamandes tiraient alors les blés nécessaires à l'alimentation des nombreux ouvriers qu'occupait la draperie. En 1451, on établit à Lille une sorte d'échelle mobile pour régler le prix du blé depuis 10 jusqu'à 60 sous la razière. En juin 1482, on fixe à 68 sous le maximum du prix, que les fermiers et les marchands pourraient exiger pour une razière de blé de la châtellenie, environ 70 litres ; un sou de cette époque vaudrait aujourd'hui environ 0,60 en valeur relative ; par conséquent, on peut compter qu'en 1482, année de disette, l'hectolitre de blé valut plus de 60 francs. Il arrivait même parfois qu'on craignait de ne plus pouvoir avoir de blé à aucun prix. Alors on recourait aux mesures les plus extrêmes.

Le 30 novembre 1437, on ordonna aux boulangers de ne faire chaque jour qu'un quart de leurs fournées en pain blanc, les autres quarts devaient être composés de pain brun, fait avec la farine telle qu'elle sortait de la meule, sans que l'on en eût extrait la plus petite parcelle de son. On fixa même la proportion des pains bruns de 1, 2 et 4 deniers. Tous ces pains devaient être faits de bonne farine provenant de bon grain, être bien travaillés et bien cuits et peser le poids déterminé chaque quinzaine par les inspecteurs de la boulangerie. Mais plus la saison s'avança, plus les céréales devinrent rares. Le 5 avril 1438, vu la grande cherté du blé à Lille et dans tout le pays aux environs, on interdit aux boulangers de faire un seul pain blanc; ils devaient convertir en pain brun toute leur farine, sans en extraire la fleur, en si petite quantité que ce fût, et pour plus de sûreté on défendit la vente de la fleur de farine, sous les peines les plus sévères. La moitié de chaque fournée devait être composée de pains de deux deniers « afin que le pauvre peuple pût plus aisément recouvrer son vivre ». Tout le monde était condamné au pain noir, et bien heureuses se trouvaient les rares personnes qui pouvaient en manger à leur faim. Trop de gens en étaient réduits à se nourrir d'une pâte malsaine, faite avec des farines d'avoines, de vesces, de fèves et d'autres grains encore plus nuisibles à la santé; et bien souvent, au Moyen-Age, les épidémies suivirent de près les disettes et les famines.

Les bouchers. — La viande n'était pas taxée; mais la boucherie n'en était pas moins très surveillée. Avant d'être tués, les bestiaux devaient être visités par des inspecteurs et, après l'abatage, un nouvel examen de la viande était obligatoire, afin qu'on pût juger « si elle était digne d'entrer en corps de personne». Les bouchers pouvaient vendre de la viande de taureau; mais dans ce cas, ils étaient tenus de mettre sur leur étal une banniérette rouge bien en vue. Il n'était pas permis de tuer des brebis depuis le Carême jusqu'au premier octobre, et pendant l'hiver on devait laisser les pieds aux quartiers de brebis mis en vente, pour qu'on pût les distinguer aisément des quartiers de mouton. En été, les bouchers ne pouvaient pas garder de viande fraîche chez eux plus de deux jours après l'abatage ; la viande provenant des bêtes tuées le samedi matin, dans le cas où elle n'aurait pas été vendue, devait être salée par le boucher le lundi soir au plus tard ; en hiver, le délai était porté à trois jours. Bien mieux, on poussait la précaution jusqu'au point d'interdire aux bouchers de hacher de la viande pour en faire des saucisses, avant de l'avoir montrée aux esgardeurs. En 1469, on défendit aux tripiers de faire des saucissons et des andouilles, « *afin d'éviter les grans fraudes et déceptions qui y étaient et pouvaient être commises*».

La surveillance des bouchers était d'autant plus facile que la vente de la viande était interdite partout ailleurs qu'à la halle à ce destinée et appelée la *Boucherie*. Mais il y avait le revers de la médaille. Les bouchers de la grande boucherie étaient peu nombreux et ils s'entendaient parfaitement entre eux pour vendre la viande à très haut prix, sous prétexte qu'ils ne pouvaient acheter que des bêtes de bonne qualité. Les pauvres gens en étaient réduits à aller faire leur provision dans les faubourgs, où le commerce de la boucherie était libre et où la viande se vendait à bon marché ; mais les bouchers supportaient impatiemment cette concurrence, et, comme ils étaient tous bourgeois, riches et influents, ils savaient se faire écouter des échevins. Le 28 mars 1398, on décida que les viandes provenant de bêtes tuées hors de l'échevinage ne devraient plus être introduites dans la ville sans avoir été visitées par les inspecteurs de boucherie, «parce que trop de gens pourraient être déçus à mangier mauvaises chars et s'en pourraient ès corps des bonnes gens grans maladies ensuivre ».

Il faut croire que cette prescription ne fut pas très rigoureusement maintenue et exécutée ; car elle ne fut pas suffisante pour empêcher les habitants de Lille d'aller acheter leurs viandes dans les villages voisins de la ville. En 1444, les bouchers de la grande boucherie s'en plaignaient amèrement. Ils disaient que leurs concurrents des villages pouvaient vendre beaucoup meilleur marché qu'eux parce que, moins surveillés, ils tuaient des bêtes trop jeunes ou de mauvaise qualité ; mais, comme la plupart des acheteurs ne s'y connaissaient pas, ils achetaient tout de même cette viande inférieure, parce qu'elle était moins chère. Il en résultait que la boucherie n'était plus fréquentée, que les étaux ne se louaient plus qu'à des prix ridicules et qu'il n'y avait plus dans la ville que quatre à cinq bouchers à leur aise. Ils firent tant qu'ils obtinrent, le 18 août 1444, du duc Philippe-le-Bon, un mandement défendant à tous les habitants soumis à la juridiction des échevins d'aller acheter leur viande ailleurs que dans la grande boucherie. Cette interdiction ne s'appliquait pas aux chanoines de Saint-Pierre, à leurs sujets, aux curés et à tous les ecclésiastiques de la ville, aux religieux, aux hôpitaux et aux officiers du prince, qui conservaient la faculté de se fournir où bon leur semblerait. Pour empêcher que les bouchers de la grande boucherie n'abusassent par trop de leur monopole, les échevins firent, peu de temps après, construire une nouvelle halle à la boucherie, où se trouve aujourd'hui le marché Saint-Nicolas.

Par un accord conclu avec les anciens bouchers en 1451, il fut ordonné qu'il n'y aurait pas dans cette seconde boucherie plus de douze étaux. Pour occuper ces places, aussi bien que celles de l'ancienne boucherie, on devait être bourgeois de Lille, et avoir au moins six ans d'apprentissage pour la nouvelle boucherie ; on en exigeait dix pour l'ancienne ; les fils de bouchers devaient être préférés à tous autres. Il fallait en outre avoir une certaine fortune, car lors de sa réception le nouveau boucher devait donner un beau dîner aux échevins et à tous les bouchers de la ville. Ce monopole en faveur des deux boucheries de Lille dura vingt ans, malgré les plaintes et les réclamations des bouchers forains ; mais en 1470, les échevins furent obligés de reconnaître que les habitants de la partie de la ville soumise à leur juridiction avaient le droit d'aller acheter leurs viandes à la boucherie établie sur la terre de St-Pierre.

Poissonniers. — La vente du poisson avait au Moyen-Age bien plus d'importance que maintenant ; car les jours de maigre étaient beaucoup plus nombreux et beaucoup mieux observés. Aussi était-elle très surveillée.

Le poisson de mer venait surtout de Gravelines, Dunkerque, Nieuport et Ostende. Bien que la distance entre ces villes et Lille ne fût pas considérable, le transport était très difficile et coûteux ; car les routes étaient si mauvaises qu'encore au quinzième siècle, pour aller plus vite, on amenait la plus grande partie du poisson à dos de cheval ; on ne transportait en charrettes que les poissons lourds et de peu de valeur, les harengs, les moules, etc.

Dès qu'il était arrivé à Lille, le poisson était examiné avec soin par les eswardeurs et ensuite on le vendait en gros, *à dire min*, à l'exception des harengs et des moules, que les expéditeurs ou leurs représentants pouvaient vendre de gré à gré. Tous les francs poissonniers étaient tenus de fréquenter le marché en gros, et ils devaient *dire min* (le mien ou à moi) dès que le prix prononcé par le receveur leur laissait un bénéfice suffisant. Les francs poissonniers avaient le privilège de pouvoir seuls acheter, jusqu'à ce que la moitié des sommes de poisson arrivées le matin au marché fût vendue ; ensuite les poissonniers non francs pouvaient prendre part à l'adjudication qui se faisait comme aujourd'hui au rabais.

Les poissonniers francs et non francs devaient vendre leur poisson eux-mêmes, et il leur était interdit de se faire aider, si ce n'est par leurs enfants âgés de plus de quinze ans. Les femmes ne pouvaient vendre que des harengs, des merlans et autres petits poissons. La vente du poisson frais devait être terminée, en été, à midi, et en hiver, à une heure. Le poisson qui n'avait pas été vendu avant cette heure, devait être salé tout de suite ; on ne pouvait pas le conserver frais jusqu'au lendemain. Il en était de même pour le hareng, dont la vente durait toute la journée ; on criait déjà *frais ha* dans les rues jusqu'au soir. On vendait d'ailleurs beaucoup de poisson salé, saumons, morues et harengs en tonneau. Cette vente était aussi soumise à une rigoureuse inspection, et on fixait même le nombre de jours pendant lesquels les harengs salés devaient avoir été mis tremper dans l'eau avant de pouvoir être exposés en vente.

Au quinzième siècle, il y avait à Lille 20 poissonniers francs et 30 non francs, qui tous devaient être bourgeois ou fils de bourgeois ; parmi les 30 poissonniers non francs il y avait 20 bouchers ; c'était sans doute pour leur permettre de gagner leur vie pendant les nombreux jours maigres où la boucherie était fermée. Les francs poissonniers avaient sur le marché les premières places et les non francs venaient à leur suite. Seuls ils pouvaient vendre le poisson frais ou salé, et il faut croire que ce privilège donnait de grands avantages, car pendant tout le Moyen-Age il donna lieu à des compétitions ; mais toujours les poissonniers,

francs ou non, réussirent, comme les bouchers,
à réserver aux enfants des poissonniers le droit
d'obtenir de préférence à tous autres les places
qui venaient à vaquer.

Vins et bières. — Si les bouchers et les
poissonniers étaient libres de vendre leurs marchandises au prix qu'ils voulaient, par contre
on taxait les vins et les bières et on en surveil-
lait la vente avec le plus grand soin.

La taxe des bières était basée, comme celle du
pain, sur le prix des grains dont on usait chez
les brasseurs, et l'on avait établi, d'après une
série d'essais, une échelle mobile. Pour faire un
brassin d'environ vingt hectolitres de bière, les
brasseurs étaient tenus d'employer vingt razières
de grains, dont quatre de blé, six d'avoine et
dix d'escourgeon ; mais malgré une surveillance
active, les brasseurs faisaient parfois avec la
même quantité de grains 28 hectolitres et plus
au lieu de 20, et les bonnes gens se plaignaient
que la cervoise était longue et mauvaise. De
leur côté, les brasseurs réclamaient souvent en
disant que les prix fixés pour la vente de leurs
bières étaient trop bas, vu la grande cherté des
grains, et, si les échevins persistaient, les brasseurs en appelaient au Grand Conseil de Flandre, où il fallait plaider pendant longtemps. En
1443, un procès de cette nature s'engagea entre
les échevins et les brasseurs de Lille, et il fut
ordonné qu'à l'avenir les brasseurs pourraient
avec 20 razières de grains (14 hectolitres),
faire 22 tonneaux de cervoise, contenant chacun
environ un hectolitre. Un peu plus tard, en

1474, après un long procès entre les brasseurs et la ville devant le gouverneur, cette proportion fut changée en faveur des brasseurs ; à cette époque, la bière blanche était préférée à la brune.

On faisait alors à Lille quatre sortes de bière ; la plus forte s'appelait *mies* et servait de base à la tarification ; et venaient ensuite la *forte cervoise*, la *petite cervoise* et la *goudale*. Les brasseurs ne pouvaient pas faire en même temps ces quatre sortes de bière ; mais ils devaient choisir entre les deux dernières et les deux premières. On vendait en grande quantité une bière importée d'Allemagne et appelée *Briesmart*, sans doute parce qu'elle venait de Brême ; c'était une bière de luxe qui n'était pas taxée. Il était sévèrement défendu de mélanger l'une de ces sortes de bière avec une autre ; on devait les vendre telles qu'elles sortaient du brassin.

Si l'on en juge par les nombreux règlements qu'elle prit pour en assurer la pureté et le bon marché, et par la grande consommation qu'elle en faisait aux frais de la ville, le vin était au Moyen-Age la boisson favorite de la Municipalité de Lille. Elle interdisait sévèrement tous les mélanges, et pour plus de sûreté elle défendait de loger dans le même cellier des vins de crus différents. Il était surtout recommandé de mettre à part le vin de Beaune, que les échevins de Lille, au quinzième siècle, paraissent avoir eu en estime toute particulière, car ils se réservaient à eux seuls le soin de goûter et de taxer toutes les pièces que les taverniers de la ville mettaient en vente. On allait même plus loin : on prohibait le mélange des vins vieux avec des vins nouveaux du même cru. On buvait alors à Lille des vins du Rhin, des vins rouges et blancs de Beaune, des environs de Paris, d'Orléans, de Nantes et du Poitou ; on y voit aussi taxer les vins de Gascogne ou de Bordeaux, déjà célèbres, et ceux d'Espagne et de Portugal. Les vins qui venaient par mer dans les ports de Flandre et de là par eau jusqu'à Lille, coûtaient meilleur marché que ceux du centre de la France et de la Bourgogne ; mais la taxe du vin variait beaucoup moins que celle du pain et de la bière, qui était basée sur les prix des blés

CHAPITRE DOUZIÈME

LES SERVICES PUBLICS MUNICIPAUX

Les fortifications. — L'artillerie de la ville. — Châtelains et capitaines. — Les milices communales. — Archers, arbalétriers et canonniers. — Service militaire dû au prince par la commune. — Les travaux publics. — Basse-Deûle. — Haute-Deûle. — Routes. — La voirie urbaine. — Fêtes publiques. — L'Epinette. — Procession de Notre-Dame de la Treille. — Assistance publique. — Ecoles.

Les fortifications. — La plupart des villes du Moyen-Age, même les plus petites, étaient fortifiées, et l'entretien des fortifications en bon état de défense était l'une des principales obligations des communes envers leur souverain ; mais ce n'était pas seulement un devoir, c'était aussi un droit dont elles étaient très jalouses, car les guerres étaient si fréquentes que chaque génération sentait le besoin de se protéger par de solides murailles contre les ravages des gens d'armes.

Nous n'avons pas de renseignements précis sur les fortifications de Lille avant le commencement du treizième siècle, avant la reconstruction de la forteresse détruite en 1213. Un an à peine après que le roi de France eût permis au comte de Flandre d'entourer ses villes d'un fossé et d'en relever les portes, les habitants de Lille se mirent à l'œuvre et, profitant du silence des lettres du roi sur ce point, ils construisirent autour de leur ville des murailles et des tours en pierre d'une grande solidité. Au mois de février 1231, les échevins conclurent un accord avec le chapitre de Saint-Pierre, qui bâtit à ses frais une partie de la muraille dans sa seigneurie; la commune fit le reste et notamment l'arc sous lequel passait la Deûle à sa sortie de la ville. Mais, en 1342, les échevins firent développer et augmenter les fortifications de la ville sur la terre de Saint-Pierre sans demander l'autorisation du chapitre, et, pour éviter un procès, ils furent obligés de donner aux chanoines des lettres de non-préjudice. Les fortifications tout entières étaient la propriété de la ville, et ce fut toujours en vain qu'à plusieurs reprises le chapitre de Saint-Pierre fit des entreprises sur les murailles et sur les tours attenant au cloître ou à l'église. Jean Roisin nous fait connaître que de son temps la coutume était déjà formelle sur ce point ; il nous dit que la forteresse, murs et tours, les fossés, les portes, etc., étaient à garder par les échevins et étaient *yretages de la ville.*

L'entretien des fortifications était une lourde charge pour la commune, et elle les négligeait volontiers en temps de paix ; mais c'était une mauvaise économie; car en temps de guerre, lorsqu'on avait à craindre un siège, il fallait dépenser de grosses sommes pour remettre la forteresse en bon état de défense. Néanmoins, on voit par les comptes de la ville de Lille, du quatorzième et du quinzième siècle, qu'on ne renonça jamais à cette fâcheuse méthode ; on laissait les murs tomber en ruines et les fossés s'atterrir, au point qu'on pouvait aisément pénétrer dans la ville sans passer par les ponts et les portes. A l'approche de l'ennemi, quand la ville était menacée, on les réparait en toute hâte, à grands frais.

Dans ces moments de crise, les dépenses étaient énormes, et, pour y subvenir, la commune était obligée de contracter de gros emprunts et de fortement s'imposer, afin d'en payer les arrérages. La charge était d'autant plus lourde pour les malheureux bourgeois et habitants, que ceux qui étaient le plus capables de la supporter en étaient exempts. Au quatorzième siècle, les établissements religieux, qui cependant étaient déjà très riches, se refusaient énergiquement à contribuer aux dépenses causées par la forteresse. En 1346, la ville fut obligée de renoncer au procès qu'elle avait intenté aux chanoines de Saint-Pierre pour les obliger de payer leur part des sommes considérables employées pour les fortifications depuis dix ans. En 1392, ce même chapitre, l'hôpital Comtesse et le couvent de l'Abbiette ne voulurent pas payer ce qu'ils avaient d'abord consenti à donner à titre gracieux pour les fortifications. En 1411, il fallut obtenir de Jean-Sans-Peur des lettres patentes spéciales pour forcer les chanoines, les religieux et autres gens d'église à contribuer aux travaux des fossés, qui étaient en grande partie comblés. A cette époque, on ne se contenta pas de remettre en bon état les anciennes fortifications ; on les étendit et on en augmenta la puissance ; on y ajouta des boulevards comme ceux qui venaient d'être faits à Douai. La dépense fut si considérable qu'on obligea les villages de la châtellenie, par exemple Fromelles et Wicres, à en payer leur part.

Les fortifications étaient alors considérées comme un objet d'intérêt local et elles devaient être construites, entretenues et réparées par tous ceux qui en profitaient directement, c'est-à-dire par les habitants de la ville, que leurs murailles protégeaient du pillage, et par les habitants du voisinage, qui en temps de guerre avaient coutume de s'y réfugier.

L'artillerie de la ville. — La commune n'était pas seulement tenue de conserver en bon état ses fortifications et de les réparer et developper en cas de besoin, elle était encore obligée de les armer. Avant l'adoption générale de la poudre à canon, la ville de Lille possédait un bon nombre d'espringales et autres machines de guerre, que les charpentiers manœuvraient. On s'en servit encore en 1338, en 1340 et les années suivantes ; mais à la fin du quatorzième siècle on les avait abandonnées. À cette époque on n'employait plus que des canons, mais bien différents de ceux qui arment aujourd'hui nos remparts. En 1382, la ville fit mettre en état ses canons et ses bombardes. En 1414, on envoya acheter à l'Ecluse vingt-cinq grands canons, nommés veughelaires, et on en acquit plusieurs à la foire d'Anvers ; car la fabrication et le commerce des armes de guerre étaient encore libres. On fit même faire à Lille, à cette époque, des canons et des veughelaires sous la direction de l'horloger de la ville, Pierre Demmileville. Les bombardes et les veughelaires lançaient des gros boulets de grès, et, en 1414, on fit venir de Béthune plusieurs milliers de ces pierres rondes. La commune possédait encore beaucoup de petits canons de fer qui jetaient de grosses balles de plomb du poids d'une livre environ, d'où leur nom de *canons à jeter plommées*. Pour ses bombardes, veughelaires et canons, la ville avait besoin d'une grande quantité de poudre ; elle en achetait à Bruges et à Anvers, et elle en faisait faire à Lille. En 1414, l'horloger Pierre Demmileville fabriqua plus de 2,500 livres de poudre à canon, avec du soufre et du salpêtre, que l'on avait été chercher à Bruges, et avec du charbon de bois de tilleul, que l'on avait fait dans la ville. Les *canons à jeter plommées* et les petites couleuvrines étaient de véritables armes portatives ; mais pendant tout le quatorzième siècle l'arc et l'arbalète furent encore en usage, même pour la défense des fortifications. La commune avait en réserve un grand nombre d'arcs et de flèches, d'arbalètes et de viretons ; en 1414, on fit faire plusieurs milliers de viretons.

Toutes ces armes étaient réunies à la halle échevinale, dans ses dépendances et dans le jardin y attenant ; la poudre était emmagasinée dans une des chambres voûtées de la halle ; ce ne fut que beaucoup plus tard que l'on construisit un arsenal communal. Le soin des armes et des munitions de la commune était confié à un artilleur, qui recevait de la ville un petit traitement et qui était payé en plus lorsqu'il était occupé à faire des réparations importantes.

Châtelains et capitaines. — A l'origine, la défense de la ville était confiée à un officier du comte, appelé le châtelain, parce qu'il avait sa demeure au château, dont il avait la garde. Cet office devint de bonne heure héréditaire, et au onzième siècle les châtelains de Lille étaient déjà d'assez gros seigneurs ; ils possédaient la terre de Phalempin, où ils fondèrent une abbaye et le château du Plouich.

Quand la commune fut créée, le châtelain devint le chef militaire suprême, et la coutume régla les devoirs de l'association envers le châtelain et réciproquement. Ils étaient indiqués dans le serment que le nouveau châtelain devait prêter à la commune à son avènement. En cas de siège, il était obligé de venir à la réquisition des échevins défendre la ville avec les *pairs du castiel*, c'est-à-dire avec les seigneurs dont les terres relevaient du château de Lille.

Lorsque les rois de France devinrent maîtres de la Flandre wallonne, ils confièrent la haute direction de la défense de Lille aux baillis et gouverneurs de cette ville ; le château, bâti par Philippe-le-Bel en 1299, reçut un capitaine ; l'ancien château, situé dans une île de la Deûle, tomba en ruines et bientôt il n'en resta plus que la motte, connue sous le nom de la *motte du châtelain*; elle ne fut nivelée qu'en 1848. Quand la ville rentra sous la domination des comtes de Flandre, la châtellenie était passée dans la maison de Luxembourg et les châtelains étaient devenus de trop grands seigneurs pour qu'on pût les obliger à venir diriger la défense de Lille. Chaque fois que la ville fut menacée, il fallut chercher un capitaine spécial, dont les fonctions cessaient aussitôt que le danger était passé. Le 16 juin 1414, le bailli, le **prévôt**, les échevins et plusieurs conseillers de la ville de Lille se réunirent dans le palais du duc pour délibérer, sous la présidence de Jean-Sans-Peur, sur l'institution et sur le choix d'un capitaine. Le seigneur d'Halluin fut désigné et il obtint un salaire de trois couronnes d'or par jour. Le seigneur d'Haubourdin, qui fut capitaine de Lille en 1452, pendant la guerre entre les Gantois et Philippe-le-Bon, réclama à la ville 1,500 écus d'or pour ses gages ; comme les échevins refusaient de les lui donner, il fit arrêter à Ath, en 1455, leur mayeur et deux autres bourgeois ; il fallut plaider : mais le Grand Conseil accorda à l'ancien capitaine 1,150 écus d'or, qui faisaient déjà une fort grosse somme.

Les milices communales. — Les bourgeois tenaient à honneur de défendre eux-mêmes leur ville et ils n'acceptaient le concours des gens de guerre du prince qu'à la dernière extrémité. Pour remplir ce devoir et pour faire respecter leur privilèges, les communes formèrent de puissantes milices, dont tous les bourgeois et peut-être même tous les habitants valides devaient faire partie. Le livre de Jean Roisin nous apprend qu'à Lille, au treizième siècle, la milice communale était commandée par le rewart de l'amitié et divisée en sections, appelées connestablies ; mais nous n'avons pas de renseignements détaillés sur sa composition avant la fin du quatorzième siècle.

Dans le premier registre aux bans nous trouvons comment la milice fut organisée à Lille en 1382, lorsque la ville fut menacée par Philippe Van Artevelde. Le 18 avril on ordonna que tous les manants et bourgeois pourraient faire leurs guets, c'est-à-dire monter leurs gardes, en personne ou se faire remplacer, soit par un arbalétrier faisant partie de la confrérie, soit par un valet né dans la ville et âgé de vingt ans au moins. Les femmes veuves étaient aussi astreintes à l'obligation de fournir un remplaçant, ce qui prouve que le service militaire était encore dû par la maison. Le 4 mai, après la défaite du comte Louis de Mâle à Bruges par les Gantois, on prit des précautions en cas d'alerte. On fixa à chacun sa place, aux portes, aux tours, aux créneaux de la muraille ou sur le marché et aux carrefours. Au son de la cloche, tous devaient courir à leur poste. Toutes les nuits, la moitié des chefs d'hôtel ou maîtres de maison étaient obligés de veiller chez eux tout armés jusqu'au matin ; une nuit c'était le tour des habitants d'un côté de chaque rue et la suivante c'était à ceux de l'autre côté. Les bourgeois et les manants qui étaient de veille devaient, pendant toute cette nuit de garde, tenir une lumière constamment allumée et placée sur le devant de la maison, afin d'éclairer la rue. Le 9 mai, quand on craignit que les Gantois ne vinssent assiéger le comte, qui s'était réfugié à Lille, on décida que tous les bourgeois et habitants devraient toujours être armés, tant en allant par les rues de la ville que dans leurs maisons. Enfin, le 23 mai, on ne laissa la faculté de se faire remplacer qu'aux bourgeois et manants âgés de plus de 60 ans; tous les autres étaient tenus de monter leurs gardes en personne; mais dès le mois d'avril 1383 on était revenu à l'ancien système. Au mois de mars 1414, la ville obtint de Jean-Sans-Peur un mandement ordonnant au prévôt de contraindre les gens d'église, curés, chanoines et autres ecclésiastiques, et les fonctionnaires du prince à faire le service du guet comme les autres bourgeois et manants. C'était une règle générale dans la plupart des villes du nord au quinzième siècle; les ecclésiastiques étaient obligés de prendre part à la défense de la ville comme les autres habitants; mais ceux qui étaient astreints au service divin n'étaient tenus de monter la garde en personne qu'en cas de péril imminent; autrement, on leur permettait de se faire remplacer.

La milice communale était divisée en centaines, cinquantaines et dizaines, commandées par des centeniers, cinquanteniers et dizeniers. En 1452, on divisa la ville en quatre circonscriptions, et chacune fut confiée à un quartenier, auquel les centeniers étaient tenus d'obéir. Le rewart, les échevins et les conseillers se partageaient le commandement supérieur sous la haute direction du capitaine et du gouverneur.

Le rewart, quatre échevins et quatre conseillers avaient leur poste à la Halle échevinale, sur le marché, qui était le principal lieu de rassemblement, et l'on affectait un échevin et un conseiller à chacune des huit portes de la ville (de la Barre, de Saint-Pierre, de Courtrai ou de Gand, de Dergnau ou de Roubaix, de Fives, de Saint-Sauveur, des Malades ou de Paris et du Molinel).

Archers, arbalétriers et canonniers. — Les milices communales n'étaient, à vrai dire, que des gardes nationales composées de bourgeois, qui n'avaient jamais été exercés au métier des armes ; aussi n'avaient-elles qu'une valeur militaire fort douteuse, et de bonne heure on reconnut leur insuffisance. Après les batailles de Crécy et de Poitiers, où s'était affirmée la supériorité des archers anglais, Charles V encouragea par tous les moyens en son pouvoir la formation de sociétés d'archers, dont les membres, en temps de paix, s'exerçaient le dimanche au tir à l'arc. A Lille, il y eut de bonne heure une société d'archers. En 1405, ils représentèrent à Jean-Sans-Peur qu'ils avaient fidèlement servi ses prédécesseurs toutes les fois qu'ils en avaient été requis, que plusieurs de leurs membres avaient été tués et d'autres gravement blessés sur le champ de bataille, et par ces motifs ils réclamèrent la confirmation de leurs privilèges. Le duc la leur accorda à la condition qu'ils le serviraient bien et loyalement partout où il voudrait les mener. C'est là l'origine de ces nombreux tirs à la perche ou au berceau que l'on trouve encore dans ce pays et dans tout le nord de la France.

Dès le quatorzième siècle, il y avait aussi à Lille une confrérie d'arbalétriers qui rendaient de très grands services. En 1339 et en 1340, ils veillèrent en grand nombre à la défense des fortifications, et de ce chef ils reçurent de la ville d'assez fortes sommes. En 1382, on paya également des arbalétriers qui montaient à tour de rôle la garde jour et nuit; comme les anciens ne suffisaient plus, on en avait enrôlé de nouveaux et on leur avait donné une cote aux armes de la ville semblable à celle des anciens. En 1443, les échevins de Lille réunirent en une seule les deux sociétés d'arbalétriers, et pour les encourager la ville porta à 18 sous au lieu de 12 la subvention qu'elle donnait chaque dimanche pour payer à boire à la dizaine désignée pour s'exercer ce jour-là à l'arbalète. C'était une société honorable et, pour en faire partie, il fallait réunir certaines conditions et payer un droit d'entrée de 32 sous. Chaque confrère était tenu de posséder une arbalète valant au moins 60 sous, et à sa mort il devait la laisser à la société. Tous les arbalétriers étaient obligés d'assister en corps à l'enterrement des membres de la confrérie ; mais les héritiers du défunt devaient leur donner 12 sous pour boire ensemble en récréation après la cérémonie funèbre.

L'invention de la poudre à canon diminua l'importance des confréries d'archers et d'arbalétriers, qui durent céder le premier rang aux canonniers. On trouve, à Lille, des canonniers bien avant qu'ils eussent été formés en société. En 1382, on engagea pour *traire le canon* un certain Louis de Louvain, et cette même année Pierre Tannoy et ses compaignons veillèrent pendant deux nuits à la porte de Courtrai pour tirer le canon en cas de besoin. Mais plus d'un siècle se passa avant que le corps des canonniers lillois fût définitivement constitué. Le 4 mai 1484, les échevins de Lille arrêtèrent les statuts de cette société, dont le nombre des membres fut fixé à trente. Ils devaient s'exercer au tir par dizaine chaque dimanche, et pour acheter de la poudre et des plommées ou petits boulets de plomb, la ville devait leur donner 10 s. par semaine. Les membres de la dizaine désignée pour tirer étaient tenus de se trouver le dimanche, à trois heures, au champ de tir, que la ville leur avait fait construire, en 1465, entre la Noble-Tour et la porte de Fives, et ils ne pouvaient pas en partir avant d'avoir tiré trois coups chacun. Pour les récompenser, la ville s'engageait à leur donner chaque dimanche quatre litres de vin, pourvu qu'ils fussent au moins six au tir ; à leur fournir tous les deux ans une cotte aux armes de Lille, et à leur payer chaque année 24 livres pour les aider à faire les frais du dîner de la Sainte-Barbe et de la fête du premier dimanche de mai, où ils tiraient les canons et les veughelaires et faisaient leur roi.

Service militaire dû au prince par la commune. — Les communes n'étaient pas seulement obligées d'entretenir leurs fortifications et de les défendre ; elle devaient encore, comme les autres seigneurs, servir leur souverain à l'armée dans certains cas déterminés. Lorsque le pays était envahi par l'ennemi, la commune entière était tenue de marcher pour repousser l'invasion ; tous les bourgeois valides étaient contraints de prendre les armes et de suivre la bannière de la ville ; c'est ainsi que les communes du nord de la France assistèrent en masses nombreuses à la bataille de Bouvines. Mais, quand l'existence du pays n'était pas menacée, la commune était seulement obligée de fournir au prince un contingent déterminé par la coutume; nous ne savons quel était celui que devait la commune de Lille au treizième siècle. Il semble que, même dans les petites guerres du comte de Flandre contre ses voisins, elle marchât avec lui, sinon tout entière, du moins en grand nombre, sous la conduite du châtelain de Lille, du rewart et des échevins.

En 1276, nous voyons les échevins et le conseil de la ville de Lille dispenser le châtelain d'aller avec eux à l'armée du comte de Flandre contre l'évêque de Liège, pour les conduire et mener, comme il le devait en sa qualité de châtelain, et l'autoriser à se faire remplacer par deux chevaliers. Il en fut de même en 1292; un certain Thomas de Lille, bien qu'il ne fût pas encore chevalier, conduisit et mena en Hainaut depuis Valenciennes jusqu'au Quesnoy «*l'ost et le communité*» de la ville de Lille.

Au quatorzième siècle, les rois de France demandaient aux villes du domaine royal de leur fournir des contingents d'archers et surtout d'arbalétriers en nombre variable. Les ducs de Bourgogne, comtes de Flandre, suivirent ce système. Lorsque le souverain ordonnait à la ville de Lille de lui envoyer une certaine quantité d'arbalétriers, les échevins commençaient par supplier le prince de les en dispenser, en représentant que leur ville était trop peu peuplée pour son immense étendue et qu'elle resterait sans défense si on la privait de ses meilleurs soldats. C'est le thème que l'on voit développer sous toutes les formes pendant les quatorzième et quinzième siècles. Rarement les échevins réussissaient à arracher au prince une dispense totale, mais ils obtenaient souvent une diminution du nombre primitivement fixé. Alors les échevins faisaient crier à la bretesche de la maison commune « que tous arbalétriers de la ville et de la châtellenie qui voudraient aller à l'armée pour gaigner de l'argent vinssent se présenter aux échevins en halle ». Si cette publication ne suffisait pas pour procurer à la ville le nombre d'hommes exigé par le duc de Bourgogne, comte de Flandre, on faisait venir les arbalétriers et les archers des sociétés subventionnées par la commune et on les engageait à partir ; ceux qui s'en excusaient étaient obligés de confier leurs armes aux volontaires. Tous ceux qui allaient à l'armée portaient une cotte aux armes de Lille, afin que tout le monde sût qu'ils faisaient partie du contingent de cette ville.

Les travaux publics. — Pendant tout le Moyen-Age, les fortifications occupent surtout le service des travaux publics de la ville de Lille. Vient ensuite l'entretien des canaux et des routes, qui regardent aujourd'hui l'Etat et non les communes ; par contre, on néglige fort la voirie urbaine, qui est de nos jours la charge la plus lourde pour les budgets des grandes villes.

Au milieu du quinzième siècle, la direction
donnée à cet important service paraît avoir
laissé beaucoup à désirer, car le duc et la ville
s'en plaignent constamment. Il était alors dirigé
par deux échevins désignés chaque année après
le renouvellement de la loi ; mais ils remplissaient fort mal leur office. Vers 1450, les ponts
ne tenaient plus et les murs étaient en si mauvais état qu'on pouvait aisément les franchir ;
par contre, messieurs les échevins avaient soin
de faire faire les travaux qui pouvaient être
utiles ou agréables à eux et à leurs amis. Pour
remédier au mal, on adopta, le 4 décembre 1451,
un règlement proposé par la Chambre des
comptes de Lille. On ne devait plus à l'avenir
entreprendre que les travaux absolument nécessaires « *et non ouvrages, faits à plaisance,
par faveur d'eschevins ou de particuliers* ».
Mais cela ne suffit pas, et le 10 mai 1453 le duc
autorisa le retour à l'ancien usage suivant lequel
les deux bourgeois commis à la direction des
travaux municipaux n'étaient pas choisis parmi
les échevins. On prit pour prétexte que ces
magistrats étaient trop occupés.

Enfin, lors de la réforme de janvier 1467, le
duc, considérant que «par ci-devant on avait
fait plusieurs grands ouvrages mal conduits et
peu nécessaires», ordonna que désormais on ne
pourrait plus entreprendre de travaux, s'ils
n'avaient été décidés dans une assemblée générale des trente-neuf personnes du Conseil de la
ville. Ces travaux devaient être mis en adjudication par petits lots et donnés au rabais à des
ouvriers auxquels la ville fournissait tous les

matériaux nécessaires, qu'elle se procurait également par des adjudications au rabais.

Canaux : Basse-Deûle. — En 1236, la comtesse Jeanne fit construire deux écluses sur la Lys. Afin de profiter de cette amélioration, qui permettait l'emploi de bateaux de plus fortes dimensions et d'un plus grand tirant d'eau, les échevins de Lille résolurent de faire un semblable travail sur la Deûle, et en 1242 ils obtinrent de la comtesse l'autorisation de l'entreprendre. Entre Lille et la Lys on construisit trois écluses (à Marquette, Wambrechies et au Quesnoy-sur-Deûle), qui ne devaient ouvrir leurs portes que deux jours par semaine pour laisser passer les bateaux tant montant que descendant ; ce qui laisse supposer que les promoteurs de la canalisation de la Deûle ne prévoyaient pas que ce travail augmenterait dans de grandes proportions la circulation sur cette rivière. Mais l'évènement démentit leurs calculs.

Il fut décidé, en 1266, que, du 1er octobre au 24 juin, les écluses seraient ouvertes tous les jours et seulement les mardi, jeudi et samedi pendant l'été ; mais elles ne s'ouvraient qu'une fois dans la journée, à midi ; on refermait les portes aussitôt que tous les bateaux, qui attendaient l'ouverture, étaient passés ; tant pis pour ceux qui arrivaient un peu trop tard. La lenteur des transports par eau, dont on se plaint tant aujourd'hui, devait être encore bien plus grande dans ce temps-là, où il fallait attendre un jour ou deux à chaque écluse. Bien mieux, la ville de Lille avait commis l'imprudence de construire l'écluse du Quesnoy à frais communs avec le seigneur de cette localité, qui en avait profité pour augmenter la force de son moulin. En 1266, il fut convenu qu'il ferait ouvrir les portes de cette écluse sans rien percevoir. Mais ses successeurs n'observèrent pas cette convention; ils exigeaient des bateliers de l'argent, des vins et autres marchandises, sans quoi ils les faisaient attendre deux et trois jours ; pour faire cesser cet abus, la ville de Lille dut, en 1350, recourir au gouverneur.

La comtesse avait, en 1242, permis aux échevins de lever des droits sur les bateaux naviguant sur la Deûle, afin de recouvrer les sommes qu'ils auraient dépensées pour la canaliser ; ces taxes devaient être supprimées aussitôt que la ville serait rentrée dans ses frais ; mais elles étaient si lourdes qu'elles arrrêtaient le développement de la navigation, et en 1269 on les diminua de plus de moitié, mais en les rendant perpétuelles.

Haute-Deûle. — En 1271, la ville de Lille conclut une convention avec le châtelain, qui s'obligea à faire de La Bassée à Lille un canal de 40 pieds de largeur et de 4 pieds d'eau dans les plus grandes sécheresses. La ville, de son côté, s'engagea à payer au châtelain 1,500 livres d'Artois, somme énorme pour le temps, à la condition qu'on ne percevrait sur le nouveau canal aucun droit de navigation ; elle prit aussi à sa charge les frais d'entretien. Mais il est probable que cette voie de communication avec l'Artois, d'où venaient les blés, rendait moins de services à la ville de Lille que la Basse-Deûle, qui assurait de faciles relations avec les grandes villes de Flandre, Bruges et Gand. On négligea de nettoyer la Haute-Deûle, à tel point qu'en 1421 elle était presque complètement comblée par les atterrissements.

A cette époque, le duc Philippe-le-Bon constate que cette rivière est presque entièrement abandonnée par la navigation, et il ordonne de la draguer aux frais des riverains et des villes intéressées. Mais en 1431, la situation n'est pas meilleure ; le canal est tellement envasé, qu'en certains endroits il n'y a plus que deux pieds d'eau ; pour le ramener à son ancienne profondeur, les villes de Lille et de La Bassée durent dépenser des sommes considérables. Les riverains profitaient de cet abandon pour détourner les eaux du canal dans leurs propriétés ; de 1406 à 1409, la ville de Lille fut de ce chef en procès avec les manants de Santes, Marquillies, Hantay et autres, qu'elle fit plusieurs fois condamner. Vers 1478, les manants de Santes approfondirent une petite rivière, appelée la Tortue, allant du bac de Wavrin à Haubourdin, et ils en abaissèrent le fond à deux pieds au-dessous de celui du canal, si bien qu'il fut presque asséché. Il fallut l'intervention de la duchesse Marie pour que les choses fussent remises en état. Une autre fois, les échevins durent lutter contre les religieux de Loos, qui pour agrandir leurs bois et leurs champs avaient réduit de près de moitié la largeur de la rivière et complètement supprimé le chemin de halage. Tous ces procès montrent qu'à la fin du quinzième siècle la ville commençait à attacher une certaine importance au maintien de cette voie de communication.

Routes. — Les chemins aboutissant à la ville étaient encore en moins bon état que les canaux, dont le commerce ne pouvait pas se passer, au moins celui de la Basse-Deûle. Cependant le duc de Bourgogne, les seigneurs et la ville de Lille percevaient des droits de péage sur les grands chemins afin de les entretenir ; mais ni les uns uns ni les autres ne remplissaient leurs obligations. En 1428 les fermiers du péage du Quesnoy-sur-Deûle demandent au duc de Bourgogne une diminution sur le prix de leur bail, parce que les chemins entre Lille et Warnêton sont si mauvais que les marchands les évitent et font de grands détours pour aller passer ailleurs. Quand les routes étaient par trop défoncées, la ville de Lille s'entendait avec les villages voisins pour les faire réparer, et elle ajoutait une surtaxe aux droits de chaussée qu'elle percevait aux portes sur les chevaux, sur les charrettes et sur les marchandises afin de se rembourser de ses dépenses.

La voirie urbaine. — Les rues de la ville n'étaient pas mieux soignées que les chemins qui y conduisaient. Les chaussées, mal entretenues, étaient très souvent défoncées, et les plus belles rues de la ville n'étaient que de mauvais chemins, poudreux l'été, boueux l'hiver et pleins de profondes ornières. Parfois même les échevins laissaient aux particuliers le soin de les réparer. En 1454, la ville fit refaire les quais du bassin du Wault, où aboutissait le canal de La Bassée; mais quant au chemin qui y conduisait et qui était en très mauvais état, les échevins et leurs conseillers se bornèrent à déclarer « que qui le voudrait estre refait, le referait, se bon lui semblait ». Enfin en 1475, les échevins, le Conseil et les huit-hommes de Lille décidèrent que tous les habitants qui voudraient faire chaussées dans les rues, devant leurs maisons, recevraient de la ville dix sous, ou deux charrettes de sable par chaque verge de dix pieds carrés.

La ville ne faisait pas la plus petite dépense pour assurer la propreté des rues. Le balayage et l'enlèvement des ordures étaient à la charge des riverains. En 1397, les échevins firent publier un ban ordonnant que tous les chefs de maisons devraient faire balayer la rue devant leur habitation, au moins une fois par semaine, le samedi, et faire porter les ordures aux endroits à ce destinés. En attendant qu'on les enlevât, on devait les mettre en tas sur la chaussée, assez haut pour que les ruisseaux ne soient pas bouchés. Les ordures ne devaient pas manquer dans ces mauvais chemins; car en temps ordinaire les pourceaux s'y promenaient tout à leur aise; c'était seulement à l'approche des grandes fêtes publiques qu'il était interdit de les laisser divaguer par la ville.

Ces rues malpropres n'étaient pas éclairées le soir, et encore au commencement du seizième siècle, il était défendu de circuler la nuit sans porter une lanterne allumée. C'était si nécessaire qu'il semble étonnant qu'on eût été obligé de prendre cette mesure de police.

Il n'était pas question d'arroser les rues l'été; car on manquait d'eau pour cet usage. Les eaux de l'étang de Fives, achetées par la ville en 1285, étaient réservées pour l'alimentation des habitants, et elles suffisaient à peine pour les huit ou dix fontaines publiques réparties dans la ville. Car déjà les eaux de la Deûle n'étaient plus potables, et en 1463 on se plaignait vivement des odeurs infectes que dégageaient pendant l'été les nombreux canaux qui sillonnaient la ville.

Les incendies. — Dans cette situation, les incendies étaient très redoutables ; car à cette époque il y avait encore à Lille de nombreuses maisons couvertes en chaume ; c'est seulement en l'an 1400 qu'on interdit l'emploi de ces couvertures ; mais il en restait encore beaucoup au seizième siècle. Deux échevins étaient spécialement chargés du service des incendies, et la ville était pourvue de seaux pour jeter de l'eau et d'instruments pour démolir les maisons. Lorsqu'un feu se déclarait, les échevins à ce commis requéraient tous les travailleurs qu'ils trouvaient, et ensuite ils leur donnaient une indemnité aux frais de la ville. Il n'y avait pas encore de corps spécial chargé de combattre les incendies. En temps de sécheresse, on faisait seulement monter la garde dans les carrefours par des détachements du guet, et on obligeait les particuliers à tenir constamment à

la porte de leur maison un seau plein d'eau.
On voit qu'au Moyen-Age la lutte contre l'incendie, même dans les grandes villes, était encore bien mal organisée.

Fêtes publiques. — En bons marchands, les échevins de Lille, qui étaient si avares des deniers de la ville pour les travaux publics, ne les ménageaient plus du tout dès qu'il s'agissait des fêtes publiques, qui faisaient aller le commerce. Pendant tout le Moyen-Age, il y eut chaque année à Lille trois grandes fêtes, qui attiraient dans la ville une foule considérable : la fête de l'Epinette, le jour du Béhourt ou premier dimanche de carême ; la procession de Notre-Dame de la Treille, quinze jours après la Pentecôte, et la foire à la fin d'août.

L'Epinette. — On ne connaît pas exactement les origines de cette fête très ancienne ; elle remontait certainement à la première moitié du treizième siècle, et avait été sans doute instituée peu de temps après que la comtesse Jeanne eût donné au couvent des Dominicains de Lille un fragment de la couronne d'épines de Jésus-Christ. C'était un brillant carrousel, dont les fêtes commençaient le dimanche gras et se terminaient seulement à la mi-carême. Les joutes étaient courues, sur le marché de Lille, le premier dimanche de carême, le lundi et parfois aussi les deux ou trois jours suivants, par les deux rois de l'Epinette, le nouveau et celui de l'année précédente, et par les quatre jouteurs. A cette occasion, le roi de l'Epinette devait donner des dîners et des soupers plantureux, des bals et des fêtes magnifiques. Pour finir, les anciens rois se réunissaient dans un grand banquet, où l'on désignait le roi de l'année suivante. C'était une dignité si considérable, si honorable, que pendant longtemps elle fut très recherchée, à tel point que les rois prenaient à leur charge tous les frais de la fête, bien que ce fût une dépense énorme; ils faisaient aménager la place, construire les lices, et ils donnaient festins sur festins.

La ville n'avait presque rien à dépenser. Pendant les joutes, les échevins et les conseillers de la ville se tenaient tous ensemble dans une chambre louée à cet effet par la ville sur le marché, et où leur présence était signalée par les draperies aux armes de Lille, qui décoraient la façade de la maison. On y faisait bon feu et on y buvait et mangeait pendant trois jours aux dépens de la commune. Pour maintenir l'ordre, la ville était encore obligée de payer le connétable des arbalétriers et 18 de ses hommes, qui prêtaient main forte aux douze sergents du prévôt, qui constituaient la police ordinaire de la ville.

Quand la draperie de Lille fut en pleine décadence, quand la riche bourgeoisie fut à moitié ruinée, on ne trouva plus que difficilement des gens prêts à sacrifier une grosse somme d'argent pour l'honneur d'être rois de l'Epinette.

En 1349, la ville prêta 100 livres au roi, Pierre-le-Nepveu, qui s'engagea à les rembourser en quatre années. Et plus on alla, plus ces prêts devinrent fréquents et considérables. En

1413, la ville donna au roi de l'Epinette, Philippe Vreté, 400 livres en prêt, qu'il devait rendre en vingt ans, et l'ancien roi reçut quarante livres, plus un muid de vin pour l'aider à supporter les dépenses qui lui incombaient. L'année suivante, le nouveau roi, Pierre Vreté, reçut aussi 400 livres, mais 200 en pur don, et 200 seulement à titre de prêt, « parce que, dit-on, la fête était en apparence de tomber faute de roi ».

En 1430, le duc Philippe-le-Bon, grand amateur de fêtes, intervint pour assurer le maintien de l'Epinette ; car il devenait de plus en plus difficile de trouver des rois et des jouteurs. Il autorisa la ville à donner chaque année 300 l. au nouveau roi, 120 aux jouteurs, etc., et à mettre une taxe spéciale sur le sel pour se procurer l'argent nécessaire. Ces subsides furent bientôt insuffisants ; les riches bourgeois, par crainte d'être choisis pour rois ou jouteurs, quittaient la ville et allaient s'établir ailleurs ; en 1459, celui qui fut désigné comme roi ni aucun autre bourgeois ne voulait acccepter cette dignité ; pour éviter le scandale qu'aurait causé la suppression de la fête pour un tel motif, il fallut donner au roi 800 livres au lieu de 300. Le 16 février 1460, le duc porta à 1,200 livres la subvention annuelle de la commune pour la fête de l'Epinette ; c'était une somme considérable pour le temps ; elle représentait environ 5 0|0 de toutes les dépenses que la ville faisait en moyenne chaque année, y compris le paiement des arrérages de la dette municipale.

Pour se procurer cet argent, il fallut mettre

des droits considérables sur le poisson de mer, sur les bestiaux, sur les draps fabriqués ou vendus dans la ville, sur les teintures, etc. Il est évident que cette fête coûtait dès lors beaucoup plus à la ville qu'elle ne pouvait rapporter à ses habitants. Cependant, ces sacrifices de la commune ne suffisaient pas pour payer les dépenses que devaient faire le roi et les jouteurs. Il se produisit encore des refus,et le duc décida qu'on pourrait contraindre à accepter ces charges ceux qui seraient régulièrement désignés. En 1464,un certain Jeannin d'Ostende ne voulut pas être jouteur; on le mit en prison où il resta longtemps; il n'en sortit qu'après avoir payé tous les frais faits par celui qui avait jouté à sa place. En 1485, sur de nouveaux refus, on fut encore obligé d'augmenter la subvention. Enfin on trouva la dépense trop lourde; le dernier roi, Pierre Delobel, fut nommé en 1487. La fête de l'Epinette cessa pour toujours; mais les impôts spéciaux qui avaient été établis pour la maintenir furent encore perçus pendant près d'un siècle.

Procession de Notre-Dame de la Treille. — Cette fête coûtait bien moins cher, mais elle n'avait pas le même éclat que l'Epinette et elle ne durait pas aussi longtemps. Instituée en 1270 par la comtesse Marguerite, elle avait lieu chaque année le premier dimanche après la Trinité et elle était suivie d'une neuvaine et d'une foire franche aux bestiaux établie en 1271. Tous ceux qui venaient à Lille à cette occasion jouissaient de grands privilèges : il était

interdit de les arrêter pour dettes ou pour autre
cause pendant leur voyage et pendant leur séjour à Lille. La procession se faisait autour de
la ville; mais en temps de guerre on restait à
l'intérieur des fortifications.

Les échevins portaient la statue depuis l'é-
glise Saint-Pierre jusqu'à la porte des Malades; là ils cédaient leur poste d'honneur
à des valets payés par la commune, qui faisaient avec leur précieux fardeau le tour de la
ville. Pendant ce temps, les échevins, pour reprendre des forces, s'installaient avec leurs
conseillers dans un cabaret du voisinage et y
faisaient un bon dîner aux frais de la ville:
puis quand la procession rentrait, ils reprenaient
leur place et ils reportaient la statue miraculeuse
jusqu'à l'église. La ville payait encore des tor-
ches, des draps d'or, des chapeaux de boutons
de roses, des gratifications aux porteurs, aux
arbalétriers qui escortaient la statue, etc.

Assistance publique. — Les communes
du Moyen-Age ne dépensaient rien ou presque rien pour l'assistance publique, et Lille
ne faisait pas exception à cette règle. L'hôpital Saint-Sauveur, dont on ne connaît pas
la date de la fondation, certainement anté-
rieure à 1217, et l'hôpital Notre-Dame ou Comtesse avaient été fondés et richement dotés par
les comtes de Flandre, qui s'en étaient réservé
l'administration, où les échevins n'avaient pas
à intervenir. Les magistrats municipaux n'a-
vaient qu'un droit de surveillance sur la maladrerie ou léproserie, aussi très ancienne et

réservée aux seuls bourgeois de Lille; pour les forains, il y avait deux autres maladreries, l'une au Pont-de-Marcq et l'autre à Canteleu.

Les échevins avaient reçu des fondateurs la mission de désigner les administrateurs des hôpitaux de Saint-Julien, des Grimarets, des Marthes, Gantois et des Repenties. Ils nommaient aussi les maîtres des hôpitaux de Saint-Nicolas, de Saint-Nicaise et de la Trinité, et ils choisissaient les bourgeois et les bourgeoises qui devaient profiter des revenus de ces maisons. Mais chaque échevin aurait voulu pouvoir dans son année placer dans ces hôpitaux au moins l'un de ses protégés. C'était difficile, puisque ces trois établissements, d'après les fondations, ne pouvaient pas compter plus de cent pensionnaires. Mais on n'en avait cure ; on dépassait le nombre fixé par les statuts, et quand il fallait s'arrêter, on donnait des lettres d'expectative, même à de jeunes enfants ; de cette façon on contentait ses amis. Les abus en vinrent à un tel point qu'on donna le pain de ces hôpitaux à des bourgeois riches, qui n'en avaient nul besoin, tandis que des pauvres malheureux souffraient de la faim. En 1445, il fallut que le duc Philippe-le-Bon fît une réforme pour empêcher la ruine de ces hôpitaux, et son fils dut encore intervenir en 1472.

Les échevins de Lille avaient aussi l'habitude de faire des aumônes à leur clientèle avec l'argent de la ville, sans règle ni contrôle ; mais en 1467, Philippe-le-Bon le défendit formellement et il ne laissa plus aux échevins que le droit de distribuer les fonds provenant de la fondation

de Jacques Louchart et des charités des églises.
En 1284, Jacques Louchart avait donné à la
ville cent livres de rente pour employer en dons
de blé, de drap, de toile, ou autres, à des pauvres honteux. En 1413, cet argent servit à
acheter 75 aunes de drap, 98 aunes de toile, 60
paires de souliers d'hommes et 36 paires de
souliers de femmes ; ces objets furent répartis
entre les douze échevins, qui les distribuèrent
à qui bon leur sembla. Les échevins disposaient
aussi d'une bonne partie des fonds recueillis
par les charités de chaque paroisse de la ville.
Ils menaçaient d'employer la prison pour contraindre les administrateurs de la charité de
Saint-Sauveur à faire ce qu'ils leur avaient
ordonné. Ces *caritables* usaient d'ailleurs assez
mal des fonds que leur fournissait la piété des
fidèles ; à la fin du carême ils distribuaient aux
pauvres les morceaux de plusieurs pourceaux ;
mais ils réservaient les jambons pour le curé,
le vicaire, le sacristain et les autres employés
de l'église.

La commune donnait une pension à trois
chirurgiens et payait une prime à un ou deux
tueurs de chiens pour chaque chien errant mis
à mort ; en mai 1413 ils en tuèrent 239, et certains mois ce chiffre doublait et même triplait.
C'était à peu près tout ce que la ville faisait au Moyen-Age pour l'hygiène publique.
Encore fallait-il que les chirurgiens ne voulussent pas invoquer le secret professionnel pour
refuser de répondre aux questions indiscrètes
des échevins. En 1451, ces magistrats condamnèrent pour ce motif deux des chirurgiens de la

ville à faire un pèlerinage, l'un à Boulogne et l'autre à Luzarches, à l'église de St-Cosme et St-Damien patrons des médecins.

Ecoles.— Pendant tout le Moyen-Age, l'instruction publique à tous les degrés fut abandonnée au clergé, et les communes ne s'en occupaient pas. On ne trouve pas la plus petite dépense pour les écoles dans les comptes municipaux jusqu'au seizième siècle. En 1535 seulement les échevins de Lille réussirent à briser le monopole du chapitre de St-Pierre, qui depuis la fin du onzième siècle avait une grande école publique ; il leur fut permis d'ouvrir deux écoles latines dans les paroisses de Saint-Maurice et de Saint-Sauveur, et non ailleurs, afin sans doute que l'école du chapitre n'eût pas trop à souffrir de la concurrence.

CHAPITRE TREIZIÈME

LES FINANCES MUNICIPALES

Le compte de 1465. — Les aides au prince. — La dette municipale. — Frais d'administration. — Dons honorables, messageries, courtoisies. — Dépenses de bouche. — Présents de vin. — Guet et police. — Travaux publics. — Fêtes publiques. — Assistance publique. — Cultes. — Les recettes. — Domaine municipal. — Droits de place. — Péages et pêcheries. — Droits de justice. — Droits sur les bourgeois. — Droits d'escas. — Impôts indirects divers. — Droits sur les boissons. — Exemptions d'impôts. — Part du comte. — Emprunts. — Le déficit. — Réformes de 1467. — Prorogation des échéances. — Emprunt forcé. — Conclusion.

Le compte de 1465. — Il serait impossible d'exposer en quelques pages l'histoire des finances de la commune de Lille depuis les premières années du quatorzième siècle, où commence la collection des comptes de cette ville, jusqu'à la fin du Moyen-Age. Il semble que le meilleur moyen de tourner cette difficulté consiste à faire connaître l'état des dépenses et des recettes de la ville de Lille à une époque critique de son histoire communale. A cet égard, l'année municipale allant du 31 octobre 1464 à la Toussaint 1465 devait être choisie, parce que c'est l'examen de ce compte qui a déterminé la réforme administrative et financière ordonnée par les lettres patentes du duc Philippe-le-Bon en date du 27 janvier 1467 (n.s.). Ce compte était donc tout indiqué pour servir de base à cette étude. Il est établi d'après la monnaie de Flandre, mise en circulation le 11 novembre 1433, monnaie qui était en 1465 très inférieure à la monnaie parisis, car la livre parisis valait alors 2 livres 5 sous monnaie de Flandre. Si l'on s'en tenait aux calculs de Leber, la valeur d'une livre parisis de 1465 serait d'environ 37 francs d'aujourd'hui ; mais cette valeur paraît trop forte par rapport aux prix des denrées les plus nécessaires à la vie et aux prix des journées des ouvriers des divers états, et il semble qu'en moyenne la livre flamande de 1465 valait environ 12 francs d'aujourd'hui, le sou 0 fr. 60 et le denier cinq centimes.

Les aides au prince. — C'était, sous la domination des ducs de Bourgogne, une des plus grosses dépenses des villes. Les communes, comme les autres seigneurs, étaient obligées de donner des secours en argent à leur souverain, lorsqu'il les leur réclamait dans certains cas déterminés par la coutume. Au XVe siècle, les vassaux de tout ordre des ducs de Bourgogne, comtes de Flandre, paraissent avoir été tenus de venir en aide à leurs princes quand ils avaient une grande guerre à soutenir. En 1464-65, la commune de Lille paya : 1° 3,000 livres au duc de Bourgogne « pour l'aider à supporter les grands frais, affaires, missions et despens qu'il lui a convenu et convient avoir et soutenir personnellement pour le bien et préservation de ses pays et sujets »; 2° 3,400 livres, en trois fois, au comte de Charolais, Charles-le-Téméraire, fils du duc Philippe-le-Bon, pour l'aider à payer les dépenses de son armée dans la guerre dite du *Bien public*.

Les ducs de Bourgogne de la maison de Valois suivaient en cette matière les traditions des rois de France, leurs parents. Le plus souvent ils s'adressaient à chacun de leurs vassaux pour les prier de leur donner telle somme à titre d'aide; de cette façon ils avaient plus facilement raison des objections et des résistances qni pouvaient se produire. Cependant les magistrats municipaux de Lille, échevins, conseillers et huit-hommes réunis, accordaient rarement du premier coup la somme qui leur était demandée; presque toujours ils négociaient pour obtenir une diminution. Nous ne savons pas comment les choses se passèrent en 1464-65, car le registre aux résolutions de cette année est perdu depuis longtemps; mais il est probable qu'on suivit les anciens errements. Le 5 mai 1447, on délibéra sur une aide de cinq mille livres que demandait le duc, et on résolut de lui envoyer des députés qui lui représenteraient la situation et la pauvreté de la ville et lui donneraient le moins possible, sans toutefois dépasser trois mille livres. Le 11 janvier 1455, le duc ayant réclamé 3,200 livres chaque année pendant trois ans, on ne lui accorda que 2,400 livres pendant les deux premières années et 2,000 livres pendant la troisième. Deux mois plus tard, le duc demanda 6,000 écus d'or; mais on ne lui en offrit que 2,000, et encore sous certaines conditions. On pourrait indéfi-

niment multiplier ces exemples ; mais ceux-ci
suffisent à prouver que si en principe les communes devaient l'aide au prince, elles avaient
le droit d'en discuter le taux ; il est vrai que
les ducs de Bourgogne, comtes de Flandre,
étaient assez puissants pour imposer leurs volontés lorsqu'ils en avaient la fantaisie.

Parfois, au lieu de traiter avec chacun de
ses vassaux en particulier, le souverain
les réunissait dans des assemblées appelées
Etats. Dès le quatorzième siècle, les villes et
châtellenies de Lille, Douai et Orchies eurent
des Etats particuliers, connus sous le nom
d'Etats de la Flandre wallonne ; mais leur histoire est encore à faire, car le travail que l'on
possède sur ce sujet est plus qu'insuffisant. Ces
Etats étaient composés des députés des administrations municipales de Lille, Douai et Orchies, et des quatre seigneurs haut-justiciers du
pays, qui représentaient de droit les campagnes. A la fin de son règne, Philippe-le-Bon,
imitant l'exemple des rois de France, convoqua
dans des Etats généraux les principaux vassaux
des trois ordres des Pays-Bas pour leur demander conseil ou leur réclamer des subsides.
Ainsi, au mois d'avril 1465, les échevins de
Lille députèrent aux Trois Etats à Bruxelles
Jacques de Lanscais, échevin, Jean de la Ra-
chie, conseiller pensionnaire, et l'un des quatre
clercs. La ville donna 48 s. par jour aux deux
premiers et 28 s. au troisième à titre d'indemnité pour leur voyage, qui dura dix jours.

La dette municipale. — Depuis longtemps, pour payer les aides qu'ils accordaient à leurs souverains, et les dépenses des grosses réparations à faire aux fortifications, les bourgeois de Lille avaient eu le plus souvent recours à l'emprunt; mais il vint un moment où la ville succomba sous le poids de sa dette.

En 1467, les commissaires du conseil du duc chargés de préparer un projet de réforme de l'administration de Lille, déclaraient que le service des arrérages de la dette municipale absorbait plus de la moitié des ressources de la ville. En effet, en 1464-65, les recettes ordinaires s'élevèrent à moins de 24,000 livres, dont plus de 13,000 furent employées au paiement des rentes viagères sur la ville. L'année suivante, la situation fut encore plus mauvaise. Les recettes ordinaires ne dépassèrent guère 20,000 livres, dont 11,000 furent données aux rentiers. La dette formait donc le chapitre le plus important du compte des dépenses de la ville de Lille au Moyen-Age.

Frais d'administration. — Il n'est pas facile de savoir exactement combien coûtait l'administration municipale au quinzième siècle; car les comptes sont loin d'être clairs, et des dépenses se rapportant au même objet sont enregistrées dans divers chapitres; d'autres sont même omises, parce qu'elles sont payées sur des ressources spéciales; il faut se borner à citer les chiffres les plus curieux.

L'administration était renouvelée chaque année, à la Toussaint, par des commissaires du prince, qui, tout grands seigneurs qu'ils fussent, ne dédaignaient pas de réclamer leur salaire. En 1464, ces commissaires étaient au nombre de cinq : Jean, seigneur de Lannoy, gouverneur de Lille ; Pierre de Méraumont, seigneur de la Bouillerie ; Jean, bâtard de Wavrin, seigneur du Forestiel ; tous trois conseillers et chambellans du duc de Bourgogne ; Pierre Wadelin, seigneur de Middelbourg, maître d'hôtel du duc, et enfin Biétremieux Hangouart, prévot de Lille. Chacun d'eux reçut de la ville 8 saluts d'or, valant 50 sols la pièce, soit 20 livres ou environ 240 fr. d'aujourd'hui. On leur offrit, en outre, pour eux cinq, 30 lots, à peu près 64 litres,de vin, moitié Rhin, moitié Beaune. Enfin, on donna trois litres de vin à chacun des quatre curés paroissiaux, qui avaient assisté de leurs conseils les commissaires du prince. Et l'on paya à boire aux clercs et aux autres employés de la ville, qui se tenaient tous ensemble pour être prêts à assister au renouvellement de la loi. Cette opération coûtait à la ville, bon an, mal an, plus de 1,600 fr.

Les échevins étaient payés ; mais on ne sait pas au juste combien ils recevaient, car leurs profits se composaient surtout des vacations, qu'ils touchaient lorsqu'ils etaient de service pour les particuliers ou pour la ville. Le rewart avait une gratification de 28 l. 16 s. par an pour la peine de garder les clés de la ville et de veiller que les portes fussent chaque soir bien fermées. Le 31 octobre, dernier jour de l'année municipale, les échevins, le rewart, les voir-jurés, les jurés, les huit-hommes et les comtes de la hanse se réunissaient avec les principaux employés de la ville pour visiter les archives et entendre un aperçu sommaire des comptes de l'exercice qui se terminait; pour cette besogne, chacun des assistants recevait 24 sous, et en 1465 cette seule séance coûta à la ville près de 60 livres, environ 720 francs, sans compter le souper d'adieu. C'était de petits profits, mais ils n'en étaient pas moins fort recherchés, et en 1364 comme en 1467, les réformateurs de l'administration disaient que les charges municipales à Lille étaient surtout briguées par amour du gain.

Les deux avocats, conseillers pensionnaires, étaient les mieux rétribués de tous les officiers permanents de la ville ; ils prenaient chacun une pension annuelle de 100 francs, valant 165 livres en 1464, ce qui ne les empêchait pas de se faire payer largement les écritures et les voyages qu'ils faisaient pour la ville. Depuis le quatorzième siècle, les trois clercs de la ville touchaient chacun une pension de 60 livres par an; en 1465 il y avait un quatrième clerc supplémentaire avec 20 livres de pension annuelle seulement; mais ils recevaient chacun plusieurs gratifications de la ville pour travaux plus ou moins extraordinaires; et, comme les greffiers de nos tribunaux, ils prenaient des droits plus ou moins élevée sur les particuliers qui avaient affaire au tribunal communal. Les comtes de la hanse, chargés de l'administration de la caisse municipale, avaient sous leurs ordres un commis, qui était assez mal payé, environ 140 livres par an, moins de 1,800 francs, mais qui tenait fort mal ses comptes et volait la ville.

Les travaux étaient dirigés par deux bourgeois auxquels la ville donnait une indemnité de 33 livres chacun par an ; ils avaient sous eux un clerc qui recevait environ 50 livres pour surveiller les travaux et tenir registre de l'emploi des matériaux et des journées d'ouvriers. C'étaient des traitements bien minimes, puisqu'un manœuvrier, qui servait les maçons, gagnait, en 1465, cinq sous par jonr, soit 50 livres pour 200 journées de travail. Mais ces employés n'étaient pas très occupés ; car dans les années ordinaires la ville dépensait fort peu de chose pour les travaux publics, et la proportion des frais du personnel de direction, même dans les années où l'on faisait beaucoup travailler, comme en 1465, s'élevait encore à près de 10 0ι0 du montant de la dépense totale des travaux publics municipaux. La ville avait encore à ses gages de nombreux employés inférieurs, quatre sergents des échevins, quatre trompettes, qui étaient en même temps guetteurs au beffroi, un messager de la ville, un artilleur ou armurier, etc., etc.

Tous ces employés, petits et grands, rewart et échevins en tête, recevaient à la fin de l'année municipale une gratification, désignée sous le nom de « dons pour agréables services » ; les plus hauts fonctionnaires de la ville, le gouverneur de Lille, le bailli, le prévôt et leurs lieutenants, ne rougissaient pas d'accepter chacun une petite part de ces largesses, donnant ainsi le mauvais exemple de la dilapidation des deniers communaux. En 1465, ces dons de la Toussaint dépassaient 248 livres, près de 3,000 fr.

**Dons honorables, messageries, cour-
toisies**. — Ces trois chapitres du budget des
dépenses absorbèrent en 1465 plus de 1,500
livres, presqu'autant que les travaux publics.
L'article le plus considérable du chapitre des
dons honorables consistait dans les sommes
dépensées pour les robes des échevins et des
autres officiers municipaux. Pour les robes des
échevins et du rewart on acheta quatre pièces
de drap du grand lé de Lille, teint en brunette,
pour le prix de 480 livres, 8 aunes de velours
cramoisi pour faire les bandes des robes,
moyennant 105 livres 12 sous, et 25 onces de
franges assorties au velours, pour mettre autour
des bandes, moyennant 20 livres. Ainsi rien
que la fourniture des étoffes pour les robes des
douze échevins et du rewart coûtait à la ville
plus de 600 livres, environ 7,200 fr. A chacun
des quatre sergents des échevins, on donna
deux robes, ce qui fit une dépense de 133 livres.
Les autres employés de la ville reçurent une
somme d'argent plus ou moins forte afin de se
faire faire une robe de cérémonie, les quatre
clercs chacun 12 livres, les deux conseillers pensionnaires chacun 16 livres 10 sous, les quatre
trompettes chacun 6 livres, etc., etc. Tous les
agents municipaux réclamaient une gratification
pour avoir une robe, afin, disaient-ils, de faire
honneur à la ville.

Le chapitre des messageries se solda par une
dépense de 216 livres, employées à payer les
messagers chargés de porter les lettres que la
ville envoyait au loin ou bien d'aller chercher
des nouvelles. En 1465, plusieurs cordeliers se

rendirent aux frais de la ville à l'armée de Charles-le-Téméraire, dans les environs de Paris, afin de savoir l'état des affaires. Les 58 livres dépensées cette même année en courtoisies furent distribuées en gratifications aux messagers des villes voisines, qui vinrent apporter des lettres ou des nouvelles aux échevins de Lille.

Dépenses de bouche. — A ces dépenses d'administration s'ajoutaient les frais de bouche ; car les administrateurs de ce temps ne laissaient jamais passer l'occasion de manger et de boire au compte de la ville. Aux grandes fêtes publiques, sous prétexte de se tenir ensemble, afin qu'on sût où les trouver en cas de besoin, les échevins, leurs conseillers et leurs invités festinaient aux frais de la ville.En 1465, le repas de la fête de l'Epinette coûta 21 livres 14 sous ; celui de la procession de Notre-Dame de la Treille 32 livres et celui de la foire d'août 21 livres 13 s. Enfin le 31 octobre, l'année municipale se terminait par un dîner maigre auquel prenaient part tous les administrateurs et les principaux employés de la ville. Pour cette petite fête d'adieu, on avait soin de réserver le poisson du beau vivier du Becquerel, d'où venaient les eaux potables de Lille. En 1465, ce repas coûta plus de 20 livres, sans compter la valeur du poisson. Outre ces festins solennels, presque toutes les semaines, on dînait ou tout au moins on collationnait dans la halle échevinale aux frais de la ville, quand l'audience du tribunal communal ou les séances du Conseil municipal se prolongeaient après l'heure du dîner, quand on allait au-devant d'un prince, etc. Tout était un prétexte à mangeailles et à beuveries.

En 1465, on fit plusieurs processions solennelles pour attirer la faveur divine sur les armes du comte de Charolais. Au retour, les échevins et leurs conseillers se payèrent chaque fois une collation aux frais de la ville, «pour se soutenir», dit le compte ; et il n'y eut pas moins de six de ces collations après procession dans l'année municipale. Les menues dépenses pour rafraîchissements et collations ne laissaient pas de faire une certaine somme ; pour le mois de novembre 1464, elles s'élevèrent à 37 l. 17 s., et en décembre, à 39 l. 14 s., soit en moyenne 450 francs par mois.

Présents de vin. — L'amour du bon vin était alors si général qu'à tous ceux auxquels elle voulait faire honneur la ville de Lille en offrait une certaine quantité, plus ou moins forte, suivant les cas ; les plus grands personnages, le duc de Bourgogne et voire même l'évêque de Tournai, ne dédaignaient pas ces présents. En 1465, on ne dépensa pour cet objet que 129 livres, environ 1,550 fr., pour neuf à dix hectolitres; c'est une somme bien au-dessous de la moyenne. Au commencement du XVe siècle, cette dépense était beaucoup plus considérable, comme on le voit par un *rôle des passages*, ou compte des menus frais, qui a été conservé pour les années 1411 et suivantes. Le 29 août 1413, on présenta au duc de Bourgogne, Jean-

Sans-Peur, lors de son arrivée à Lille, une queue, cinq hectolitres, de vin de Beaune, et une queue de vin français, plus quatre énormes poissons d'eau douce. Mais l'année suivante, comme ce prince vint très souvent dans cette ville, on se contenta de lui offrir chaque fois un hectolitre de vin de Beaune et un hectolitre de vin de l'Ile de France, que buvaient encore avec plaisir les plus grands seigneurs de cette époque.

Les fonctionnaires du duc voulaient être traités de la même façon que leur maître. Chaque fois que le gouverneur de Lille venait dans cette ville, où il ne faisait pas sa résidence habituelle, on lui donnait 18 litres de bon vin; cette faveur s'étendait même à sa femme; le 19 novembre 1413, les magistrats de Lille offrirent à cette dame 38 litres de vin de France, « pour honneur de ce qu'elle vint faire résidence en la ville ». Bien mieux : le gouverneur faisait aussi fonctions de juge, et son tribunal était le plus élevé qu'il y eût dans la ville ; or, ce magistrat ne rougissait pas d'accepter les présents que lui offraient les parties qui avaient lieu d'être satisfaites de ses arrêts. Le 18 mai 1413, les échevins de Lille présentèrent au gouverneur 18 litres de vin, « pour honneur de ce que le dit jour il avait rendu une sentence au profit de la ville contre M. de Neuville. »

C'était l'habitude au Moyen-Age que tout invité offrît à son hôte une certaine quantité de vin en manière de payer son écot. Les échevins de Lille ne manquaient pas d'observer ces bonnes traditions; mais ils avaient soin de le faire aux frais de la ville. Le 25 décembre 1411, à l'occasion de la fête de Noël, le gouverneur de Lille donna un grand repas, et la ville lui fit présent de 25 litres de vin de France, « pour honneur de ce qu'il avait, au dîner à son hôtel, fait prier le maire et le rewart de Lille ». Le 13 janvier 1414, on offrit à l'évêque de Tournai, en son hôtel de Wazemmes, 34 litres de vin de Beaune et autant de vin de France,« pour honneur de ce que le dit jour les échevins et le Conseil de la ville dînèrent à l'hôtel du dit monseigneur l'évêque ». Chaque fois que ce prélat venait à sa maison de Wazemmes les échevins allaient lui souhaiter la bienvenue et lui présentaient tantôt 25, tantôt 35 litres de bon vin.

Les échevins ne s'oubliaient pas ; ils saisissaient tous les prétextes pour se faire des présents de vins aux dépens de la ville. Le 16 mai 1413, on donna 50 litres de vin de Beaune et 50 litres de vin de France à la fille d'un échevin, à l'occasion de son mariage, et à l'issue de la cérémonie les échevins allèrent se rafraîchir au compte de la ville. Le 3 juillet 1413,on fit également un présent de vin à la fille d'un voir-juré comme cadeau de noces ; mais, sans doute par respect pour la hiérarchie,on ne lui offrit que 25 litres de vin de Beaune. En 1465, on n'était plus aussi réservé ; on donna plus de 60 litres de vin à la fille d'un simple sergent des échevins le jour de son mariage; il en coûta plus de 100 francs à la ville.

Guet et police. — Le guet n'était pas payé, car chacun était tenu de servir dans la milice municipale à ses frais. La ville n'avait à supporter que la petite dépense de confection des rôles. Par contre, les compagnies d'archers, d'arbalétriers et de canonniers lui coûtaient assez cher. En 1465, on donna aux archers 8 sous, aux arbalétriers 12 sous et aux canonniers 10 sous par semaine, pour boire ensemble chaque dimanche, afin de les engager à s'exercer assidûment au tir, ce qui faisait 30 sous par semaine et 78 livres par an. En outre, cette année la ville fit construire à ses frais le champ de tir des canonniers et elle accorda aux arbalétriers une subvention de 15 livres 12 sous pour l'entretien de leur jardin. On dépensa cette même année 57 livres 12 sous pour donner à chacun des 24 canonniers un paletot à la livrée de la ville, comme les archers et les arbalétriers en recevaient déjà depuis longtemps. Les uns et les autres fournissaient des détachements qui prêtaient main-forte à la police dans les fêtes publiques et recevaient pour ce service une bonne gratification. Néanmoins, la sécurité devait laisser fort à désirer, car les réformateurs de 1467, en proposant la suppression de cet usage, disaient que pendant la foire d'août les marchands étaient obligés de faire eux-mêmes le guet.

La police ordinaire de Lille au Moyen-Age se composait des douze sergents de la prévôté, du prévôt et de son lieutenant, qui ne recevaient pas de traitements de la ville ; elle se bornait à leur donner une petite gratification, 28 livres en tout, pour avoir chacun une robe de parure, et à leur payer à manger et à boire, lorsqu'ils avaient à faire un service plus dur qu'à l'ordinaire, par exemple lorsqu'il fallait purger la ville des vagabonds, qui déjà l'infestaient.

Travaux publics. — En 1465, la ville dépensa 1633 livres en *ouvrages et réfections*. Cette année la dépense pour cet objet fut plus forte qu'à l'habitude, à cause de la guerre du Bien public. Suivant la mauvaise habitude des municipalités lilloises au Moyen-Age, on avait laissé tomber les fortifications en ruines, et il fallut les réparer en toute hâte ; on refit entièrement les murs entre la Noble-Tour et la porte de Fives. Les travaux de remise en état de la forteresse absorbèrent la plus grosse partie de cette somme, et il resta bien peu d'argent pour l'entretien des bâtiments communaux, des chemins, des rues, des fontaines, etc. On n'occupa même pas pendant toute l'année deux cantonniers et on se borna à leur faire réparer les parties de chaussées qui étaient par trop mauvaises.

Fêtes publiques. — D'ordinaire, on dépensait plus en fêtes qu'en travaux ; mais, en 1465, par suite des circonstances, les ouvrages l'emportèrent ; toutefois, les fêtes publiques coûtèrent plus de 1,500 livres, soit environ 15 0|0 de la somme qui restait libre sur les recettes après le retranchement de l'argent consacré au paiement des arrérages de la dette et des aides accordées au duc et à son fils ; c'est une proportion exorbitante ; mais on aimait tellement les fêtes à cette époque, que lors de la réforme de 1467, on ne retrancha rien sur cet article. La plus grosse part de ce crédit était absorbée par les 1,200 livres données au roi et aux jouteurs de l'Epinette.

Les arbalétriers et leurs connétables reçurent 115 livres pour avoir des chaperons et des paletots aux armes de la ville pour la fête de l'Epinette ; on donna encore 54 livres aux archers, aux arbalétriers et aux couleuvriniers qui firent le guet pendant cette fête et pendant la foire.

Chaque année, la ville offrait au chapitre de Saint-Pierre un beau drap d'or pour mettre sous la statue miraculeuse lors de la procession ; en 1465, il en coûta 30 livres. Les douze échevins et le rewart s'octroyèrent chacun un beau bonnet de drap d'une livre, sous prétexte qu'on n'avait pas pu cette année se procurer des boutons de roses, pour leur en faire des chapeaux, parce que la saison n'était pas encore assez avancée. Le repas qu'ils s'offrirent, pendant que la procession faisait le tour de la ville, coûta 32 l. 16 s.; et les vingt valets qui, pendant ce temps, portèrent la statue à leur place, reçurent chacun quatre sous, soit en tout quatre livres. La ville donna six livres aux compagnons de Saint-Sauveur, pour les aider à supporter « plusieurs despens qu'ils eurent ou fait de plusieurs histoires (drames religieux) par eux faites et remontrées pour la décoration de la procession de cette ville ». Le prêtre, évêque des fous, reçut la même somme pour la part qu'il avait prise à la procession avec ses joyeux compagnons. La piété des gens du Moyen-Age ne s'alarmait pas de ces divertissements, parfois grotesques, intercalés au milieu des plus grandes cérémonies religieuses.

Assistance publique. — Les villes dépensaient, sans compter, pour les fêtes ; mais, en revanche, elles ne faisaient presque rien pour l'assistance publique. A Lille, en 1465, le chapitre des dons et aumônes ne s'élevait qu'à 139 livres, dont 100 livres provenant d'une fondation spéciale, l'aumône Jacques Louchart. Il y faut ajouter la part dont les échevins disposaient sur les fonds des charités de chaque paroisse. Les quarante livres que la ville donnait sur son argent n'allaient même pas aux vrais pauvres. Ainsi, on en accordait près de la moitié, dix-huit livres, à un sergent des échevins et au roi de l'amoureuse vie pour leur peine de conduire les lépreux quêter par les rues de la ville pendant la Semaine-Sainte. Il est vrai que dans le chapitre intitulé «Dépense commune» on trouve quelques dépenses qui se rapportent à l'assistance publique.

La ville paya à un certain Mahieu de Langles, rue des Etaques, 20 livres d'une part et 10 de l'autre pour la pension de deux insensés, et elle fit aménager au-dessus de la porte Saint-Pierre un local pour tenir aux fers les fous furieux. Elle avait aussi à sa charge deux enfants trouvés, pour qui elle donnait douze et dix livres de pension. Elle ne dépensait donc guère plus de 100 livres par an, environ 1,200 francs, pour l'assistance publique.

Cultes. — Les communes n'avaient pas, à cette époque, besoin de venir en aide aux églises, qui possédaient alors de grandes richesses et recevaient encore en abondance de précieux témoignages de la piété des fidèles. A Lille, la ville payait seulement les cordeliers, qui venaient presque tous les jours dire le service divin dans la chapelle échevinale ; elle leur donnait pour chaque messe 4 sous, environ 2 fr. 40, et en 1465, elle dépensa de ce chef 43 livres 6 sous ; avec les menus frais, cire, charbon, le tout n'alla pas à 50 livres. Mᵉ Pierre des Gros, cordelier, reçut 2 écus, valant 4 l. 18 s., « par considération de ce que, dit le compte de 1465, tout au long de la sainte quarantaine derreinement passée, il s'est employé, à toute diligence et labeur, de doctriner et instruire le peuple de cette dite ville, par prédications notables, comme chacun sait ».

L'administration municipale de Lille paraît avoir eu les cordeliers en affection particulière ; elle leur donnait chaque année 4 livres pour leurs harengs de Carême et 3 livres pour leur dîner de la fête de Saint-François, patron de leur ordre. Les jacobins n'étaient pas en aussi bonne odeur ; cependant, pour qu'ils ne fussent pas trop jaloux, on leur accordait aussi 3 livres pour leurs harengs de Carême et 3 livres pour le dîner, de la Saint-Dominique. C'était là tout ce que la ville faisait habituellement pour les cultes ; parfois elle donnait une subvention aux marguilliers de l'église Sainte-Etienne, sur le marché, qui était la paroisse de la maison commune, pour les aider à faire les réparations les plus urgentes ; mais c'était à titre tout à fait exceptionnel ; elle n'y était nullement tenue.

Recettes. — Les dépenses de la ville de Lille ou mieux les paiements faits par la caisse municipale du 1er novembre 1464 au 31 octobre 1465 s'étaient élevés à la somme de 28,950 livres, environ 347,400 francs d'aujourd'hui. Pour faire face à cette dépense, les comptes de la hanse pour cette année avaient reçu 28,970 livres. D'où provenait cet argent? Presqu'entièrement d'impôts indirects et d'emprunts. Pendant tout le Moyen-Age et même plus tard, la plupart des villes du nord furent administrées par des municipalités récrutées dans une aristocratie bourgeoise fort peu désintéressée. Ces administrateurs avaient en profonde horreur les impôts directs, qui les auraient fortement frappés eux et leurs amis, en raison de leurs fortunes considérables. Ils préféraient les taxes indirectes, dont la charge retombait en majeure partie sur les pauvres gens, — car on imposait même les denrées les plus nécessaires à la vie.

Domaine municipal.— La ville possédait des terrains et des maisons qui lui rapportaient un assez bon revenu. Les rentes héritables et les louages formaient deux chapitres du budget des recettes ; en 1464-65, le premier produisit 369 livres et le second 440. La différence essentielle entre les baux à rente et les baux à loyer consistait dans la durée du contrat. A l'origine, les baux à rente étaient habituellement consentis à toujours ; mais au quinzième siècle, la ville de Lille ne faisait plus que rarement des baux perpétuels ; elle limitait la durée de ses contrats de rente à cent ans et parfois moins. Les baux à loyer n'étaient faits que pour un laps de temps beaucoup moins long, mais moyennant un prix relativement plus élevé. Au quinzième siècle, les comptables de la ville n'observaient pas avec soin cette distinction ; ils ne mettaient pas plus d'ordre et de clarté dans les comptes de dépenses que dans ceux de recettes. On trouve dans le chapitre des rentes héritables des sommes perçues pour des immeubles donnés à bail pour douze ans seulement, et dans celui des louaiges les arrérages de baux à rente à très long terme.

Les étaux de l'ancienne boucherie étaient depuis très longtemps donnés à rente héritable, les 13 étaux du premier rang pour 78 s. 4 d. par an chacun et les 11 du second rang pour 50 sous. La propriété du droit au bail à rente de ces étaux était parfois divisée, — sans doute par suite de partages après succession, — entre plusieurs personnes qui payaient chacune une part de la rente due à la ville. Ainsi un étal du second rang appartenait à quatre personnes différentes, à la première pour deux cinquièmes et aux trois autres pour un cinquième chacune. Souvent même les ayants cause des premiers concessionnaires ne tenaient pas eux-mêmes ces étaux ; ils les louaient à d'autres en faisant un fort bénéfice. Aussi quand, au milieu du quinzième siècle, la ville fit construire une seconde boucherie, elle se garda bien d'en donner à rente les 12 étaux ; elle les loua pour dix ans moyennant six livres par an chacun, de telle sorte que les 12 places de la nouvelle boucherie lui rapportaient presque autant, à six livres près, que les 24 de l'ancienne.

La ville avait, à diverses reprises, donné à

rente ou à bail des terrains retranchés du marché ou Grand'Place, soit du côté de l'église Saint-Etienne, soit du côté des Halles. Sur ces terrains, les concessionnaires avaient élevé des maisons ou seulement des échoppes, lesquelles, à l'expiration du contrat, revenaient à la ville, qui les relouait aussitôt. En 1456, les échevins donnèrent à cens pour cent ans une échoppe située sur le marché, près du passage du cimetière de l'église Saint-Etienne, vers la Fontaine des Poissonniers et les Boucheries, moyennant 9 livres 15 sous 6 d. au profit de la ville et autant au profit du duc de Bourgogne, comte de Flandre. Il y avait sur le marché dix-huit échoppes, dont les rentes étaient ainsi partagées par moitié entre la ville et le duc, en vertu d'un accord conclu en 1431.

La commune possédait encore dans les divers quartiers de la ville un assez grand nombre de maisons qui lui avaient, à l'expropriation des baux à rente, fait retour avec les terrains sur lesquels elles étaient bâties.

Le domaine communal était donc assez important ; mais il était fort mal géré. En 1465 on n'avait pas encore reconstruit deux petites maisons de la rue du Tonnelet, détruites par un incendie le 4 mai 1400. On touve de nombreux exemples analogues, qui ne laissent aucun doute sur la négligence des échevins. Les portes et les tours des fortifications devaient être louées au profit de la ville, au plus offrant ; elles étaient habitées par des pauvres gens, trop heureux de se loger à bon compte. Mais plusieurs étaient données pour rien à leurs protégés sous prétexte qu'on ne trouvait personne qui

voulût les prendre à loyer. Il fallut qu'en
janvier 1467 le duc Philippe-le-Bon condamnât
expressément cet abus et ordonnât que toutes
les propriétés communales dont on pourrait
tirer parti fussent louées par adjudication publique, aussitôt après l'expiration des anciens
baux.

Droits de place. — La comtesse Jeanne
s'était, en 1235, réservé la moitié des revenus de
la Halle de Lille ; mais en 1279 le comte Guy
abandonna à toujours cette part à la ville, qui
eut ainsi la jouissance pleine et entière de la
Halle. En 1465, les vieilles Halles étaient affermées pour 100 livres par an, les neuves pour
41 livres et les Hallettes ou Petites Halles pour
40 sous.

Le même Guy de Dampierre avait, en 1291,
vendu à la ville de Lille toutes les places, tant
celles où l'on installait les loges de la foire que
celles qui restaient vides. En 1465, les droits de
place pendant la foire rapportèrent à la ville 79
livres. On donnait aussi à ferme le droit d'enlever les fumiers et les ordures, que les habitants
portaient sur la Grande-Place, à trois endroits
à ce réservés. Ce dépôt central d'immondices,
qui empestait la ville, fut reporté en 1467 dans
la rue du Tonnelet, où il avait d'abord été
établi, et l'on prit des précautions pour éviter
les mauvaises odeurs dont se plaignaient les
voisins. En 1465, la ville reçut un peu plus de
75 livres des fermiers du droit d'enlever les
ordures de la Grande-Place, du Marché-aux-
Vaches, du Rivage et de la place Saint-Martin.

Péages et pêcheries. — En 1269, la comtesse Marguerite avait autorisé la ville de Lille à percevoir à perpétuité sur la Basse-Deûle des droits de navigation à titre d'indemnité des dépenses de premier établissement et d'entretien de cette rivière canalisée aux frais de la ville, en 1242. Bien que la commune eût dû accorder de nombreuses exemptions à des privilégiés, aux hôpitaux de Lille, aux abbayes de Marquette, de Flines, de Loos, etc., ces droits lui rapportaient une assez forte somme ; en 1465 ils étaient affermés 424 livres.

La ville tirait encore un assez bon revenu de l'adjudication du droit de pêche dans la Deûle et dans les fossés. En 1464-65, la pêche de la Deûle était louée 84 livres par an, et celle de l'étang et du fossé du Molinel, 29 livres. Le droit de pêche dans les autres parties des fossés était divisé en plusieurs lots, qui, cette même année, produisaient ensemble 32 livres.

Les taxes perçues aux portes pour l'entretien des routes et des rues étaient affermées en trois lots : Cauchies de là Fins, Cauchies de Saint-Pierre et de Courtray, Cauchies de Weppes qui rapportèrent à la ville en 1464-65, 200 livres le premier, 105 le second et 19 le troisième.

Droits de justice. — Au Moyen-Age, les échevins de Lille pouvaient seuls exercer dans cette ville la juridiction gracieuse. En 1421, le duc de Bourgogne interdit les ventes d'immeubles par actes sous seing privé et ordonna qu'à l'avenir toutes fussent faites devant les échevins, comme le voulait la coutume de Lille. Ces magistrats avaient encore le privilège de poser les scellés, de dresser les inventaires, de faire les partages après successions; on devait passer devant eux les lettres d'émancipation, les donations entre époux, etc. Tous ces actes donnaient lieu à la perception de certains droits, dont une partie revenait aux clercs et aux échevins de semaine et l'autre à la ville. En 1464-65, les fermiers de ces droits versèrent dans la caisse municipale une somme nette de 108 livres, après avoir payé aux échevins et aux clercs des vacations, dont on ne trouve pas le total dans les comptes.

La plus grosse part des amendes prononcées par le tribunal échevinal de Lille appartenait aux ducs de Bourgogne, comtes de Flandre. La ville ne prenait que le tiers des amendes encourues par ceux qui violaient les bans faits par les échevins. Ainsi, en 1465, plusieurs brasseurs furent condamnés à dix livres d'amende chacun pour avoir mélangé de la bière nouvelle avec de la vieille. Un autre dut payer trente livres d'amende parce qu'il avait fait avec une certaine quantité de grains plus de bière que ne le permettaient les ordonnances des échevins. Ces amendes étaient perçues par le prévôt, qui remettait à la caisse municipale la part de la ville. On en faisait un chapitre spécial, intitulé « des bans enfreints et des bannissements », parce qu'on y portait aussi les compositions payées par les bannis pour pouvoir revenir dans la ville. En 1464-65, le produit de ce chapitre s'éleva à la somme de 87 l. 5 s. 10 d.; mais cela variait beaucoup d'une année à l'autre.

Droits sur les bourgeois. — Au quinzième siècle, en entrant dans l'association communale, les nouveaux bourgeois payaient 60 sous. En 1464-65, ces droits d'entrée rapportèrent à la ville 108 livres versés par 36 nouveaux bourgeois. C'était d'ailleurs une recette d'une valeur très incertaine. Elle ne produisisit que 96 livres en 1465-66 et 84 seulement en 1467-68.

Chaque année, les bourgeois, tant manants que forains, devaient payer la taille des bourgeois. Au quinzième siècle, c'était une sorte de capitation, de cote personnelle, fixée à 4 s. 4 d. pour chaque bourgeois riche comme pauvre. Cette taxe était perçue, sur les bourgeois demeurant à Lille, par deux échevins et un des huit-hommes, qui, s'il faut en croire les rédacteurs du projet de réforme de 1467, s'acquittaient fort mal de leur tâche et mettaient une partie de l'argent dans leur poche. Aussi Philippe-le-Bon ordonna qu'à l'avenir la taille des bourgeois manants serait affermée comme celle des bourgeois forains. En 1464-65, ces deux tailles rapportèrent 130 livres, ce qui donnerait un total de 600 bourgeois assujettis à l'impôt. Mais pour avoir le nombre exact des bourgeois de Lille payant la taille, il faudrait ajouter à cette somme une quantité inconnue représentant les bénéfices du fermier de la taille des bourgeois forains, et les malversations des échevins chargés de la perception de la taille des bourgeois manants.

D'un autre côté, il est impossible de déterminer exactement quel était le nombre des bourgeois de Lille à une époque quelconque du Moyen-Age d'après le nombre moyen des réceptions ; car si l'on connaît les noms des bourgeois admis chaque année, on ignore ceux des bourgeois décédés, ou escassés, ou sortis de l'association par suite de changement de domicile. On ne peut qu'évaluer ce nombre par à peu près, en combinant les moyennes des réceptions avec celles des tailles. D'après ces données, la bourgeoisie de Lille devait compter en 1465 de 7 à 800 membres, tant manants que forains, qui n'auraient payé chacun que 4 s. 4 d., environ 2 fr. 60 par an, comme cote personnelle et unique impôt direct.

Droits d'escas.— A ces deux taxes directes sur les bourgeois, il faut encore ajouter un droit d'une nature particulière, le droit d'escas, dont il a déjà été longuement parlé. C'était, on s'en souvient, un impôt levé sur tous les biens qui passaient d'un bourgeois à un non-bourgeois, par succession, par mariage, etc. Le produit de cette taxe variait beaucoup d'une année à l'autre. Elle rapporta 965 livres en 1464-65 et seulement 341 l'année suivante. Elle était d'ailleurs d'une perception difficile, au moins sur les bourgeois forains qui habitaient loin de la ville. On ne pouvait pas facilement savoir s'ils mariaient leur fille à des non-bourgeois, s'ils faisaient des legs à des étrangers, etc. On fut obligé en 1443 de promettre aux sergents du baillage de donner le vingtième du produit à celui d'entre eux qui ferait le premier connaître un droit d'escas encouru dans la châtellenie.

Les échevins n'appliquaient que rarement les tarifs avec rigueur. Dans les comptes, on trouve trop souvent cette mention : d'un tel, pour droit d'escas, tant, par composition, c'est-à-dire par arrangement. Les fortes sommes ne sont que l'exception. En 1464-65, la ville reçut par appointement cent livres de Jacques de Landas, changeur, non-bourgeois, à cause des biens que lui avait apportés en mariage sa femme, fille d'un bourgeois ; cependant ce changeur, qui faisait beaucoup d'affaires, pouvait certainement payer le droit entier. Pourquoi fut-il favorisé ? Il avait, sans doute, des amis dans le Conseil échevinal.

Impôts indirects ; divers. — Au Moyen-Age, les impôts indirects formaient la principale ressource des villes du nord ; ils frappaient même les matières premières nécessaires à la principale industrie du pays et les produits fabriqués. A Lille, en 1464-65, les droits sur les plantes tinctoriales, guède et garance, rapportèrent à la ville 668 livres ; ceux sur les draps, 140 livres ; ceux sur les cuirs, 160 livres ; ceux sur les marchandises diverses, désignées sous le nom générique d'*avoir-de-poids*, 230 livres ; ceux sur les détaillants, sur les frippiers et sur les ferrailleurs, 317 livres ; ceux sur les céréales, 531 livres ; ceux sur le sel, 180 livres ; ceux sur les porcs et sur les pourceaux, 320 livres ; ceux sur les autres bestiaux ayant le pied fourchu, 300 livres, et enfin ceux sur le poisson de mer vendu en gros au min, 315 livres ; en tout, près de 3,200 livres.

Droits sur les boissons. — De tous les impôts indirects, les taxes sur les boissons ont toujours fourni aux villes les plus grosses sommes. En 1464 65, les droits sur les bières et sur les vins rapportèrent à la ville de Lille plus de 14,000 livres, c'est-à-dire près de la moitié de ses recettes totales, qui s'élevèrent cette année-là à 28,970 livres, y compris 5,200 livres provenant d'emprunts. Ce système, trop exclusif, avait un grave inconvénient ; dans les années de mauvaises récoltes, lorsque la bière ou le vin étaient très chers, la consommation diminuait dans des proportions considérables, ce qui entraînait une baisse énorme du produit de l'impôt et mettait la ville dans l'impossibilité de faire face à ses dépenses. Ce fut le cas à Lille en 1475.

Au Moyen-Age, on n'imposait que les boissons hygiéniques, le vin et la bière; l'eau de-vie n'était pas encore entrée dans la consommation. L'ivresse, causée par l'abus du vin ou de la bière, n'en était pas moins très fréquente. Les archives sont remplies de documents concernant des meurtres, commis après boire dans des rixes sanglantes entre ivrognes querelleurs et méchants. On était déjà obligé de chercher à entraver, sans grand succès d'ailleurs, les progrès de la passion de la boisson. On connaît le traitement ignominieux réservé, à Lille, au commencement du seizième siècle, aux cadavres de ceux qui *se crevaient de boire*.

Il y avait alors à Lille deux taxes sur la bière; la première, appelée *l'assis du brais*, portait sur le brais, c'est-à-dire sur les grains travail-

lés et tout prêts à être brassés ; la seconde, désignée sous le nom de ferme du *brouquin*,
consistait en un droit, plus ou moins élevé suivant les temps, perçu sur toute la bière brassée
dans la ville ou amenée du dehors. En 1464-65,
la caisse municipale reçut 639 livres des fermiers de l'assis du brais et 4,507 des fermiers
du brouquin.

Les droits de courtage, de chargement et de
déchargement des vins rapportèrent à la ville
en cette même année 506 livres. Les vins, vendus en gros, ne payaient qu'un droit minime,
dont la ville cette année-là retira seulement
254 liyres. Par contre elle reçut 8,162 livres
pour les vins vendus au détail, au *broc*, comme
on disait à cette époque, où la mise des vins en
bouteilles n'était pas encore en usage. Cette
somme relativement considérable, avait été ver-
sée par 61 taverniers pour 2,277 muids 6 se-
tiers, envion 4,600 hectolitres de vin, à raison
de 12 deniers le lot (21 décilitres), ce qui ferait
un droit d'environ 28 francs d'aujourd'hui par
hectolitre.

La taxe était injustement établie. L'impôt
n'était pas *ad valorem*, mais *ad quantitatem* et
les petits vins des environs de Paris ou du
Poitou payaient autant que les grands vins de
Beaune ou du Rhin. Cet abus existe encore
aujourd'hui dans les villes, grandes et moyennes, sous prétexte de difficultés de perception ;
mais au moins, dans les localités non rédimées,
le droit de détail est levé *ad valorem* sur les
vins vendus par les cabaretiers soumis à l'exercice. Au Moyen-Age, à Lille, rien n'eût été plus

facile que d'adopter ce système, puisque les cabaretiers étaient astreints à l'exercice et que tous les vins qu'ils débitaient étaient taxés ; mais les échevins de Lille se souciaient plus de leurs intérêts personnels que de l'équité, et ils aimaient trop les bons vins pour les imposer d'après leur valeur.

Exemptions d'impôts. — L'iniquité de l'assiette de ces taxes était d'autant plus sensible que les exemptions d'impôts étaient plus nombreuses. Le Prince, ses parents, ses courtisans, ses conseillers et ses officiers, les chanoines de Saint Pierre, les établissements religieux et tous les ecclésiastiques jouissaient du privilège de boire vins et bières sans payer les droits d'assis. Et ces exemptions donnaient lieu à des fraudes considérables contre lesquelles la commune lutta vainement pendant tout le Moyen-Age.

Toutes les boissons que le duc et ses gens consommaient n'étaient pas soumises aux droits. En outre, les domestiques profitaient du privilège du palais ducal pour y tenir taverne ouverte. Les parents du souverain jouissaient de cette même faveur ; mais, comme ils n'avaient pas à Lille de maison montée, ils envoyaient chercher au broc, à la taverne, les vins dont ils avaient besoin ; les taverniers étaient déchargés d'autant et de beaucoup plus ; car ils s'entendaient aisément avec les gens des princes pour augmenter frauduleusement sur leurs décharges les quantités réellement fournies. La ville subissait de ce chef un grand préjudice ;

mais, en 1467, les réformateurs proposèrent vainement des mesures pour y porter remède ; on laissa subsister cet abus.

Les courtisans du duc et ses conseillers, les gens de la Chambre des Comptes de Lille, le gouverneur de Lille, son lieutenant et ses assesseurs, le receveur des aides, en un mot tous les fonctionnaires en titre d'office, voire même les plus humbles, comme le messager de la Chambre des Comptes, avaient le privilège d'être exempts d'impôts sur les boissons consommées chez eux ; mais ils ne pouvaient pas en vendre ; et pour éviter les fraudes, on fixait parfois la quantité de vin et de bière, qui pourrait entrer en franchise dans leurs celliers chaque année. Les magistrats municipaux s'efforçaient aussi d'obtenir semblable faveur. En 1475, le rewart obtint des lettres du duc lui permettant de consommer chaque année dans sa maison huit hectolitres de vin et trente-six hectolitres de bière, sans payer les droits d'assis. Ce privilège était même accordé à des veuves de familiers du duc bien, qu'elles fussent fort riches, par exemple à la veuve du seigneur de Lannoy, à Mme de Beaumanoir, etc. L'exemption des droits d'assis était une distinction fort recherchée surtout par ceux qui auraient pu les payer sans être gênés ; tout le poids de l'impôt retombait sur les pauvres.

Les huit officiers et les quarante-huit soudoyers, qui composaient la garnison du château, reçurent en 1465 204 livres comme indemnité des droits qu'ils payaient sur les boissons destinées à leur consommation personnelle : en retour, il leur était interdit de vendre à boire aux habitants ; mais ils n'en tenaient aucun compte de cette défense, et ils faisaient, aux dépens de la caisse municipale, une concurrence redoutable aux taverniers de la ville.

Les chanoines de Saint-Pierre donnaient eux-mêmes l'exemple de la fraude. Les droits d'assis n'avaient pas cours dans la seigneurie de Saint-Pierre, dont les habitants et à plus forte raison les chanoines buvaient tout leur content en franchise. Mais ce privilège leur était strictement personnel ; ils ne devaient pas vendre à boire aux habitants des parties de la ville étant sous la juridiction de l'échevinage ; cela va de soi ; car autrement toutes les personnes soumises aux droits auraient acheté leurs boissons sur la terre de Saint-Pierre et les recettes des droits d'assis seraient tombées à rien. Mais les chanoines n'observaient pas ce règlement. Le chapitre avait une cave bien montée en excellents vins, dont il fournissait ses membres à bon compte. Chaque jour, aux heures des repas, cette cave était ouverte et un préposé du chapitre vendait du vin en détail à tous ceux qui en venaient chercher, sans s'inquiéter où ils demeuraient.

Pour mettre fin à cet abus qui la ruinait, la ville fit au chapitre un procès, qui fut terminé le 3 décembre 1415 par un curieux arrêt du Parlement de Paris. Les échevins reprochaient aux chanoines d'avoir reçu en quatre ans, du 9 juillet 1407 au 8 juillet 1411, 3,018 muids de vin, plus de 1,500 hectolitres par an ; ils ne pouvaient pas avoir consommé eux-mêmes tout ce vin, puisqu'ils n'étaient pas plus de 18 à 20

chanoines résidents à Lille et que la ration d'un chanoine avait été fixée à 3 litres par jour. Les échevins ajoutaient qu'il était notoire que les chanoines étaient marchands de vin et ils réclamaient 3,730 livres à titre d'indemnité pour les droits qui auraient dû être payés à la ville sur les vins vendus en fraude. Le Parlement interdit au chapitre de continuer ce trafic. Il ne fut plus permis aux chanoines de St-Pierre que de céder à prix coûtant leurs vins à leurs confrères, aux fonctionnaires exempts et aux privilégiés. Néanmoins les abus continuèrent et à diverses reprises des contestations s'engagèrent à cette occasion entre la ville et le chapitre.

Tous les établissements religieux, couvents et hôpitaux, étaient aussi exempts de droits sur les boissons nécessaires à la consommation des personnes qui y résidaient; mais, à l'exemple des chanoines, ils vendaient aussi à boire en détail à emporter. Pour restreindre les fraudes, il fallut limiter ces privilèges. A la fin du quatorzième, siècle, on accorda aux religieuses de l'Abbiette l'autorisation de faire entrer dans leur couvent cent hectolitres de vin par an en franchise de tout droit. Quelques années plus tard, on porta à cinquante-six hectolitres de vin la quantité que les Cordeliers pourraient boire chaque année sans payer les droits d'assis.Pour des moines mendiants, cela semble plus que suffisant; les frères mineurs de Lille ne faisaient pas mentir le vieux proverbe: *boire comme un Cordelier.*

Enfin les ecclésiastiques vivant sacerdotalement étaient exempts des droits d'assis, pourvu qu'ils fussent installés chez eux, *à leur ménage*, disent les vieux règlements. Il leur était interdit de vendre à boire; ils ne devaient pas recevoir en franchise une plus grande quantité de boisson qu'il n'était nécessaire pour eux, un serviteur et une servante. Mais ces sages ordonnances étaient parfois violées. En 1502, les échevins de Lille firent condamner par le gouverneur un prêtre, nommé Adrien de Montigny, qui s'était fait cabaretier. Profitant de la franchise attachée à sa qualité sacerdotale, cet ecclésiastique indigne avait, en dix-huit mois, acheté environ 150 hectolitres de vin qu'il avait revendus en détail; il avait même transformé une chambre de sa maison en salle d'estaminet où les buveurs pouvaient s'installer. Encore en 1527, l'empereur Charles-Quint fut obligé d'interdire aux prêtres de Lille de vendre à boire.

Pour diminuer autant que possible le dommage que ces abus portaient à la ville, les échevins défendaient, sous peine d'amende, à leurs justiciables d'aller chercher leurs boissons dans les lieux exempts d'assis, ou même d'y boire en passant. Le deuxième registre aux bans nous a conservé un règlement du 7 avril 1396 renouvelant cette interdiction. Il faut croire que cette ordonnance fut souvent violée, car les échevins firent appel à l'autorité du duc. Le 20 juillet 1405, Jean-Sans-Peur interdit aux personnes soumises aux droits d'assis d'aller boire ou chercher à boire dans les lieux exempts ou en dehors de la banlieue, et pour plus de sûreté il ordonna de faire fermer les tavernes qui depuis quelques années se multipliaient dans les faubourgs et dans les villages voisins, à Wazemmes, à Saint-André, à Fives, etc. Ce règlement fut renouvelé à maintes reprises dans le cours du quinzième siècle. Dans le compte de 1464-65 se trouve la mention d'une amende de dix livres sur un pauvre diable coupable d'être allé boire dans un lieu exempt d'assis.

Malgré les prohibitions, les guinguettes s'étaient maintenues et même multipliées aux abords de la ville, à tel point que les taverniers de Lille souffraient beaucoup de leur concurrence. En 1473, les échevins se plaignaient au duc que les personnes soumises aux droits allaient en si grand nombre boire hors banlieue que les recettes de la ville baissaient beaucoup. Charles-le-Téméraire, instruit par l'exemple de l'échec des précédents règlements, se garda bien d'ordouner la suppression des guinguettes ; il se contenta de soumettre au paiement des droits d'assis les taverniers établis à moins d'une demi-lieue de la ville. Pour boire en franchise, les Lillois devaient faire un petit bout de promenade.

Part du comte. — Les ducs de Bourgogne, comtes de Flandre, étaient intéressés au bon rendement de la plupart des impôts indirects établis à Lille, car ils en prenaient le quart. Même au treizième siècle, avent la conquête française, l'approbation du comte était nécessaire pour qu'on pût lever dans la ville une taxe indirecte quelconque. Les ducs de

Bourgogne avaient l'habitude de ne donner leur consentement qu'en se réservant une part de l'impôt. En 1464-65, il revint au duc plus de 5,000 livres pour son quart des droits d'assis sur les vins, sur les bières, sur les grains, sur les cuirs, sur le guède, sur l'avoir de poids, etc. Mais sur cette somme la ville conserva 3,104 livres, afin de payer les arrérages des rentes viagères qu'elle avait émises pour les ducs de Bourgogne depuis le commencement du siècle.

Emprunts. — Depuis longtemps, la ville de Lille avait dû trop fréquemment recourir à l'emprunt. En 1235, la comtesse Jeanne avait ordonné que les magistrats municipaux ne pourraient pas vendre de rentes viagère sans le consentement de la majorité des bourgeois et sans l'autorisation des comtes de Flandre. Mais ces formalités n'avaient pas été rigoureusement observées ou tout au moins la tutelle du souverain avait été impuissante. Dès le commencement du quatorzième siècle, les arrérages de la dette municipale se montaient à 3,500 livres, *plus du tiers* de la dépense totale de l'année. Au lieu de s'améliorer, cette situation désastreuse s'était toujours aggravée. On a vu plus haut qu'en 1465 la dette absorbait plus de la moitié des ressources ordinaires.

Au quinzième siècle, la ville de Lille faisait presque chaque année un emprunt. En 1464-65, on vendit des rentes viagères jusqu'à concurrence d'un capital de 5,200 livres, pour payer les aides accordées au duc et à son fils.

Lorsque les échevins de Lille voulaient emprunter, ils faisaient publier dans cette ville et aussi dans les villes voisines qu'ils avaient l'intention de vendre des rentes viagères, à une ou à deux vies, à tel ou tel taux, ordinairement de 10 à 8 0|0. Le plus souvent, ces rentes n'étaient pas placées sur la tête des acheteurs, mais sur celle de jeunes gens, voire même de jeunes enfants de 5 ans, si bien qu'en 1465, la ville payait encore des arrérages de rentes viagères émises au commencement du siècle. C'était ruineux ; mais la situation financière de Lille était alors si mauvaise, qu'on était encore trop heureux de trouver à emprunter à de telles conditions.

Le déficit. — Au quinzième siècle, la ville ne pouvait plus arriver à payer ses dettes à l'échéance : le déficit était comme de règle. En 1445, il s'élevait à 6,658 livres, et vingt ans plus tard, au 31 octobre 1465, il dépassait 10,700 livres, ou 9,400, si l'on déduit les 1.300 livres de créances irrécouvrables que les comtes de la hanse se transmettaient d'année en année. A cette date, la ville de Lille ne devait pas moins de 8,655 livres, pour arrérages de rentes viagères, échus parfois depuis deux ans et plus. Il restait dû 95 livres sur des travaux faits en 1460, 215 livres sur ceux de l'année 1463-64 et 584 livres sur ceux de l'année 1464-65. Les rentiers exaspérés poursuivaient la ville, qui était dans l'impuissance de payer ses dettes ; pour la sauver de la faillite, le duc dut intervenir.

Réformes de 1467. — Le 8 janvier 1467 (n. s.), maîtres Jehan Petit-Pas et Richart Pinchon furent chargés d'aller faire à Lille une enquête sur un projet de réforme et de réorganisation de l'administration municipale de cette ville, préparé par le conseil du duc de Bourgogne, comte de Flandre. Le 27 du même mois, Philippe-le-Bon rendit une ordonnance dont presque tous les articles sont semblables à ceux de ce premier projet; mais on laissa de côté un certain nombre des propositions de ce projet, soit qu'elles eussent paru trop radicales ou inutiles.

Les rédacteurs du projet de réforme n'hésitaient pas à attribuer à la mauvaise gestion des administrateurs municipaux la responsabilité de la fâcheuse situation où se trouvait la ville. Ils accusaient ces magistrats de rechercher ces hautes fonctions uniquement pour gagner de l'argent et ils leur reprochaient de les briguer par tous les moyens. Ils disaient que dans le Conseil communal on avait l'habitude de décider toutes les affaires à la pluralité des voix des douze échevins seulement; on ne tenait aucun compte de l'opinion des vingt-sept autres personnes, qui avaient séance dans cette assemblée; d'où de grands inconvénients. Pour y remédier, ils proposèrent d'ordonner qu'à l'avenir, pour toutes les affaires autres que les questions judiciaires réservées aux échevins, on serait tenu de consulter les trente-neuf personnes du serment et des états de la ville et de se conformer à la résolution adoptée par la majorité des membres présents. Le duc approuva cette mesure; c'est le premier article de l'ordonnance.

Depuis longtemps on se plaignait vivement des quatre comtes de la hanse, chargés de la direction de la caisse municipale. Dès le 4 juin 1446, on les accusait de ne pas suivre l'ordre d'ancienneté des mandats et de payer d'abord, parmi les créanciers de la ville, tous ceux qui leur graissaient la patte. Le 4 juillet 1460, le duc supprima ces quatre officiers, qui étaient changés chaque année au renouvellement de la loi, et il les remplaça par un argentier rétribué, nommé pour trois ans et indéfiniment rééligible. Les bonnes raisons ne manquaient pas à l'appui de cette mesure.

Non seulement les comtes de la hanse ne payaient que ceux qui leur donnaient de l'argent ; mais, moyennant finance, ils portaient comme irrécouvrables les sommes dues à la ville par des gens qui étaient très en état de s'acquitter. Bien mieux, ils prétendaient qu'ils n'avaient pas de comptes à rendre et que leur clerc, nommé par les échevins, était seul responsable. Or ce clerc avait été depuis longtemps si bien surveillé par ses supérieurs qu'en 1454 on découvrit que le montant des détournements commis par lui depuis vingt ans au détriment de la ville, s'élevait à la jolie somme de 3,310 livres, environ 40,000 francs d'aujourd'hui. Cependant, sur les réclamations des échevins, le duc rétablit les comtes de la hanse. Mais, quand en 1467 les rédacteurs du projet de réforme lui représentèrent que ces administrateurs volaient bon an mal an, tant à la ville qu'aux particuliers, plus de 600 livres (environ 7,200 francs), Philippe-le-Bon les supprima de

nouveau et la charge d'argentier de la ville fut
créée définitivement. Il avait fallu plus de vingt
ans pour faire aboutir cette réforme.

Prorogation des échéances. — Emprunt forcé. — Ce changement ne mettait
pas d'argent dans la caisse municipale. La ville,
restée exposée aux poursuites de ses créanciers,
aurait été bien vite réduite aux abois, si le duc
n'y eût pourvu par un expédient, qui paraît
aujourd'hui révoltant, mais qui dans ce temps
était trop fréquent pour choquer même les plus
difficiles. Suivant les auteurs du projet de
réforme, pendant longtemps les rentiers de la
ville de Lille s'étaient résignés à toucher leurs
arrérages six mois, un an et plus après l'é-
chéance, mais depuis quelque temps, sous
l'influence « d'aucuns rigoreux personnages,
qui avaient ému la besogne », les têtes s'étaient
montées et chacun voulait être payé aussitôt le
terme échu. Ils proposèrent au duc de donner
à la ville de Lille des lettres patentes lui permettant de ne payer leurs arrérages à ses rentiers, qu'après l'échéance de trois termes, c'est-
à-dire au bout de dix-huit mois, et alors de ne
leur verser que le montant de deux termes sur
les trois. Philippe-le-Bon approuva cette violation
des contrats, mais en y mettant quelques tem-
péraments. Les rentiers d'en deçà de la Lys
furent seuls aussi rigoureusement traités ; ceux
qui habitaient au delà de cette rivière eurent le
droit de poursuivre le paiement de leurs arrérages trois mois après l'échéance ; ce délai
n'était même pas applicable aux malheureux

qui n'avaient pas le moyen d'attendre. Cette prorogation des échéances ne devait durer que six ans; mais elle fut renouvelée à plusieurs reprises et prolongée au moins jusqu'en 1494.

Les réformateurs prévoyaient sans doute que ce mépris souverain des engagements n'exciterait pas les capitalistes à acheter des rentes sur la ville de Lille. Pour éviter que la commune, dans le cas où elle aurait besoin d'emprunter, ne se trouvât dans le plus grand embarras, ils demandèrent au duc d'ordonner qu'à l'avenir on employât en achats de rentes viagères sur la ville tous les capitaux appartenant aux orphelins mineurs. Ils donnaient pour prétexte qu'on ne pouvait plus utiliser ces capitaux en prêts à intérêt à 7 0[0 l'an à des particuliers, comme on le faisait autrefois, parce que cette méthode avait été tout dernièrement fortement blâmée par des prédicateurs notables, « tellement que de présent la chose était tenue entre le commun peuple comme chose usuraire et chargeable en conscience ». Mais il faut croire que Philippe-le-Bon ne voulut pas approuver ce vol de l'argent de orphelins dont les échevins de Lille s'étaient déjà rendus coupables dans des moments de crise, notamment en juillet 1414 ; car on ne trouve rien de semblable dans l'ordonnance.

Il en résulta que la ville de Lille, en 1472, ne put se procurer les fonds qui lui étaient nécessaires pour payer au duc les aides qu'ils demandaient. Les échevins s'adressèrent à plusieurs riches bourgeois, qui avaient auparavant l'habitude d'acheter des rentes sur la ville ; mais ceux-ci, bien qu'on leur promît de les payer

régulièrement, ne voulurent rien entendre ;
cela se comprend ; ils auraient pu répondre :
Chat échaudé craint l'eau chaude. Alors, à la
prière des échevins, Charles-le-Téméraire ordonna de répartir la somme à emprunter entre
les plus riches bourgeois et habitants de Lille,
et de les contraindre par tous les moyens à
payer les rentes qui leur seraient attribuées.

Conclusion. — Ainsi, l'histoire de la commune de Lille au Moyen-Age finit par la banqueroute et l'emprunt forcé. Ce seul fait suffirait à prouver que les administrateurs d'une
ville, fussent-ils choisis, comme à Lille, dans
l'aristocratie bourgeoise, par des délégués du
souverain, avec le concours des curés des
paroisses, font de mauvaise besogne, si leurs
délibérations sont secrètes et si partant leur
responsabilité est illusoire.

La publicité des délibérations, ou tout au
moins des résolutions, la liberté absolue de
discussion et la responsabilité sérieuse des
administrateurs, résultant d'élections libres et
sincères, sont encore les meilleures garanties
que les hommes aient trouvées jusqu'ici pour
assurer, autant qu'il est possible de le faire, la
prospérité des villes et des Etats.

TABLE DES MATIÈRES

TABLE DES MATIÈRES

PREMIÈRE PARTIE

DEUXIÈME PARTIE

LILLE, IMP. VERLY, DUBAR ET C°, GRANDE-PLACE, 8.